Happy End

Die stillen Örtchen dieser Welt

NEUES VON DER LÄNDERSAMMLERIN

NINA SEDANO

Happy End

Die stillen Örtchen dieser Welt

NEUES VON DER LÄNDERSAMMLERIN

Inhaltsverzeichnis

Vorwörtchen zu den meistgesuchten Örtchen dieser Welt 7
Eine Reise in die Welt der Kulturgeschichte stiller Örtchen 9
Klassenfahrt nach West-Berlin 39
Geburtsörtchen 43
Nicht wie Gott in Frankreich – Pinkeln in Paris 49
Toiletten dieser Welt: Alle müssen mal 55
Kommando PP in Afghanistan 71
›Tourismuss für Klobetrotter‹ 75
Irdische Begegnung in Zürich mit der Schweizer Unterwelt 93
Goldige, goldene, güldene und ›güllene‹ gültige Kloregeln 97
Der Ruf der Natur in Myanmar 105
›Abortige‹ Anekdoten 109
In Madagaskar geht es auch so 117
Polyglottes ›Pottpourri‹ und Hieroglyphen des Alltags 121
Die etwas andere Art der Erleichterung in Kuwait
und Bahrain 131
Logus, locus et iocus 135
Stiller als die stillen Örtchen – nicht nur in Frankfurt 147
Koprolalie, Skatologie und die deutsche Sprache 151
Usbekistan – du armer Hund! 161
Tiere ohne Worte aller Orte? 165
Charmante Werbung in Spanien 179
Opus vom Damenlokus. Nur für Frauen! 183
Opus vom Herrenlokus. Nur für Männer! 201
Unfall vor der Herrentoilette in Mannheim 217

Fakten zum Lokus-Hokuspokus ... 223
Das Hightech-Toiletten-Schlaraffenland Japan ... 239
Aktenzeichen WC ... gelöst ... 259
China – ein Land lauter ›Unörtchen‹ ... 275
Klopapier oder die längste Serviette der Welt ... 281
Was muss, das muss – auch auf den Philippinen ... 291
Umwelt, Hygiene & Co. ... 295
Auf Achse um die Erde auf dem Land so mancher Länder ... 313
Kniffliges ›Klokus‹-Quiz ... 317
Im Falle eines Durchfalles in Indien ... 329
Ort der letzten Erlösung ... 333
Der stille Raum am Ende der Reise in Schottland ... 343
Die allergrößte Bitte einer Toilette an ihre Benutzer ... 349
Nachwörtchen zu den meistbesuchten Örtchen dieser Welt ... 353
Mein Sch(l)usswörtchen zum Dank, das hinten losgeht ... 355
Literaturhinweise und Büchertipps zum Lokus im Fokus in D, A und CH ... 357

Vorwörtchen zu den meistgesuchten Örtchen dieser Welt

Zahlreiche Reisen als ›homo mobilis femi-nina‹ verführen mich in fremde Länder und deren interessante Kulturen. Es ist meine größte Leidenschaft, die auch Leiden schafft, denn: Ich muss mal...

Wie oft muss ich mit ansehen, wie ein Mann schamlos an seinem Reißverschluss fummelt, nur an das eine denkt, wenn er sich die Hose aufknöpft und dann – wie ein sein Territorium markierendes Raubtier – genüsslich gegen einen Baum, eine Wand oder sogar an das Vorderrad eines Überlandbusses in Tansania pinkelt, weil die Innentoilette unbenutzbar ist.

Zu gern würde ich es Mann-00-Mann gleichtun. Als echte, langhaarige Blondine allein auf eigene Faust unterwegs in der meist schwarzhaarigen Männerwelt – übrigens sind nur drei Prozent der Weltbevölkerung natürlich blond – möchte ich aber lieber nicht noch mehr Aufsehen erregen, als ich es ohnehin schon tue.

Und wo ein Wille ist, ist auch ein Busch – oder vielleicht sogar ein Klo? So wandle ich mich von der frischen, fröhlichen Globetrotterin zur frechen, freien ›Klobetrotterin‹.

Die Idee zu diesem Buch wurde mir zwar nicht in Wiege und Windeln gelegt, aber in Form eines Fotos in die Hände. Als ich ein Teenager war, zeigte mir meine Mutter dieses Bild einer ultra-grauslichen öffentlichen Toilette in Moskau. Es ist nur ein Foto, völlig geruchsneutral – und dennoch verschlug es mir damals den Atem, löste den ersten Kulturschock aus und den seltsamen Wunsch, ein Buch über Toiletten zu schreiben. Der nächste Schock erfolgte nur wenig später und war den ›hock-dich-aber-stell-dich-nicht-an-all-in-one-Duschklos‹ in privaten Pariser Altbauwohnungen geschuldet. Rückblickend in der Summe meiner schockierenden Toilettenerfahrungen trotzdem nur ein Tropfen auf einen heißen Stein.

Das vorliegende Buch wird allen Benutzern die Toilette noch näherbringen und es wird sich bei guter Behandlung an einem sauberen, trockenen Örtchen hängend, liegend oder stehend im Toilettenraum wohlfühlen.

Ich wünsche allen beim Lesen dieser Klolektüre für zwischendurch genauso viel Spaß wie ich ihn beim Erleben, Recherchieren und Schreiben hatte…

Eine Reise in die Welt der Kulturgeschichte stiller Örtchen

Kriege, Mord, Totschlag und zwischenmenschliche Auseinandersetzungen sind Themen, über die viel mehr in Geschichtsbüchern dieser Welt geschrieben steht als zur sinnlich, sinnvollen Erlösung der Menschheit. Dank gewissenhafter Archäologen ist aber immerhin einiges zur Kulturgeschichte stiller Örtchen unserer unzähligen Ahnen überliefert.

Auch die Literaturhinweise zeigen, wie viele Autoren sich ausführlich in ihren Büchern mit der ›abortigen‹ Kultur auseinandergesetzt haben. An dieser Stelle soll das OO-Thema von einst bis heute in nur einem Kapitel zusammengefasst werden. Die Zeitreise ist ein Kurztrip zu den stillen Örtchen in verschiedenen Städten und **Ländern**.

Eine Garantie für korrekte Zeitangaben übernehme ich nicht. Dies soll weder auf ungenaue Arbeit schließen lassen noch den akribischen Wissenschaftlern zu nahe treten oder ihnen sprichwörtlich ans Bein pinkeln. Ich gehe davon aus, dass auch sie keine hundertprozentigen Zeitangaben machen können, was toilettengeschichtliche Daten angeht. So habe ich, wo ich Daten finden konnte, diese übernommen.

Hier muss niemand Länder, Orte und Zahlen wie im Geschichtsunterricht pauken und im Anschluss bei einer Prüfung wiedergeben. Alle können sich also getrost mit der Zeit über vergangene Jahrtausende an das oft verpönte, doch menschlichste aller Themen herantasten.

Wo gab es die ältesten stillen Örtchen? Was war in der vorchristlichen Welt zum Thema los?

Bei der Recherche stieß ich wiederholt auf **Großbritannien**, genauer gesagt: die schottischen Orkney Inseln. Niemals zuvor hatte ich von Skara Brae gehört, einer Siedlung der Jungsteinzeit. Im Gegensatz zu früher, vor über fünftausend Jahren, liegt sie inzwischen am Meer und gehört seit 16 Jahren zum UNESCO-Weltkulturerbe. Erst Mitte des 19. Jahrhunderts wurde die Siedlung entdeckt, als ein Sturm die Düne, die darüber lag, wegfegte. In den massiven Steinwänden der Häuser gab es Nischen, von denen unterirdische Abzugsgräben – in denen sich immer noch Exkremente fanden – auf die Felder führten. Dieser Fund ließ also auf Aborte schließen. Schriftlich belegt ist jedoch nichts. *Ich fliege nach Aberdeen, fahre mit dem Bus weiter hoch in den Norden ans Wasser, setze mit der Fähre über und wandere vom Ort Stromness, wo ich in einem günstigen Hostel übernachte, nach Skara Brae. In der historischen Stätte erkenne ich keine Toiletten mehr von einst. Von Mainland, der Hauptinsel der Orkneys, mit den vielen mystischen Sehenswürdigkeiten, den freundlichen Menschen, neugierigen Kühen und der Natur bin ich begeistert – die Orkneys sind eine Reise wert.*

Etwa zur selben Zeit, 3000 v. Chr., entstanden in **Syrien**, im altassyrischen Reich in Habuba Kabira, Waschplätze und Abtritte für die Reichen. Die Stadt mit Kanalisation, Wasserversorgungs- und Abflussleitungen erstreckte sich über einen Kilometer entlang des Euphrat.

Auf die zweite Königsdynastie (2770–2640 v. Chr.) in Sakkara, **Ägypten**, lassen sich Bäder mit separaten Toiletten datieren, die sich in Grab- und Nebenkammern von Königen oder hohen Beamten befanden, als würden sie weiterleben.

Im heutigen **Pakistan** entdeckten einheimische und britische Archäologen etwa in den Zwanziger- und Dreißigerjahren des letzten Jahrhunderts bedeutende Örtchen der Indus-Zivilisation beziehungsweise der Harappakultur. Brunnen, Bäder und Toiletten mit hohem Hygienestandard erleichterten das Zusammenleben in den Metropolen von maximal achtzigtausend Einwohnern. Das Wasser kam durch mit Bitumen abgedichtete Rohrleitungen vom Fluss Indus in die Stadt. Genaue Berechnungen des Gefälles für Leitungen und Kanäle übertrafen technisch alles, was wir von frühen Hochkulturen kennen. Städte verfügten im Untergrund über begehbare, kunstvoll gemauerte Abwasserkanäle, die Dreckwasser mit Fäkalien von den Gebäuden entsorgten. Nicht angeschlossene Häuser hatten eine Senkgrube. Bei ärmlicheren Behausungen ersetzte ein irdener Topf mit Löchern im Gefäßboden die Grube. Von 2600 bis 1500 v. Chr. hatten viele Häuser der beiden Städte Harappa und Mohenjo-Daro (Hügel der Toten) Baderäume und Toiletten. Der Abtritt in einer Nische bestand aus zwei Mäuerchen aus Ziegelstein mit Schlitz im hölzernen Sitz, durch den die Hinterlassenschaften in den Ausguss des Waschplatzes purzelten und vom gebrauchten Badewasser durch senkrechte Abflussrinnen in den Kanal gespült wurden. *Auch wenn ich beim Besuch in Mohenjo-Daro diese stillen Örtchen nicht mehr sehe, lohnt es sich als Ausflugsziel. Zur Sicherheit werde ich von einem Bodyguard begleitet, der mir für den Tag von der pakistanischen Regierung zur Seite gestellt wird. Verständigen können wir uns nicht.*

Um 2350 v. Chr. gab es mindestens sechs Sitztoiletten mit Waschplätzen im zwanzig Meter breiten und fünfzig Meter langen Nordpalast von Eschnunna in Mesopotamien – heute Tell Asmar im **Irak**.

Zu Beginn des zweiten Jahrtausends wurde der Palast von Mari beim heutigen Tell Hariri von **Syrien** erbaut und im Jahr 1757 v. Chr. wieder zerstört. Hier befanden sich Badewannen aus Ton und Abtritte – im selben Raum – zum Stehen oder Hocken. Dazwischen verlief eine aus Ziegelsteinen gemauerte Ablauffurche in eine Sickergrube.

Während der Herrschaft von König Sesostris II. (1897–1878 v. Chr.) befanden sich in der **ägyptischen** Stadt Kahun Toiletten in den vornehmsten Häusern.

In **Griechenland** erbauten die Minoer auf der Insel Kreta (circa 1650–1425 v. Chr.) den Palast von Knossos, mit WC. Etwa 57 Zentimeter über dem Fußboden gab es in einer Gipsplatte, die als Sitz diente, eine Aushöhlung. *Der kleine WC-Raum, auf den ich beim illegalen Besuch der wegen Wahlen geschlossenen Palastruine – bei Interesse siehe bitte mein Buch* Die Ländersammlerin *– nur einen kurzen Blick werfen kann, ist noch rudimentär zu erkennen*. Eine Bodenplatte lag schräg zu einer Art Becken, von dem eine Leitung zur Hauptentwässerung führte. Die Abflussöffnung wich vom Mittelpunkt des Sitzes ab und ließ Platz für einen Behälter zur Beckenspülung. Auf der Insel Santorin, einst Thera genannt, wurde bei Ausgrabungen (1969–1979) in der Nähe von Akrotiri unter meterhohem Vulkangestein ein Sitzklosett in der Nische der Außenwand des Westhauses aus der Zeit von 1600 bis 1200 v. Chr. gefunden. Eine Röhre aus Ton nahm Abwasser und Fäkalien vom Badezimmer und Abtritt auf und leitete diese in eine Grube am Ende der straßenseitigen Hauswand.

In Achet-Aton, dem heutigen Tell el-Amarna in **Ägypten**, wurde im Haus eines hohen Beamten (1364–1347 v. Chr.) eine Toilette mit einem Sitz aus Kalkstein, dem idealen Material für heiße Klimazonen, gefunden. Der Sitzrand war sogar der Körperform angepasst. Für herausnehmbare Gefäße gab es vorn eine schlüssellochförmige Öffnung. Ob mit Wasser gespült wurde, ist nicht bewiesen. Die Straße daneben hatte eine mit Steinen ausgelegte Abflussrinne – zu dieser muss es eine Verbindung gegeben haben. Eine weitere ägyptische Besonderheit war die tragbare Toilette. Unter einen Stuhl aus Holz mit breitem Schlitz in der Mitte konnte bei Bedarf eine Kiste – ein Tongefäß – geschoben werden. Billige Körbe fingen die Verdauungsendprodukte auf. Nachttöpfe waren im alten Ägypten Grabbeigaben.

Im **Irak** befanden sich im 13. Jahrhundert v. Chr. im Vorhof des Tempels von Aššur, der Hauptstadt des assyrischen Großreiches, ein Hockabtritt mit Waschplatz, Wasserbehälter und eine Schöpfkelle aus Keramik, die für Sauberkeit im Heiligtum bei Zeremonien und Ritualen sorgen sollten.

Eine Spültoilette von 1000 v. Chr. wurde auf der Insel Dilmun, die zum heutigen **Bahrain** gehört, im Persischen Golf entdeckt.

In **Israel** wurde in der ehemaligen Davidstadt – dem Südosthügel von Jerusalem – aus dem 10. bis 7. Jahrhundert v. Chr. ein Sitzklosett in einem Terrassenhaus gefunden. Eine kleine Zelle stand auf zwei Quadratmetern Fläche, das Klo mit Sitzplatte aus Keramik über einer 2,6 Meter tiefen Senkgrube. Öffentliche Latrinen sollen sich erst anderthalb Kilometer entfernt befunden haben, von wo aus der Tempel nicht mehr zu sehen war.

Aus **Griechenland** stammt von der Athener Agora, dem ehemaligen Versammlungs- und Marktplatz, ein Tontöpfchen für Kleinkinder aus dem 6. Jahrhundert v. Chr.

Im 6. Jahrhundert v. Chr. kanalisierten die Etrusker in Rom im heutigen **Italien** das sumpfige Forum Romanum und begannen den Bau der ›cloaca maxima‹ aus Tuffsteinblöcken. Sie bekam nach dem 2. Jahrhundert v. Chr. ein Tonnengewölbe, wurde über Jahrhunderte erweitert und war anfangs an große Thermen, öffentliche Latrinen und bessere Privathäuser angeschlossen. Der unterirdische Hauptabzugskanal für Abwasser existiert noch heute.

In der mesopotamischen Stadt Ur zwischen den Flüssen Euphrat und Tigris, im heutigen **Irak,** gruben vor dem Ersten Weltkrieg deutsche Archäologen nach Ruinen des Königs Nebukadnezar II. (605–562 v. Chr.). In den Grabungsdokumenten fanden sich Stadtmauern, Paläste, Wohnhäuser, Entwässerungseinrichtungen und Toiletten.

In **Ägypten** war es Jahrhunderte vor unserer Zeit üblich, dass sich wohlhabende Leute einen Abort neben ihr Haus bauten. Je nach Anzahl der Bewohner gab es darunter eine Grube oder einen Abflusskanal. Der Grieche Herodot (484–425 v. Chr.) berichtete von seiner Reise nach Ägypten Mitte des 5. Jahrhunderts v. Chr., dass Frauen beim Pinkeln standen und Männer hockten. Abtritte gab es im Verborgenen – auf der Straße wurde gegessen.

In **Griechenland** gehen Anlagen zur Abwasser- und Fäkalienbeseitigung aus Athen auf das 5. Jahrhundert v. Chr. zurück. Es sind einfache Sickerschächte, denen zum Teil eine Verkleidung der Wände fehlte. Bodenverfärbungen zeigten den Archäologen den Standort einer Fäkaliengrube. In der Stadt Olynth wurden Abtrittsstühle sowie Klosettschüsseln benutzt. Die Stadt wurde 348 v. Chr. zerstört. Die Funde stammen aus der Zeit kurz vor dem Untergang. Schon im 3. bis 1. Jahrhundert v. Chr. gab es Varianten von Toiletten. Ein Topf oder eine Vase aus Ton bekamen eine Sitzvorrichtung oder sie wurden ohne Aufsatz benutzt. Badewanne und Klo gehörten zur gehobenen Ausstattung eines reichen griechischen Wohnhauses. 230 Jahre v. Chr. kannten die Griechen den Siphon. Dieses Rohrsystem vermied aufsteigende Dünste aus den Kanalröhren des Abwassersystems.

Im Fürstengrab aus der Westlichen Han-Dynastie (206 v. Chr.–241 n. Chr.) in **China** entdeckten Archäologen eine Toilette aus Stein. Für die Hinterbliebenen war es wichtig, dass der Tote auch im Jenseits über ein Klo mit Armlehnen verfügte.

In Rom standen in der Nähe des Forum Romanum im heutigen **Italien** 161 v. Chr. einfache Urinale.

Nach diesem Häufchen für zwischendurch aus der Zeit vor Jesus Christus ging es munter nach seiner Geburt weiter.

Ich bin fasziniert von der pompösen Kultur im Römischen Reich mit dem spektakulären Latrinenkult. Dieser hat sogar Klopoesie mit Wandinschriften hinterlassen, die wir natürlich nicht im Lateinunterricht gelernt haben:

»Omittite omittendum.«
– Lasst fallen, was fallen zu lassen ist.

»Naturalia non sunt turpia.«
– Leibliches ist nicht unanständig.

»Durum cacantes monuit ut mitant Thales.«
– Thales mahnt: Wer harten Stuhlgang hat, soll drücken.

»Ut bene cacaret ventrem palpavit Solon.«
– Um gut zu kacken, reibt Solon den Bauch.

»Chilon docuit subdolus, visire tacite.«
– Der überschlaue Chilon lehrt, leise zu furzen.

»Cacator cave malum! Aut si contempseris, habeas Jovem iratum!«
– Hüte dich, auf die Straße zu kacken! Sonst wird dich Jupiters Zorn treffen!

Nach und nach habe ich mir rund um das Mittelmeer alle folgenden Stätten der Antike angeschaut. Einige davon sind UNESCO-Weltkulturerbe. Wenn sie nicht direkt am Meer liegen, finden wir sie in schöner Umgebung nicht weit von der Küste. Für die Reisen in Algerien, Libyen und Tunesien schließe ich mich einer Gruppe an. Mehrmals auf eigene Faust unterwegs bin ich in der **Türkei**, *in* **Griechenland** *und* **Italien:**

Kaiser Vespasian ließ während seiner Regierungszeit von 69 bis 79 n. Chr. den Urin besteuern und an Tuchfärber verkaufen. Die Steuererhebung diente dem Bau des Kolosseums und weiterer wichtiger Gebäude. Von Vespasian stammt der sprichwörtliche Ausdruck ›Geld stinkt nicht‹, den er verlauten ließ, als er sich mit seinem Sohn Titus und seinen Beratern über die Besteuerung von Urin stritt.

Rom hatte in den ersten beiden Jahrhunderten nach Christus etwa anderthalb Millionen Einwohner. Oft lebten bis zu vierzig Personen in 46.602 Mietshäusern mit fünf bis sechs Stockwerken ohne fließendes Wasser oder Anschluss an die Kanalisation.

Im Römischen Reich wurden ab dem 2. Jahrhundert n. Chr. Latrinen mit Sitzplatten aus Marmor für bis zu achtzig Personen gebaut. Geselligkeit wurde durch einen maximalen Abstand von fünfzig bis sechzig Zentimetern zum Sitznachbarn gefördert. Spülrinnen zur Bodenreinigung lagen unterirdisch verborgen. Mosaike schmückten Fußböden, Fresken und Phrasen die Wände. Springbrunnen sorgten für eine erfrischende Atmosphäre. Die luxuriösen Prachtlatrinen mit vorwiegend männlichen Stammgästen wie reiche Kaufleute und hohe Beamte befanden sich dort, wo etwas los war – nahe der Agora und des Forums.

Im Laufe des 2. Jahrhunderts n. Chr. entstanden zahlreiche von den Römern errichtete Prachtlatrinen:

Die römische Agora von Athen bekam eine Latrine für 68 Besucher.

In Karthago, **Tunesien**, entstand eine weitere Latrine.

Ephesos in der heutigen **Türkei** verfügte über eine Latrine mit sechzig Marmorsitzen. Pergamon und Side bekamen ebenfalls luxuriöse Latrinen.

Prachtlatrinen hatten auch Leptis Magna und Sabratha. Sie liegen heute am Mittelmeer in **Libyen**.

In **Algerien** bekam Timgad, im alten Numidien – von den Römern 100 n. Chr. gegründet –, Mitte des 2. Jahrhunderts n. Chr. an der westlichen Ecke des Marktplatzes eine prunkvolle Latrine mit 25 Marmorsitzen. Die Sitze waren jeweils durch einen Delfin aus Stein voneinander getrennt.

In Rom bestrafte der Kaiser Caracalla (211–217 n. Chr.) alle mit dem Tode, die in der Nähe seiner Standbilder urinierten und dabei erwischt wurden. Die Großstadt hatte 300 n. Chr. etwa 144 Latrinen und ›necessaria‹, schlichte Toiletten, die vom Volk gegen Bezahlung benutzt wurden.

Kaiser Konstantin der Große erweiterte während seiner Regierungszeit (306–337 n. Chr.) die Urinsteuer auf alle menschlichen und tierischen Ausscheidungen. Der Kotgroschen wurde so zum Notgroschen des Staates.

Im ersten Viertel des 4. Jahrhunderts n. Chr. hatte eine Luxusvilla in Piazza Armerina auf Sizilien zwei Gemeinschaftslatrinen mit bunten Mosaiken. In der Kinderlatrine waren die Sitze 42 Zentimeter hoch. *Die Villa del Casale liegt außerhalb vom Ort und ist ebenfalls einen Besuch wert.*

In Rom gab es 403 n. Chr. an der Stadtmauer 116 Pissstände. ›Vasae curtae‹ waren Amphoren mit abgeschlagenem Hals, die zum Urinsammeln aufgestellt wurden.

In der Spätantike begann der Niedergang des Römischen Reichs und damit auch des Latrinenkults. Beim Stuhlgang wird in der Folge nie mehr so viel Wert auf Geselligkeit zum Abwickeln von Geschäften gelegt. Wir sagen heute höchstens beim Klogang: »Ich geh' mal ein Geschäft machen.«

Mehrere Jahrhunderte lang wurde – als hätte es ein schwarzes Loch gegeben – nichts von den Toiletten dieser Welt in der Geschichte überliefert. Erst ab dem Mittelalter tauchte das Klo als Thema in klerikalen Institutionen, Schlössern und Burgen wieder auf.

In Europa lebten um 700 n. Chr. nur 2,7 Menschen pro Quadratkilometer, die Zahl stieg auf sieben Personen zum Ende des 14. Jahrhunderts. Neunzig Prozent der Bevölkerung lebte auf dem Land. Dünger war knappes Gut – Fäkalien von Mensch und Tier ein begehrter Rohstoff.

Der Stuhlgang war im Mittelalter sehr öffentlich, auch wenn – oder gerade weil – es zu der Zeit keine öffentlichen Toiletten gab. In vielen Ländern scheiterten Versuche, Bedürfnisanstalten einzurichten, denn Wald, Wiesen, Felder und Misthaufen erfreuten sich größter Beliebtheit. Seuchen und Krankheiten verbreiteten sich. Wasch- und Badeverbote sowie die Tabuisierung des körperlichen Intimbereichs durch die christliche Kirche trugen dazu bei. Veränderungen und die Französische Revolution brachten Aufklärung zum Umdenken.

Aufgrund des hohen Bevölkerungswachstums bot in Städten Mitteleuropas die Entwicklung einer umfassenden Wasserver- und -entsorgung in Form einer Kanalisation in der zweiten Hälfte des 19. Jahrhunderts die Möglichkeit, Klosetts mit Wasserspülung einzubauen.

Das Stiftsarchiv des Klosters St. Gallen in der **Schweiz** bewahrt ein einzigartiges Dokument auf: Eine Plankopie aus Pergament wurde ungefähr im Jahre 820 n. Chr. nach einem heute verschollenen Original angefertigt. Nach diesem Meisterplan wurde das Kloster zwar nicht gebaut, aber der Plan gilt trotzdem noch heute als ein Musterbeispiel für Architekten. Er verzeichnet 23 Latrinen mit zwei bis maximal 18 Sitzplätzen. Die einzelnen Abtritte sind mit ›necessarium‹ (das Notwendige), ›exitus necessarius‹ (notwendiger Abgang) und ›requisitum naturae‹ (Notdurft) beschriftet. In klösterlichen Abtritten galt Schweigsamkeit als wichtige Forderung des asketischen Mönchtums, sodass getrennte Abtritte dem Abt, den dort wohnhaften Klosterbrüdern, den Klosterbrüdern auf Besuch und den weltlichen Gästen und Schülern vorbehalten waren. Aus dem Benediktinerkloster St. Johann im Münstertal in Graubünden stammt eine Abortanlage im Turm des Klosters aus dem Jahre 958, die sich über zwei Etagen erstreckt.

Am Hof von König Olav I. in **Norwegen** soll es von 995 bis 999 eine Latrine mit 22 Plätzen gegeben haben.

Aus der zweiten Bauphase um 981 des Klosters Cluny in **Frankreich** gab es Gemeinschaftslatrinen mit dreißig Plätzen. Der Abtrittanbau konnte bequem über einen schmalen Gang von der Krankenstation, dem Schlaftrakt der Mönche und dem Gästehaus erreicht werden. Ab Mitte des 11. Jahrhunderts war ein Raum im Kloster mit 45 Sitztoiletten ausgestattet und hinter jedem Sitz ein kleines, gläsernes Fenster in der Wand. Der reinste Luxus, da Fensteröffnungen meist mit kaum lichtdurchlässigen Tüchern bespannt wurden.

Schloss Chepstow, dessen Grundstein 1067 in **Wales** gelegt wurde, hatte eine hohe ›Garderobenkammer‹ über dem Fluss Wye. Sie ragte erkerförmig in 65 Metern Höhe aus der Wand. In Schloss Pembridge aus dem späten 12. Jahrhundert wurde der Burggraben als Toilette benutzt. Zwei Abtritte waren über den Wassergraben gebaut.

In Canterbury, **England**, besagt ein Wasserleitungsplan, dass Mönche um 1150 das Kathedralkloster kanalisierten. Wichtige Gebäude und der Abtritt wurden mit Wasser versorgt.

Um 1180 ließ Kaiser Barbarossa in der Kaiserburg zu Eger im heutigen Cheb in **Tschechien** zwei Zimmer mit je einem Abtrittserker errichten.

In der 1186 erbauten Burg Starhemberg in Markt Piesting in **Österreich** führten im Gebäude steile Treppen aus mehreren Stockwerken zum Abtrittserker zur Verhinderung der Geruchsausbreitung.

Die Burg Liebenzell im **württembergischen** Bad Liebenzell besaß um 1200 einen engen Abtrittserker, bei dem sich jeder zur Notdurft in eine Nische quetschen musste.

Die im 13. und 14. Jahrhundert in **Spanien** erbaute Alhambra in Granada, eine Festung der Mauren, wurde mit Toiletten ausgestattet. Separate Räume mit glasierten Wandkacheln hatten gemauerte Sitze mit einer Art Wasserspülung und Geruchsverschluss.

Bereits 1330 erwähnte das Konfessbuch der Stadt Frankfurt am Main eine Frau mit dem Namen Hilla und bezeichnete diese als ›Schizhusfegern‹. Die Dame dürfte wohl als Urahnin aller Klofrauen gelten. Bereits 1348 wurden in der Stadt öffentliche Bedürfnisanstalten erwähnt.

In London gab es 1358 nur vier öffentliche Bedürfnisanstalten. Die Aufnahmekapazität an Exkrementen der größten Bedürfnisanstalt an der London Bridge war bereits nach 138 Besuchern am Tag ausgelastet.

Im Jahre 1371 erließ die Pariser Stadtbehörde die Anordnung, nach der vorbeigehende Passanten vor dem Ausschütten des Nachttopfes auf die Straße durch Fenster mit dem Ausruf ›Garde à l'eau!‹ – ›Achtung Wasser!‹ – zu warnen waren. Bereits ein Jahr später war es in Paris dann allerdings verboten, den Inhalt der Nachttöpfe durch Fenster auf die Straße zu kippen.

In Bern gab es 1382 die ersten öffentlichen Bedürfnisanstalten der **Schweiz**. 1445 befanden sich in Basel Abtrittserker an der Außenseite der Stadtmauer. Fäkalien plumpsten in den Stadtgraben. Eine große Zahl an Abtritten war an ein weitverzweigtes, unterirdisches Dolen-Netz angeschlossen. Es schwemmte die Abwässer und Exkremente direkt in öffentliche Gewässer. Der Dolen-Plan aus dem 15. Jahrhundert führte rund 25 Dolen-Ausflüsse. Sie liefen in den Stadtbach Birsig, wenige Hauptkanäle mündeten in den Rümelinbach oder direkt in den Rhein. Latrinen und Dolen wurden von Totengräbern und Schlächtern gereinigt. Das Ausheben und Ausschöpfen der Fäkalien war eine gefährliche Arbeit. Diese endete für manchen Kloakenreiniger sogar tödlich, indem er an Fäkaldämpfen erstickte.

In **England** erfand 1449 der Londoner Thomas Brightfield ein Steinklosett, bei dem der Inhalt mit Regenwasser aus einem Bleibecken gespült werden konnte. Niemanden interessierte jedoch diese originelle Konstruktion.

1470 hatte Nürnberg für Damen und Herren getrennt sieben ›heimliche Gemächer‹ entlang der Pegnitz.

In Basel befand sich 1476 ein Toilettenhäuschen über der Rheinbrücke. Im Rathaus von Stans wurde 1484 eine Abortanlage eingerichtet.

Leonardo da Vinci entwarf 1488 in **Italien** eine Toilette, deren Sitz sich bei Bedarf durch eine Achse aus der Wand klappen ließ, hinter der ein Abzugsschacht versteckt gewesen sein musste.

1513 war in Paris gesetzlich geregelt, dass in jedem Haus ein eigener Abtritt zu sein habe.

Der Nürnberger Mechaniker Balthasar Hacker baute 1588 für den Kurfürsten von Sachsen einen Rollstuhl mit Zimmerklosett.

John Harrington erfand 1589 in Kelston, **England**, das Klappenklosett ›Ajax‹, das sogar über eine Wasserspülung verfügte und in seinem Haus eingebaut wurde. Der Spülkasten wurde von Hand aufgefüllt. Bei einem Besuch in Kelston im Jahr 1592 zeigte sich Königin Elizabeth I. von diesem Spülklosett beeindruckt. Daraufhin ließ sie ein ähnliches im Schloss Richmond einbauen. Die Bevölkerung hatte allerdings kein Interesse an der Erfindung.

In Hamburg waren während des 16. Jahrhunderts Dreckvoigte dafür verantwortlich, dem Gassenkummer Einhalt zu gebieten und für annehmbare Zustände auf den Straßen zu sorgen. Öffentliches Urinieren in Fleete, die Alster und die Elbe galt als unfein. Das Entleeren der Nachttöpfe auf die Straße wurde bestraft. Die erste öffentliche Latrine – ›Das Haus der Notdurft‹ – verschaffte 1623 nur Männern Erleichterung. Es wurde gemäß der Gassenverordnung angelegt. Unter der Erleichterung im privaten Raum litt die gesamte Öffentlichkeit, da an Wasser grenzende Häuser mit Lauben versehen waren, von denen Abfälle, Unrat und Exkremente ins Gewässer plumpsten.

1671 musste jeder Bauer, der seine Ware anbieten wollte, auf dem Heimweg eine Fuhre Mist aus der Stadt Berlin wegtransportieren. Aus dem Jahr 1737 stammen Berichte über eine Urintonne am Berliner Schloss.

Der Wiener Stadtteil innerhalb der Basteien war 1739 fast komplett kanalisiert – die ältesten Kanäle wurden ›Möhrung‹ genannt.

Erst 1740 gab es auf Adelslandgütern in **England** vereinzelt WCs. Seit 1759 sind Kugelventile als Vorrichtung zur selbsttätigen Wasserabsperrung bekannt.

Mehrere WCs wurden 1770 auf Schloss Clermont installiert.

1775 ist ein großes Jahr für das WC, denn Alexander Cumming meldet den Spülabort-Siphon für Geruchsverschluss in

London zum Patent an. Das Ablaufrohr war doppelt gekrümmt und fand auch Anerkennung bei der Bevölkerung.

Mobile Toiletten gab es bereits 1777 in Hamburg. Frauen und Männer, die lange Mäntel oder eine Pelerine trugen, forderten Passanten mit dem Ruf ›Will gi wat maken?‹ dazu auf, sich zu erleichtern. Die bejahenden Damen und Herren verrichteten unter dem Schutz des Mantels ihre Notdurft in einen Eimer.

Im allgemeinen Wörterbuch der Marine **Englands** von 1793 fand man genaue Hinweise, dass ›Private‹ – Abtritte der Offiziere – an den Seiten unter Deck lagen. Sie bestanden aus einer Toilettenbrille auf einem Sitz. Die Hinterlassenschaft wurde durch eine bleierne oder hölzerne Röhre darunter aus dem Schiff geleitet. Die Dichtung, ein geteertes Segeltuch, sollte bei starkem Seegang Wassereinfluss durch die Rohre verhindern. Das funktionierte jedoch nur selten.

Um 1810 kam die erste praktisch brauchbare Konstruktion eines WCs auf den Markt. Die Einführung verlief zunächst stockend, erfreute sich mit der Zeit aber immer größerer Beliebtheit.

In Paris gab es im Jahre 1820 acht öffentliche Bedürfnisanstalten. Es gelangten täglich zweihundertfünfzig bis dreihundert Kubikmeter Fäkalien in die Seine, aus der viele Menschen auch ihr Trinkwasser holten.

Die erste öffentliche Pissanstalt in Berlin wurde 1824 in der Nähe der Nikolaikirche aufgestellt.

Zu Beginn des 19. Jahrhunderts boten Buttenfrauen und -männer in Wien mit einem Kasten ihre Dienste an. Mit dem Spruch ›Wer will, der mag einischeißen‹ wurden die Passanten umworben, die bei der Benutzung mithilfe eines weiten Mantels von der Buttenfrau oder dem Buttenmann schützend umhüllt wurden. Im Jahre 1825 verpflichteten sich in Wien Wein-, Bier-

und Branntweinschenken dazu, allgemein zugängliche Aborte zu errichten.

Der amerikanische Dichter Henry Wadsworth Longfellow ließ 1840 in seinem Haus ein WC installieren, erregte damit Aufsehen und gab so den Anstoß für die Verbreitung von WCs in den **USA**.

Im 19. Jahrhundert war in Paris bei den Bauern nicht nur der tierische Mist begehrt, sondern auch menschliche Exkremente wurden hoch geschätzt. Einflussreiche Pariser Kreise hielten damals den Fäkalienexport für eine der größten Einnahmequellen der Stadt, die 1837 insgesamt 102.800 Kubikmeter davon produzierte. 1840 hatte Paris mit einer Million Einwohner 28 ›Vespasiennes‹ (Pissstände) – benannt nach dem römischen Kaiser Vespasian.

1840 wurde in **England** das erste Zugabteil mit Toilette für die englische Königin eingerichtet.

Hamburg führte 1840 als erste Stadt das WC und damit das Schwemmsystem ein.

Das Schiff St. Vincent segelte 1844 nach **Australien**. Es hatte WCs in Luxuskabinen.

Im Jahr 1847 wurde in **England** eine Verordnung für sparsame Spülkästen erlassen – zu hoher Wasserverbrauch führte zu saftigen Geldstrafen. 1850 richtete die South Eastern Railway Company eine Toilette im Zug ein. Sie wurde verschämt ›patent convenience‹ bezeichnet und in einem Sofa versteckt. Bei der Weltausstellung in London gab es 1851 im speziell dafür eingerichteten Kristallpalast öffentliche Toiletten, die von 827.280 Personen – rund vierzehn Prozent der Besucher – benutzt wurden.

1850 gab es in Hamburg 26 öffentliche Privete, die teilweise in Pächterverbände übergingen. Toiletten erster und zweiter Klasse gehörten zum Alltag. Für Bedürftige wurden kostenfreie Abtritte bereitgestellt.

In Basel wurden bis 1850 die Abortgruben von Hand ausgeschöpft. Wegen Überfüllung der Häuser, ungenügender Beseitigung von Abfall und Abwasser, zerfallener Dolen und verseuchten Grundwassers kam es 1855 zu einer Choleraepidemie.

1856 hatte Köln seine ersten öffentlichen Bedürfnisanstalten. 1860 gab es 59 öffentliche Pissoirs.

Noch Mitte des 19. Jahrhunderts befand sich im Berliner Schauspielhaus ein Raum zum Urinieren für Männer. Mann hatte an der Wand einen eigenen ›pot de chambre‹, den er in einem Gemeinschaftsbottich in der Mitte entleerte.

Charls Lierhus entwickelte 1860 in den **Niederlanden** das erste Unterdruckklo, das per Dampfmaschine und mit handbetriebenen Ventilen funktionierte.

Am 25. September 1861 wurde das erste Pissoir in Wien in Betrieb genommen. Die im selben Jahr begonnenen Diskussionen in Wien zum Bau einer Hochquellenwasserleitung dauerten ein Jahrzehnt an, bis in den Jahren 1870 bis 1873 die Leitung mit einer Länge von 94,75 Kilometern gebaut wurde. Ein Netz von 281.856 Metern eiserner Rohrleitungen entstand, das Wasser in alle Stadtteile und Vororte brachte. Wo die Wasserzufuhr geregelt war und es ein Kanalisationssystem gab, zog auch bald ein WC ein.

Königin Victoria ließ sich 1862 das erste WC im Schloss Ehrenburg in Coburg installieren.

1863 gab es in Berlin bereits dreißig Stehanstalten. Die Pinkelstände waren erst sechseckig, dann achteckig.

Die erste Bedürfnisanstalt in München – mit Pissoir und Kabinen mit Sitzklosett – wurde 1865 erbaut.

Im Jahre 1867 begannen in Frankfurt am Main Bauarbeiten zur geregelten Stadtentwässerung. Von 1877 stammte der erste überlieferte Bürgerprotest wegen eines Pissoirs am Frankfurter Goetheplatz.

1872 wurde in Paris ein Kanalisationsnetz von sechshundert Kilometern fertiggestellt.

Von 1873 bis 1892 wurde in Berlin die Kanalisation gebaut. Im Jahre 1879 gab es sieben Stehplätze in achteckigen Bedürfnisanstalten – genannt Café Achteck. 1874 gab es in Berlin ein Pissoir für Frauen, 1876 im Stadtgebiet 56 Männer-Pissoirs; 1879 stand am Wedding- und am Arminiusplatz ein Café Achteck. 1882 gab es bei einer Million Einwohner 65 öffentliche Bedürfnisanstalten – eine mit Klosett für Frauen.

In **England** wurden 1874 in Zügen in der ersten und zweiten Klasse WCs eingerichtet. Erst sieben Jahre später gab es auch WCs für die dritte Klasse.

Die Stimmbürger von Basel verwarfen 1876 aus Angst das geplante Kanalisationsnetz. Die Errichtung unterirdischer Abwasserkanäle blieb weiter Sache der Anwohner.

Charles Harrison gelang 1877 in New York das Brennen von WC-Becken in einem Stück. Der erste Schritt auf dem Weg zur Herstellung einer Toilette aus Ganzporzellan war getan.

Das Grubensystem in Graz wurde 1881 durch ein Tonnensystem abgelöst. Fäkalien wurden ein- bis zweimal pro Woche in Tonnen abtransportiert.

Die Stadt Wien hatte 1881 Abwasserkanäle in einer Gesamtlänge von über 231,5 Kilometern – davon achtzig Kilometer in den Vorstädten. Am 30. September 1883 wurde in Wien die erste Bedürfnisanstalt für beide Geschlechter von der Firma Beetz in der Invalidenstraße auf einem Kinderspielplatz in Betrieb genommen. 1884 zählte die Toilette 15.485 Nutzer. Ein Jahr später waren es 19.234. Im selben Jahr wurde eine Toilette in der Haupthalle vom Prater in Betrieb genommen.

In Zürich gab es 1883 die ersten öffentlichen Toiletten für Frauen.

Die älteste öffentliche Toilette in **Weißrussland** befand sich 1884 in Minsk.

In London wurde die erste private Einrichtung für Frauen 1884 am Oxford Circus eröffnet. Wenige Kaufhäuser und Restaurants im Stadtzentrum stellten Toiletten für Kundinnen zur Verfügung. Am Charing Cross/Trafalgar Square gab es 1885 unterirdische Bedürfnisanstalten mit 28 Pissständen und 17 Klosetts.

In Frankfurt am Main entstand 1887 im Stadtteil Niederrad die erste mechanische Kläranlage des europäischen Kontinents.

In Zürich gab es 1890 nur einen Spezialisten für den Einbau von Toiletten.

Etwa 1890 funktionierten Schiffstoiletten auch bei Installation unterhalb der Wasseroberfläche. In den 1890er-Jahren wurde die Variationsvielfalt von Klos erreicht. Mobile WCs waren fortan technische Apparate. Gegen 1892 waren Klosett-Mehrsitzer-Einheiten eine Neuheit, die in **England** in Fabriken, Firmen oder Heimen etwa drei Jahrzehnte erfolgreich benutzt wurden. 1893 wurde die erste öffentliche Bedürfnisanstalt für Frauen errichtet.

1893 hatte Zürich bei 117.000 Einwohnern 18 Pissoirs mit sechzig Ständen und eine Bedürfnisanstalt für Frauen. Ein Paragraf der Stadt Zürich aus dem Jahre 1894 verbot es, die Notdurft an anderen als den dazu bestimmten Plätzen zu verrichten.

Auf dem Marktplatz in Ludwigsburg wurde 1895 ein kleines Haus mit einem Pissoir für Männer und zwei Klosetts für Frauen errichtet.

Erst 1896 entschieden sich die Einwohner Basels für ein neues Kanalisationssystem. Die endgültige Säuberung und Überwölbung des wasserarmen, verunreinigten Birsigs konnte somit in die Wege geleitet und umweltbelastende Senkgruben und baufällige Dolen konnten ersetzt werden.

Der Abort am Karlsplatz in München wurde im Jahre 1896 von rund 140.800 Personen genutzt.

In Berlin gab es 1897 bei 1,677 Millionen Einwohnern insgesamt 159 Pissoirs und 65 Vollanstalten mit Abortanlagen.

Öffentliche Toiletten fanden sich in Wien – von der Firma Beetz bereitgestellt – in Form einer Eisenanstalt 1897 auf dem Bischof-Faber-Platz und 1898 auf dem Richard-Wagner-Platz.

München hatte 1898 bei 410.000 Einwohnern 38 öffentliche Pissorte, 15 davon mit Klosetts.

In Nürnberg gab es 1898 bei 230.000 Einwohnern fünfzig öffentliche Bedürfnisanstalten, davon 41 Pissoirs.

1899 besaß Augsburg 17 öffentliche Bedürfnisanstalten bei 83.000 Einwohnern.

Braunschweig hatte 1899 bei 12.600 Einwohnern 16 Pissoirs für Männer und zwei öffentliche Bedürfnisanstalten für Frauen.

Die Dekorationsmode von Toiletten in **England** flaute gegen 1900 ab. Weiße Kloschüsseln ohne Verzierungen steigerten das Bewusstsein für Hygiene. Sie konnten billiger und in Mengen produziert werden und wurden in einfachen Haushalten installiert.

1900 hatte Altona drei private und 35 städtische öffentliche Bedürfnisanstalten.

1900 befand sich in Berlin und in den benachbarten Stadtgebieten das WC bei 48,2 Prozent der Wohnungen außerhalb der eigenen vier Wände.

Mit rasch zunehmender Urbanisation wurde zu Beginn des 20. Jahrhunderts das Bedürfnis nach Hygiene stärker.

In München waren 1901 in 22 öffentlichen Vollanstalten insgesamt 18 Freiaborte installiert, 13 für Frauen und fünf für mittellose Männer.

1903 befanden sich in Göttingen acht öffentliche Bedürfnisanstalten, davon zwei für Frauen.

Am 14. März 1905 wurde in Wien die erste unterirdische Bedürfnisanstalt des europäischen Kontinents in der Grabenstraße in Betrieb genommen. Der barocke Josephsbrunnen darüber wurde abgetragen und nach Fertigstellung wieder aufgebaut.

Paris hatte um 1905 etwa viertausend Pissoirs.

Um 1906 hatte Hannover 36 öffentliche Bedürfnisanstalten bei über 250.000 Einwohnern.

1909 gab es in Zürich 58 Pissoirs mit 201 Ständen, deren Gebäude an klassische Tempelbauten erinnerten und Ausdruck für Vornehmheit waren. In Rapperswil entstand der erste Spülkasten.

Bremen hatte 1910 insgesamt 104 öffentliche Bedürfnisanstalten, davon waren 16 Spülklosetts und zwanzig weitere waren Aborte für Frauen und Männer.

1912 erhielt der in Rapperswil hergestellte Holzspülkasten ›Phoenix‹ erste Patente.

Die erste unterirdische Toilette in der Grabenstraße in Wien zählte im Jahre 1911 genau 334.418 Besucher – 214.080 Frauen und 120.338 Männer.

Das Londoner Kaufhaus Harrods eröffnete 1912 luxuriös ausgestattete Damentoiletten. Der Großkatalog von 1913 der Firma Dent & Hellyer in London umfaßte ein hundert Seiten füllendes Sortiment von WC-Typen mit fantasievollen Modellnamen. Schlösser und andere bedeutende Gebäude mit eingebauten WCs wurden als Referenz angegeben.

Bereits 1914 hatte Berlin 271 öffentliche Bedürfnisanstalten mit 1.082 Pissständen, 402 Abortsitzen für Männer und 297 für Frauen.

In **Frankreich** wurden von 1918 bis 1939 in den Dörfern bei Châlons-sur-Marne Straßen und Straßenabschnitte zum Einsammeln von Pferdeäpfeln verpachtet.

1919 hatten in Wien von tausend Wohnungen 921 ihre Aborte außerhalb der Wohnung.

Um 1920 war in **England** die Material- und Formgebung des Sitz-WCs gefunden, wie wir sie heute kennen.

Der Verband der Britischen Wasserwerke begann 1921, nach dem Ersten Weltkrieg, alte Richtlinien durch neue wassertechnische Regeln zu ersetzen.

Die ›Anleitungen zur Gesundheitspflege‹ in **Deutschland** vom Jahre 1929 empfahlen auf Handelsschiffen für jeweils 25 Mann eine Toilette mit gusseisernem Klo.

Zu Beginn der 1940er-Jahre teilten sich auf einem deutschen U-Boot 45 Kameraden zwei winzige Toiletten, in die Mann sich gebückt im Rückwärtsgang hineinquetschte. Eine von beiden war in den ersten vier Einsatzwochen mit Proviant vollgepackt. Die übrig bleibende Kabine war praktisch nur bei Fahrten über Wasser benutzbar. Unter Wasser mussten unverdauliche Teile der Nahrung mithilfe einer Handpumpe gegen den Wasserdruck – für je zehn Meter Wassertiefe ein Bar pro Quadratzentimeter – ins Meer befördert werden, was ein anstrengender Kampf gegen die Elemente war. Oft wurde in der Zentrale des Bootes ein festgezurrter Eimer benutzt, dessen Inhalt mit einer Schicht Dieselöl bedeckt war – zur Schonung der Geruchsorgane umstehender Kameraden.

Ende 1946 waren in Wien 52 öffentliche Bedürfnisanstalten nach den Bombenangriffen des Zweiten Weltkrieges wiederhergestellt und konnten zur Nutzung freigegeben werden. 1952 verfügte die Stadt über 143 Pissoirs, gegen Ende der 1960er-Jahre waren es nur noch 39.

Bis Mitte des 20. Jahrhunderts wurden in den **USA** Außentoiletten benutzt, die aus Holz gefertigt waren und eine Mondsichel in der Tür hatten.

Von 1950 bis 1973 wurde von der amerikanischen Sanitärfirma American Standard der ›Sanistand‹ produziert. Dies war ein Urinal für Frauen in drei Variationen – wandhängend, bodenstehend, jeweils mit oder ohne Spülkasten. Die Urinale waren für Toiletten in Arbeitsstätten, Bus- und Bahnhöfen konzipiert.

In Rapperswil, **Schweiz**, wurden 1952 die ersten Spülkästen aus Kunststoff produziert.

1954 hatten 27 Prozent der Haushalte in **Frankreich** ein WC in den eigenen vier Wänden. Das WC war ein urbanes Phänomen. Ländliche Gebiete profitierten mit Verzögerung von der Errungenschaft.

Die Firma Closomat produzierte 1957 in der **Schweiz** eine Toilette mit Bidet-Funktion, die in **Japan** als ›Washlet‹ weiterentwickelt wurde und dort heute noch weitverbreitet ist.

1964 erschien der erste Unterputzspülkasten der Firma Geberit aus Pfullendorf auf dem Markt. Endlich wurde lange Unvorstellbares möglich – er verschwand unsichtbar hinter der Wand.

In der **DDR** gab es 1967 in Leipzig 32 öffentliche Pissoirs und 33 öffentliche Vollanstalten, davon waren drei nach 1945 errichtete Neubauten und acht um die Jahrhundertwende erbaut. Drei Anlagen im Stadtzentrum waren zudem unterirdisch. Außerdem gab es sieben fahrbare Toilettenwagen mit fünf Sitzen, sechs fahrbare Toilettenwagen mit acht Sitzen und zwei fahrbare Toilettenwagen mit sechs Sitzen. Pornografische Zeichnungen nahmen in den Wagen viel Raum ein. Toilettenpapier gab es nicht, der Benutzungsgrad war dennoch hoch.

Gegen Ende der 1970er-Jahre wurden in **Deutschland** wandhängende WC-Becken, die es bereits zur Jahrhundertwende gab, durch Bodenfreiheit modern. Sie waren in Neu- und Umbauten zu finden. Zur gleichen Zeit begannen viele öffentliche Toiletten aus Geldmangel für Instandhaltung und Reinigung zu verschwinden.

1976 gab es die ersten berührungslosen Handtuchspender der 1954 in der Schweiz gegründeten und 1958 nach Dreieich bei Frankfurt am Main expandierten Firma CWS.

Unter dem Motto ›Geschissen wird immer‹ produzierte der Amerikaner Fred Edwards 1973 in Velbert im Ruhrgebiet das Ur-Dixi-Klo mit blauen Plastikwänden, brauner Tür außen und Urinal und Loch innen. Nach ›Dixi A‹ (1973–1980) folgte ›Dixi B‹ im Jahre 1980 als erste mobile Toilettenkabine aus recycelbarem Kunststoff. Beim Papstbesuch 1980 wurden Dixi-Mobiltoiletten erstmals bei einer Massenveranstaltung eingesetzt, die ihre Bewährungsprobe mit Bravour bestanden.

Harald Müller gründete 1983 in Wiesbaden die Firma TOI TOI & DIXI. Die ersten mobilen Toilettenkabinen wurden in den Markt eingeführt.

Bis in die 1980er-Jahre verbrauchten Toiletten in den **USA** etwa 19 bis 26 Liter Wasser pro Spülgang.

1989 hatten mehr als 430.000 Wohnungen in **Deutschland** laut einer Gebäude- und Wohnungszählung keine Toilette. 1,7 Prozent der Haushalte mussten auf das Klo in den eigenen vier Wänden verzichten.

Bei meiner Wohnungssuche Mitte der 1980er-Jahre in Wiesbaden ist mir eine solche Altbauwohnung zum ersten und einzigen Mal begegnet. Die Dusche stand in der Küche. Das Klo befand sich überraschenderweise eine halbe Etage tiefer im Treppenhaus. Allein der Gedanke, kein Badezimmer mit Toilette in der Wohnung zu haben, stattdessen in der Küche duschen und im Treppenhaus aufs Klo gehen zu müssen, behagte mir nicht.

Im November 1991 wurde die erste City-Toilette der Firma Wall in Berlin-Friedrichshain aufgestellt. Diese ist ein freistehendes, abschließbares Toilettenhäuschen, das außerdem für

Rollstuhlfahrer geeignet ist. Im Durchmesser benötigt es etwa so viel Platz wie eine Litfaßsäule. Sie wird der Stadt kostenlos zur Verfügung gestellt und durch Werbeflächen und Benutzergebühren finanziert. Mit vollautomatischer Reinigung ist sie die kleinste Toilette der Welt. Das patentierte Toilettenbecken ist um 76 Grad drehbar. Per Tastendruck wählt der Rollstuhlfahrer an der Tür, ob er links oder rechts übersetzen möchte, sodass sich das Becken in die gewünschte Richtung dreht. Eine bequeme Nutzung wird auf kleinstem Raum möglich. Toilettenbecken und -boden werden nach jeder Benutzung vollautomatisch mit Hochdruck gereinigt, umweltfreundlich desinfiziert und getrocknet. Es wird wenig Wasser verbraucht, da Wasserrückgewinnung und Nutzung von Regenwasser möglich sind.

1993 brachte die Firma CWS in Dreieich den ›CWS Cleanseat‹ auf den Markt – den weltweit ersten selbstreinigenden Toilettensitz. Hier muss niemand Berührungsängste aussitzen. Bei grünem Licht auf der Funktionsanzeige findet der Benutzer einen sauberen Sitz vor. Es genügt, auf der Klobrille gesessen zu haben, damit diese weiß, dass es Zeit zum Reinigen ist; die Farbe leuchtet gelb auf. Die Hygieneschleuse fährt aus ihrer Versenkung, setzt sich auf den darunter rotierenden Sitz, säubert ihn gründlich mit einem desinfizierenden Reiniger und lässt ihn nach fünfzehn Sekunden trocken zurück. Die WC-Brille kann durch den Cleanseat ersetzt werden. Das CWS-Serviceteam für Waschraumhygiene überwacht regelmäßig die Funktionstüchtigkeit.

1998 wurde die Firma URIMAT in der **Schweiz** gegründet. Sie stellt Toilettenbecken aus hochwertigem Polykarbonatblend her, die weder Wasser noch Strom und auch keine Chemie benötigen. Die isolierende, porenfreie Oberfläche des bruchresistenten Spezialkunststoffs vermindert Geruchsbildung, da Urin und Bakterien nicht mehr eindringen können. Der im URIMAT eingesetzte austauschbare Geruchsverschluss-Einsatz nimmt den Urin auf und leitet ihn ohne Wasserverbrauch in die Kanalisation ab. Unangenehme Geruchsbildung wird verhindert, da ein hydrostatischer Auftriebskörper den Einsatz abdichtet.

Die ›Klobalisierung‹ nimmt ihren Lauf. Viele Unternehmen expandieren an unterschiedliche Standorte auf verschiedenen Kontinenten. Sie tun alles, um uns diese ungöttliche Erleichterung so angenehm, zivilisiert und hygienisch wie möglich zu machen, damit wir uns am Ende wohl, well und happy fühlen können. Es bleibt spannend, was weiterhin im neuen Jahrtausend für unser tägliches Bedürfnis getan wird. Trotz mancher Kritik und Skepsis geht es lebhaft mit innovativen Veränderungen voran, bis sie – alltagstauglich und benutzerfreundlich – nicht mehr aus unserem Leben wegzudenken sind.

Im Jahr 2000 wurde in Apeldoorn, **Niederlande**, der erste ›Urilift‹ installiert. Die semistationäre, zylinderförmige Anlage aus rostfreiem Stahl verfügt über drei Pinkelstationen ohne Sichtkontakt. Er ist an Wasser und die Kanalisation angeschlossen und befindet sich tagsüber im Boden; man sieht dann nur einen Kanaldeckel. Für nachtschwärmende Kneipenbesucher kann er einfach per Fernbedienung aus der Versenkung geholt werden. Er bietet männlichen Wildpinklern die beste Alternative zum Erleichtern an Hauswänden und in Geschäftseingängen. Der Urilift wird gern siebenhundertmal und mehr pro Nacht genutzt.

2001 wurde von der Welttoilettenorganisation der Welttoilettentag am 19. November ins Leben gerufen.

Das allerneuste Modell der City-Toilette ›2=1‹ in Berlin mit doppelter Nutzungskapazität war 2004 weltweit einzigartig. Bei gleichem Platzbedarf wird durch einen automatischen Raumteiler aus zwei Kabinentoiletten innerhalb weniger Sekunden eine geräumige, behindertengerechte Toilette. Sie passt in jedes moderne Stadtbild und wertet es auf. Die Erleichterung kostet fünfzig Cent.

In Hornberg eröffnete 2004 das neue Duravit Design Center. Das 1817 am Ort gegründete Unternehmen für Steingutgeschirr – später auch für Nachtgeschirr – steht heute für Badästhetik mit Mut zum Design hinsichtlich Form, Farbe und Funktion. Die vermutlich gigantischste Toilettenskulptur der Welt dient als Aussichtsplattform. Sie ist 8,5 Meter lang, 5,5 Meter breit und 7,1 Meter hoch.

Diese Toilette lässt meine Tour in den Schwarzwald zum Erlebnis werden. Ich versuche, sie möglichst attraktiv vor die Linse des Fotoapparats zu bekommen. Dabei probiere ich verschiedene Blickwinkel aus, tippele zurück und seitwärts hin und her, als mich plötzlich ein Rentner anspricht: »Wussten Sie, dass die Toilette von den Politikern in Berlin getestet wurde?« Hoch konzentriert auf mein Fotomotiv habe ich ihn vorher nicht bemerkt und frage zurück: »Nein! Wieso?« Er antwortet grinsend: »Die Politiker machen so viel...«

Weder diese bombastische Skulptur noch die Präsentation geschmackvoll eingerichteter Bäder noch das interessante Museum beeindrucken mich beim Besuch des Centers am meisten. Als ich ein paar einladende Badewannen begutachte, werde ich von einer Angestellten gefragt: »Sind Sie zum Probebaden da?« Ich glaube an ein Späßchen und antworte erstaunt: »Nein.« Doch es scheint kein Scherz zu sein. Jetzt fallen mir tatsächlich ein paar Leute in der Nähe auf, die ihre Badesachen in Plastiktüten dabei haben. Welch geniale Idee! Probebaden, davon habe ich auch noch nie gehört. Ich hätte es sofort tun mögen, habe aber leider keine passende Kleidung dabei. Natürlich steht das auf der Internetseite, die ich mir absichtlich nicht schon im Voraus angeschaut hatte. Es fördert meiner Meinung nach die Neugier, vorher nicht schon über alles informiert zu sein. Ich mag eigene Eindrücke mit Überraschungen lieber.

In **Nordirland** wurde 2005 der erste Urilift in Belfast installiert und auf Anhieb mit Begeisterung von der Bevölkerung angenommen.

Der ›2 in 1 WC-Sitz Family‹ mit Absenkautomatik für Kinder und Eltern der Firma Wenko in Hilden kam Anfang 2005 auf den Markt. Der Kindersitz kann aus dem Toilettendeckel über den normalen Sitz nach unten geklappt werden. Beim Schließen des Deckels vermeidet eine langsame, sanfte Absenkautomatik lautes Aufknallen und sorgt dafür, dass sich Kinder und Erwachsene nicht die Finger einquetschen.

Am Breitscheidplatz in Berlin stand 2006 die für 750.000 Euro von der Firma Wall modernisierte, unterirdische Toilettenanlage bereit. Sie sorgt mit hochwertigen Materialien für elegantes Ambiente und Komfort. Ein Jahr später wurde ebenfalls von Wall nach aufwendiger Sanierung das modernste behindertengerechte WC-Center auf dem Alexanderplatz eröffnet.

Während der Fußball-WM 2006 in **Deutschland** waren über zehntausend mobile Toiletten von TOI TOI & DIXI im Einsatz.

Eine neue Errungenschaft war die auf der ISH, der Internationalen Sanitär- und Heizungsmesse, im März 2007 in Frankfurt am Main präsentierte ›Big Toilet‹. Die ergonomische, großzügige Formgebung des Designers Philippe Starck setzte mit der ›Starck 3 Stand-WC Kombination‹ neue Standards. In vielen Ländern legen Menschen Wert auf größere WCs. Sicht- und fühlbar bietet die ›Big Toilet‹ mit den Maßen 42×74 Zentimeter mehr Komfort. Die Toilette wird menschlichen Maßen wie körperlicher Masse besser gerecht. Sparsame sechs Liter Wassermenge pro Spülgang und ein Siphon mit Hochdruckfunktion sorgen für die nötige Spülkraft.

Im selben Jahr bin ich wegen innovativer Toilettenprodukte und zum Knüpfen von Kontakten auf der ISH – gern auch ›Interklo‹ genannt.

Am Stand der Firma Geberit das Dusch-WC ›Balena 8000‹, das den Benutzer, wenn dieser darauf sitzt, sanft mit einem Strahl reinigt und bei Bedarf auch mit Warmluft trocknet. Die Funktionen lassen sich per Fernbedienung auf persönliche Bedürfnisse einstellen: ein pulsierender Massagestrahl, ein oszillierender Duschstrahl oder die Lady-Dusche. Das Düsenreinigungsprinzip säubert den Duscharm mit klarem Wasser, desinfiziert und spült ihn mit einem Reinigungsmittel. Man kann es als Komplettanlage oder als Aufsatz, der einfach und schnell auf praktisch jedes WC montiert und gegen Sitz und Deckel ausgetauscht wird, erwerben.

In Köln soll der Dom jährlich 15.000 Liter Urin abbekommen. Der 2008 installierte Urilift am Bayenturm und an der Severinsbrücke soll dem entgegenwirken.

In Eschborn wurde an der Tank- und Raststätte Taunusblick der erste URIMAT mit Videodisplay installiert.

Die Prinzessin-Elizabeth-Station zur Polarforschung in der **Antarktis** wurde 2009 mit WC-Elementen von der Firma Geberit in Belgien beliefert. Das Dusch-WC ›Balena 8000‹ bekam einen neuen Namen: ›Dusch-WC AquaClean‹, in verschiedenen Varianten.

2009 entwickelte die Firma CWS-boco Handtuchspender mit Videowerbung und 2012 den ersten ›WIS‹ – Washroom Information Service. Handtuchspender melden den Nachfüllbedarf per SMS oder E-Mail. CWS brachte 2014 in Europa den ›CWS Clean Touch‹ auf den Markt – eine hygienische Türklinke, deren Griff mit recycelbarer Hygienefolie überzogen ist.

2014 gab es in **Europa** bereits zweihundert Urilifte in acht Ländern. Es werden immer mehr, sofern sich die Städte zur

Installation entschließen. Das erste ›Urilady‹ soll 2015 installiert werden.

Die Kulturgeschichte beziehungsweise ›Kult-Urgeschichte‹ von Toiletten dieser Welt ist noch lange nicht zu Ende, auch wenn das Gestern heute schon Geschichte ist. Wo wären wir im Jahre 2015 mit unseren Verdauungsendprodukten ohne die kreativen Erfinder, Designer, Architekten, Installateure und Hersteller mit ihren Mitarbeitern, die sich täglich zum Thema engagieren?

Mit innovativen Produkten sorgen unzählige Menschen dafür, dass die Örtchen dieser Welt still und heimlich, sparsam und rein und immer wieder mit einem neuen, attraktiven Design zu einem unheimlichen Kultobjekt der alltäglichen Begierde avancieren, die uns das Leben von AA bis OO erleichtern.

Das Wellness- und Wohlfühlzeitalter ist längst eingeläutet. Es wird ständig verbessert und weiterentwickelt – seien wir gespannt darauf, was die moderne ›WC-logie‹ uns in der Zukunft bieten wird.

Klassenfahrt nach West-Berlin

Ich bin 16 Jahre alt und habe, gemessen an der Vielzahl von fremden Ländern und Kulturen, die es gibt, noch nicht viel von der Welt gesehen. Neben dem Heimatland kenne ich nur sieben weitere Länder. Es sind Dänemark – wo ich knapp einen Monat zuvor zweimal in Grenzorten gewesen bin –, England, Frankreich, Luxemburg, die Schweiz, die DDR und mein allererstes Auslandsziel, Österreich. Immerhin war ich schon in Deutschland gut unterwegs. Garmisch-Partenkirchen ganz im Süden und Flensburg im Norden sind mir nicht mehr fremd.

Sogar Silvester habe ich schon im Schnee in West-Berlin verbracht. Außerdem kann ich von mir sagen – und das ist mir wichtig –, Berlin mit und ohne Mauer erlebt zu haben. Die Folgen eines plötzlichen Wintereinbruchs mit viel Schnee waren an jenem Silvester gefrorene Oberleitungen und eingeschneite Gleise. Kein Zug wollte mehr durch die DDR rollen. Wie Mutter, die wieder arbeiten musste, mit mir zurück nach Hause nach Frankfurt am Main kam, ist ein anderes Abenteuer...

Als Toilettenbenutzerin habe ich mit 16 noch keine einschlägigen oder besonders erwähnenswerten Erfahrungen gemacht, oder gar einen Kulturschock erlitten – dieses negative Wort ist mir in diesem Alter völlig fremd. Das einzige Erlebnis in Hinblick auf Toiletten, das mir in Erinnerung geblieben ist, hatte ich im englischen Bournemouth, als ich mit 13 das Badezimmer meiner Gastfamilie mit grasgrünem, flauschigem Teppichboden vorfand – sogar der Toilettendeckel war damit überzogen! Wahrscheinlich hätte eine Kuh ihn sogar zum Reinbeißen gefunden. Oder als ich bei meinem nächsten Sprachaufenthalt in England zwei Jahre später im beschaulichen St Leonards-on-Sea zu Gast war: Das Bad dieser Gastfamilie war mit einem Flauschteppichboden so tiefblau wie das Meer ausgelegt, auch hier der Klodeckel passend dazu bestückt. Wem es gefällt! Ich fand es witzig – mal etwas anderes. Über die hygienischen Faktoren machte ich mir in dem Alter eher keine Gedanken.

An einem Sonntagvormittag im Wonnemonat Mai sitze ich also mit 29 weiteren Schulkameraden aus der zehnten Klasse, dem Klassenlehrer und einer weiteren Lehrerin im D-Zug. Das ›D‹ steht hier übrigens nicht für Deutschland, sondern für Durchgang. Es ist unsere Abschlussfahrt der gymnasialen Schulklasse vor der Oberstufe oder dem Schulabgang. Es dauert etwa sieben bis acht Stunden mit dem Zug von Frankfurt nach West-Berlin. Das hängt davon ab, wie viel Zeit die Grenzkontrollen beanspruchen und wie schnell die Bahn dann in der DDR vorankommt.

Schon in der alten Bundesrepublik bläut uns der sonst so humorvolle Herr Schlayer, bei dem wir Altgriechischunterricht genießen dürfen, fast flehentlich ein: »Werft bloß nichts aus dem Zugfenster! Erst recht dann nicht, wenn wir durch die DDR fahren. Sonst wird der komplette Schnellzug angehalten!«

Spätestens bei der Grenzkontrolle bei Bebra wissen alle – auch diejenigen, die im Gegensatz zu mir bisher noch nicht mit der DDR in Berührung gekommen sind –, wie streng es hier zugeht. Die Zöllner blicken ganz ohne Anzeichen eines Mienenspiels mit einem finsteren Pokergesicht, das nicht mal ein leises freundliches Lächeln zulässt, in unsere verschüchterten Gesichter. Wir müssen unsere Pässe vorweisen. Immerhin hat ihn keiner vergessen. Unsere Lehrer werden getrennt von uns regelrecht verhört. Wir wissen alle: Wir werden nichts aus dem Fenster schmeißen. Dafür lassen wir uns etwas ganz anderes einfallen.

Einer meiner männlichen Klassenkameraden muss von der damals noch relativ jungen Samstagabendsendung *Wetten, dass..?* inspiriert worden sein. Auf solch eine Idee wäre ich zum Beispiel von allein nie gekommen. Bei einer der Saalwetten sollte ausgetestet werden, wie vielen Menschen gemeinsam zugemutet werden konnte, sich vor Saal- und Fernsehpublikum in einen VW-Käfer zu quetschen. Einen Käfer gibt es im Zug zwar nicht – zumindest nicht das Automodell, auf Insekten wie Maikäfer habe ich den Zug nicht untersucht –, aber dafür haben wir ein Klo zu unserer Verfügung stehen... Die Kloschüssel ist sogar mit natürlicher Frischluftzufuhr. Eine Klappe nach unten auf die Gleise öffnet sich, sobald man auf das Pedal auf dem Boden daneben tritt.

Mit einer Größe von damals 173 Zentimetern, laut grünem Pass wenigstens, finde ich mich für diese Quetsch-Aktion sowieso zu groß. Der Gedanke, mit mehreren Mitschülern in einem Toilettenraum eingepfercht zu sein, behagt mir gar nicht. Ich denke nur grinsend: Macht ihr mal! Solche verrückten Sachen kommen also bei humanistischer Bildung heraus! Ich frage mich, wer von meinen Kameraden schon vorher solch einen Versuch gewagt haben mag? Und dann jetzt die Feuerprobe ausgerechnet auf der Zugfahrt durch die DDR. Hauptsache, es patrouillieren in dem Moment keine Schupos durch den Gang vor dem Klo.

Ich schaue kurz dabei zu, wie einer nach dem anderen in dem kleinen Toilettenraum verschwindet. Das Fenster muss geschlossen bleiben, das ist Teil der Bedingungen. Es darf ja niemand hinaushängen und beileibe darf erst recht nichts herausfallen. Wir haben das Mantra unseres Lehrers noch im Kopf. Es rumpelt mächtig in der Kabine. Das hört sich nach einem ordentlichen Geschäft da drinnen an! Endlich macht der letzte Kandidat die Tür zu und verschließt sie von innen. Laut glucksend gehe ich, bevor ich komplett die Beherrschung verliere, lieber zurück ins Abteil. Besetzt! Das rote Zeichen über der Abteiltür ist nicht zu übersehen. Auch alle anderen, die noch draußen gestanden haben, gehen zurück auf ihre Plätze. Eine Weile lang wird mucksmäuschenstill in der Kabine abgewartet. Können Sie sich vorstellen, wie die Leute, die aufs Klo wollten oder nur am WC vorbeiliefen, geschaut haben, als wenig später einer nach dem anderen aus der Toilette kam?

Wohlbehalten gelangen wir durch die Zone, ohne dass etwas oder jemand aus dem Fenster gefallen ist, und kommen gut gelaunt in West-Berlin an. Auf unserer Abschlussfahrt verbringen wir sogar einen Tag hinter der Mauer in Ost-Berlin, wo alle sowohl bei der Einreise als auch bei der Ausreise diesen typischen DDR-Stempel – oben grün, unten gelb – in ihren Pass gedrückt bekommen, den ich sogar noch habe.

Geburtsörtchen

Auf dem Örtchen das Licht der Welt erblicken? Themen wie Geburt, Toilette und Tod, mit denen wir zwangsläufig im Leben konfrontiert werden, sind in der westlichen Gesellschaft eher tabuisiert, weil sie meist unter die Gürtellinie gehen. Im Kapitel 00 wird die Kulturgeschichte – die schwere Geburt der Toilette – als Erfindung des Menschen beschrieben, der jetzt wiederum auf ebendieser Erfindung die Geburt erfährt.

Erstaunen, Verwunderung und Nachdenklichkeit ruft es hervor, wenn Frauen sich bewusst das stille, heimliche Örtchen zum un-heimeligen Geburtsörtchen aussuchen. Dieses Kapitel ist den Frauen mit einer solchen Erfahrung und den Kindern, die eines Tages davon berichten können, gewidmet, aber auch den kleinen Mädchen und Jungen, denen die Chance dazu genommen wurde.

Aus dem wirklichen Leben sind die folgenden gefundenen Berichte der letzten Jahrzehnte von weltweiten Geburtsörtchen, die gleichzeitig zum Ort der Verzweiflung, der Hoffnung, des Muts, des Glücks und der Rettung wurden. Mögen sie eine Gänsehaut hervorrufen und an ein mitfühlendes Herz gehen.

Argentinien
Im Ort Frías fühlte sich eine im siebten Monat Schwangere schlecht. Sie ging auf den Abort außerhalb des Hauses und brachte dort unerwartet ihr Kind allein zur Welt. Beim Durchtrennen

der Nabelschnur wurde die vierzigjährige Mutter ohnmächtig – das Baby fiel in die Fäkalgrube. Erst Stunden später kam sie wieder zur Besinnung und konnte Hilfe holen. Ihre Kinder eilten sofort herbei und hörten den Säugling weinen. Zuerst banden sie eine Nylonschnur an einen Haken und versuchten, das Baby herauszuholen. Als sie es nicht schafften, holten sie einen Nachbarn. Der schnallte den fünfjährigen Sohn seiner Nachbarin an einen Gürtel und ließ ihn in die Grube hinab. Der Junge umklammerte das Neugeborene und brachte es ans Tageslicht. Das 2.700 Gramm schwere Baby hatte Atemprobleme und Schürfwunden – laut Arzt jedoch nichts Besorgniserregendes.

Belgien
Der wohl prominenteste Fall einer Toilettengeburt in der Geschichte ist die Geburt von Karl V., König von Spanien (1519–1556), der seit 1530 als letzter römisch-deutscher Herrscher auch Kaiser war. Karl der V., Sohn Phillips des ›Schönen von Burgund‹ und Johannas der ›Wahnsinnigen‹, erblickte 1500 in Gent bei einem Hoffest am Abort das Licht der Welt.

China
Eine fünfzigjährige Frau und zweifache Mutter aus Hongkong wurde auf der Toilette von der Geburt ihres dritten Kindes überrascht. Sie habe die Schwangerschaft nicht bemerkt, da sie dachte, ihre Gewichtszunahme wäre den Wechseljahren geschuldet.

Deutschland
Schüler fanden in Bremen ein neugeborenes Mädchen im Papierkorb der Schultoilette, wo es zur Welt gekommen war. Die Mutter wurde ausfindig gemacht. Sie hatte bereits zwei ältere Kinder, angeblich nichts von der Schwangerschaft geahnt und nach der überraschenden Geburt geglaubt, das Baby sei tot, weil es keinen

Laut von sich gegeben habe. Die Kleine wurde zur Adoption freigegeben.

*

Nach der Entbindung auf der Toilette eines Restaurants in Magdeburg legte eine 27-jährige Frau aus Wernigerode das Neugeborene in einen Container für Papierabfälle. Durch Zufall wurde das Kind entdeckt und gerettet. Die Mutter wurde zu zwei Jahren Freiheitsstrafe auf Bewährung verurteilt.

*

Eine übergewichtige Frau aus München rief wegen kolikartiger Schmerzen den Notarzt, der jedoch keine Ursache für ihr Leiden finden konnte. Also rief er wiederum den Notdienst, der für den Transport besonders schwerer Personen geeignet ist. Bevor der Klinikarzt die Frau untersuchte, ging diese aufs Klo. Dort gebar sie zu ihrer eigenen Überraschung ein 2.300 Gramm schweres Baby. Mutter und Kind waren nach der Geburt wohlauf.

*

Eine 31-jährige Frau aus Neumünster versuchte auf der Firmentoilette, ihr neugeborenes Kind wegzuspülen. Beherzte Kolleginnen konnten sie davon abhalten und alarmierten Polizei und Notarzt. Der neugeborene Junge und die Mutter wurden ins Krankenhaus eingeliefert.

*

Im Heidepark Soltau brachte ein 16-jähriges Mädchen auf der Toilette eine Tochter zur Welt. Eine Sanitäterin habe bei der Geburt des Mädchens geholfen. Die Schülerin und ihre Familie hatten die Schwangerschaft nicht bemerkt – ihr Vater, ein Witwer, wurde so mit 39 Jahren Opa. Die junge Mutter entschied sich dazu, das Kind zu behalten und nicht zur Adoption freizugeben.

*

In Bad Staffelstein brachte eine Küchenhilfe auf der Gemeinschaftstoilette ohne fremde Hilfe ein Mädchen zur Welt. Danach versuchte die 27-jährige Mutter, das nur 2.260 Gramm schwere Neugeborene mit einem Stoffgürtel zu erwürgen. Als die Kleine am nächsten Morgen noch lebte, versteckte sie es im Bettkasten und deckte es mit Kleidern und Handtüchern zu. Hausbewohner entdeckten Blut auf der Toilette und hörten das Baby wimmern – es konnte gerettet werden.

England
In Devonport brachte eine 13-jährige Schülerin einen gesunden Jungen auf der Toilette zur Welt. Sie, ihr 16-jähriger Freund und ihre Familie hätten die Schwangerschaft nicht bemerkt. Der Vater der jungen Mutter dazu: »Da geht man abends als glücklich verheirateter Vater von zwei Kindern schlafen, und wacht am nächsten Morgen als Großvater auf.«

*

Auf der Heimreise von einer Klassenfahrt in Folkestone bemerkte eine 17-jährige Schülerin, dass sie schwanger war, und brachte im Abfertigungsgebäude des Zolls einen gesunden Jungen zur Welt. Die junge Frau habe nach Angaben der Firma Eurotunnel über Bauchschmerzen geklagt und sei aus dem Bus gestiegen, in dem sie zusammen mit ihren Mitschülern auf den Tunnelzug gewartet hatte. Im Abfertigungsgebäude hörte die Putzfrau das Mädchen auf der Toilette schreien und rief den Notarzt, der eintraf, als sie ihren sieben Pfund schweren Sohn bereits geboren hatte. Mutter und Kind waren hinterher den Umständen entsprechend wohlauf.

*

In der Abflughalle des Flughafens Heathrow in London brachte hinter der Pass- und Sicherheitskontrolle eine Unbekannte einen Jungen zur Welt und ließ ihn dort zurück. Erst eine Stunde nach der Geburt wurde der Säugling entdeckt und ins Krankenhaus gebracht. Der Kleine war wohlauf.

Eine hochschwangere Engländerin besuchte mit ihrer Mutter eine Theatervorstellung in London. Kurz vor Beginn der Aufführung begab sie sich auf die Toilette, von der sie nicht mehr zurückkam. Die Wehen setzten zehn Tage zu früh ein. Als der Notarzt eintraf, war die Geburt bereits zu weit fortgeschritten, als dass man sie ins Krankenhaus hätte transportieren können. Bis zur Pause der Theatervorstellung hatte sie eine gesunde Tochter geboren. Der glückliche Vater war inzwischen eingetroffen – das Theaterpublikum spendete Mutter und Kind tosenden Applaus.

Guatemala
Eine 27-jährige Schwangere rechnete nicht mit der Geburt ihres Kindes, als sie trotz Wehen zum Abtritt außerhalb des Hauses ging. Bei einer Sturzgeburt flutschte das Mädchen heraus und rutschte durch die Öffnung direkt in die Fäkaliengrube.

Das Toilettenholzhäuschen wurde bei der Rettungsaktion von den Feuerwehrmännern abgerissen. Sie gruben sich von der Seite zum Säugling heran. Nach vier Stunden war das Mädchen gerettet und ebenso wie ihre Mutter wohlauf.

Italien
In Catanzaro gebar eine 19-jährige Schülerin ihr Kind auf der Schultoilette. Die Schwangerschaft hatte sie bis zum Ende verheimlicht – ihre Mutter und ihre Freundinnen waren ahnungslos. Als die Wehen einsetzten, bat die Schülerin ihre Lehrerin, auf die Toilette gehen zu dürfen, wo die Geburt reibungslos verlief und sie einen gesunden Jungen auf die Welt brachte.

Die Eltern der Schülerin waren glücklich über die Geburt ihres Enkels, wie auch ihr Freund über seinen neugeborenen Sohn – die frisch gebackenen Eltern wollten bald darauf heiraten.

Nicht wie Gott in Frankreich – Pinkeln in Paris

Mit der Volljährigkeit, ich fühle mich nicht besonders erwachsen, habe ich zwar an Alter gewonnen, neue Länder sind in den vergangenen beiden Jahren jedoch nicht hinzugekommen. Wir haben Sommerferien, danach beginnt endlich das letzte Schuljahr. Ich kann es nicht erwarten, bis die schreckliche Schulzeit vorbei ist. Ich habe nicht vor zu studieren, sondern möchte endlich arbeiten, unabhängig sein und Mama, die mir gern gibt, was sie sich leisten kann, nicht mehr finanziell auf der Tasche liegen. Seit ein paar Jahren gebe ich gelegentlich Reitunterricht für Anfänger und seit Kurzem Nachhilfe in Englisch. Inzwischen verdiene ich bis zu fünfzig Mark die Woche. Das ist ganz schön viel für eine bescheidene Schülerin wie mich, die wenig braucht.

Heute bin ich total aufgekratzt und ungeduldig; 49 Mark habe ich investiert! Mit meiner Freundin Beate aus Wiesbaden, die ich drei Jahre zuvor bei einem Sprachaufenthalt in England kennengelernt habe, fahre ich zum ersten Mal in meinem Leben nach Paris! Ich hole Beate am Frankfurter Hauptbahnhof ab. Gemeinsam suchen wir die Haltestelle, von der aus unser Bus um zweiundzwanzig Uhr dreißig ins Abenteuer abfahren wird. Busreisen sind gerade – lange vor FlixBus und Co. – groß in Mode, denn sie bieten, damals wie heute, eine günstige Möglichkeit, in andere Städte zu gelangen. Ein Aufenthalt für einen Tag in einer fremden Stadt reicht nie, um alles zu besichtigen, dennoch ist er eine gute Alternative, um erste Eindrücke zu bekommen – ohne teure Hotelübernachtungen. Beate und ich sind zufrieden.

Die Plätze im Bus sind allesamt belegt. Auf der Nachtfahrt kriegen wir beide kaum ein Auge zu. Nach etwa vier Stunden auf der Autobahn legen wir mitten in der Nacht eine Pause an einer Raststätte vor der französischen Grenze ein. Nach der Grenzkontrolle geht es in Frankreich weiter auf der Landstraße, um die teure Maut für die Autobahn zu sparen. Beate und ich freunden uns schnell mit den etwa gleichaltrigen Jungs an, die in den Reihen vor und hinter uns sitzen. Nach acht Stunden Fahrt, um sechs Uhr dreißig, werden wir südlich vom Eiffelturm am Champ de Mars abgesetzt. Die Sonne strahlt bereits vom königsblauen Himmel. Milde Temperaturen und ein leichtes Lüftchen umhüllen uns auf den ersten Schritten in der fremden Großstadt. Zur Abfahrt um dreiundzwanzig Uhr werden wir an derselben Stelle wieder abgeholt. Einer Stadtrundfahrt im Bus schließen wir uns nicht an.

Beate und ich beschließen zusammen mit Thomas, Michael und Andreas, die französische Hauptstadt zu erkunden. Das artet schnell in Hektik aus, weil jeder andere Wünsche und Vorstellungen hat und so viel wie möglich an diesem Tag sehen und erleben möchte; trotzdem wird es lustig.

Daheim haben wir unsere D-Mark in französische Francs umgetauscht, so sparen wir uns hier das Suchen einer Wechselstube. Wir staunen über die Wucherpreise in den Cafés und Restaurants. Sogar im Supermarkt ist nichts wirklich billig – schon gar nicht Schokolade. Die kostet hier zwischen sieben und zehn Franc, also umgerechnet zwei bis drei Mark für kümmerliche hundert Gramm. Bei den Preisen überlebe ich gern einen Tag ohne Schokolade. Was tatsächlich günstiger als zu Hause ist, sind die gelben Tickets für die Metro. Eine Tageskarte gibt es leider nicht, dafür bekommen wir eine günstige Zehnerkarte, die sich für unsere Kleingruppe lohnt.

Gleich nach der Öffnung schauen wir uns DAS Touristenziel der Stadt Paris an. Bis 1930 ist der Eiffelturm mit 312 Metern das höchste Gebäude der Welt. Mehrere Aufzüge bedienen die drei Aussichtsplattformen des Wahrzeichens von Paris. Laufen ist, wie eigentlich überall, auch hier billiger und gesünder, außerdem müssen wir so nicht in einer langen Schlange auf den Fahrstuhl warten. Bevor ich Geld ausgebe, drehe ich jede Mark – in diesem Fall jeden Franc – mehrfach um. Ich bin nicht geizig, sondern gehe einfach nur sparsam mit Geld um. Aber eine kleine Reise geht immer! Wir erklimmen zu Fuß die zweite Plattform, die auf 115,7 Metern Höhe liegt, und genießen auf dem Weg nach oben die beeindruckende Aussicht. Fast am Ziel angelangt entdecken wir in der Ferne sogar die Kirche Sacré-Cœur in Montmartre. Dorthin wollen wir später auch noch.

Auf dem Weg zurück nach unten fällt uns allen auf: Wir müssen mal ... Um dem Abhilfe zu verschaffen, begeben wir uns auf die Suche und werden fündig. Natürlich stehen schon einige wartende Frauen vor uns. Beate und ich stellen uns brav hinten an. Die Luft ist stickig und es riecht unangenehm. Ich beobachte alles genau, hier in dieser fremden Stadt. Merkwürdig, keine Frau kommt aus den letzten beiden Kabinentüren heraus und irgendwie will auch keine hinein. Endlich bin ich dran. Neugierig wie ich bin, muss ich aber zunächst mal der Sache auf den Grund gehen. Die Türklinke lässt sich auf jeden Fall schon mal nach unten drücken. Langsam öffne ich die Tür und traue meinen Augen kaum. Das habe ich ja noch nie gesehen! Was ist denn das? Wie ein kleines Kind plärre ich durch den Raum nach Beate, die am Anfang der Reihe steht: »Schnell, komm mal her! Guck mal!« Sie kommt sofort herbei. Ich deute nach unten. Vor uns liegt eine weiße quadratische Schüssel direkt im Boden mit einer runden Öffnung in der Mitte. Ich sehe gerade das erste Steh- beziehungsweise Hockklo meines Lebens. Von denen hatte ich bisher noch nie gehört. So naiv bin ich mit meinen frisch gebackenen 18 Jahren und so fremd ist mir die weite Welt damals noch. Wie alle anderen reizt auch uns die Benutzung nicht. Wir nehmen lieber eins der anderen, ›richtigen‹ Klos, so wie wir sie eben kennen.

Sogar in meinem Tagebuch meckere ich über die öffentlichen Pariser Toiletten, weil sie alle Geld kosten und hinsichtlich ihrer Sauberkeit echt zu wünschen übrig lassen. Zu dem Zeitpunkt habe ich noch kein Privatklo in Paris gesehen.

Ein Jahr später lebe ich während der hessischen Sommerferien sechs Wochen lang in Frankreichs Hauptstadt. Inzwischen bin ich bereits zum dritten Mal in Paris. Ich jobbe einen Monat lang in einem Restaurant, lerne dabei die Sprache und viele Leute kennen.

An einem Abend bin ich bei einer Kollegin eingeladen, die ein paar Jahre älter ist als ich. Sie lebt in einer kleinen Altbauwohnung. Beim Klogang erlebe ich eine Überraschung. Das fensterlose Bad ist höchstens zwei Quadratmeter groß. Wenn hier zwei Leute drinstehen würden, wäre es voll. Auf der rechten Seite hängt ein Miniwaschbecken mit einem Spiegel darüber. Daran kommt die Tür gerade so ohne Berührung vorbei. Aus der Wand gegenüber ragt ein Stück über mir ein Duschkopf aus Metall fast bis zur Mitte des Kabuffs, in dem ich stehe. Die Tür kann so – etwas quietschend – bis an die linke Wand schwingen. Unter mir befindet sich, auf dem Boden, der von allen Seiten zur Mitte hin ein paar Zentimeter absinkt, zwischen sauberen weißen Fliesen ein schwarzes Loch. Das mündet ohne sichtbaren Siphon in ein Fallrohr. Fürs Duschen gibt es noch ein angerostetes Gitter, das man über den schrägen Boden mit der Öffnung legen kann. So kann man gerade stehen und rutscht nicht bei der kleinsten

Unvorsichtigkeit ins Loch. Man muss sich bei der Benutzung dieses ›Badezimmers‹ fast so fühlen wie eine Henne in einer Legebatterie. Die Duschbrause dient gleichzeitig auch zur Spülung der ›Toilette‹. Das ist alles. Ich kann gar nicht glauben, was es hier so alles gibt – beziehungsweise nicht gibt. Pinkeln in Paris – 00 Komfort.

Toiletten dieser Welt: Alle müssen mal ...

Mehr als sieben Milliarden Menschen leben auf unserem blauen Planeten, der hoffentlich nicht zum braunen Planeten wird, denn über 2,6 Milliarden Menschen müssen ohne angemessene sanitäre Anlagen auskommen.

Nach Angaben der Vereinten Nationen soll die Zahl von über einer Milliarde Menschen, die keinen Zugang zu sauberem Trinkwasser haben, halbiert werden, wie auch die Zahl derer, die keinen Zugang zu sanitären Anlagen haben. Allen Bewohnern der Erde diese grundlegende Versorgung zukommen zu lassen, würde zehn Milliarden US-Dollar kosten. Dieser Betrag ist nur ein Zehntel dessen, was in Europa jedes Jahr für Alkohol ausgegeben wird, und die Hälfte von dem, was US-amerikanische Staatsbürger jährlich für Haustiernahrung zahlen.

Wir sind im 21. Jahrhundert. Der Zustand der globalen Klokultur ist notdürftig – weil es ein Tabuthema ist, weil sich Politiker lieber an einem Brunnen als neben einer Toilette fotografieren lassen, weil Essen und Trinken wichtiger sind, weil es um den heimlichen Ort zu still ist, weil vielleicht noch nicht genug dieses ›klolossale‹ Buch gelesen haben oder weil es für alles genug Ausreden gibt...

Es passiert viel auf den Toiletten dieser Welt, sie sind ein unverzichtbarer Teil des Lebens; lassen Sie sich gesagt sein: Hier werden nicht nur kleine oder größere Geschäfte verrichtet.

Argentinien
In Buenos Aires wurde am Neujahrstag ein 415 Kilogramm schwerer Mann auf der Toilette ohnmächtig und musste in der Folge aus seiner misslichen Lage von der Feuerwehr und einem zusätzlichen Hilfstrupp befreit werden.

Australien
In Sydney wurde bei einer Auktion eine öffentliche Toilette für eine halbe Million australische Dollar versteigert. Fünf Leute boten für die drei Kabinen mit einer Gesamtfläche von 91 Quadratmetern. Der Käufer sagte nicht, was er mit ihnen vorhabe.

Brasilien
In Rio de Janeiro fanden Reinigungskräfte auf einer Flughafentoilette fünf Taschen mit Juwelen im Wert von drei Millionen Real. Kurz davor war der Flughafen nach Schmuggelware aus Italien durchsucht worden. Der Besitzer war wohl gewarnt gewesen.

China
In China war die Wasserversorgung wegen Millionen undichter Toiletten gefährdet. Das chinesische Bauministerium ordnete deshalb an, dass künftig nur noch WCs zuverlässiger Hersteller installiert werden dürften – andernfalls drohten hohe Strafen. Von einem Land, das Satelliten ins All sendet, darf man auch erwarten können, dass es dazu in der Lage ist, Toiletten ordentlich abzudichten.

Chile
Prinz William schrubbte bei einem Hilfsprojekt in Patagonien eine Toilette.

England
In der Nähe der Whitworth Art Gallery wurden nach einem anonymen Hinweis in einer nicht mehr benutzten öffentlichen Toilette die aus einem Museum in Manchester gestohlenen drei Bilder von van Gogh, Picasso und Gauguin sichergestellt. Ein Zettel lag dabei: »Wir haben nicht beabsichtigt, die Gemälde zu stehlen, wir wollten nur auf die mangelnde Sicherheit aufmerksam machen.«

*

In London wurde die Herrentoilette des Millennium Hotels wegen Radioaktivität von Polonium 210 nach dem spektakulären Giftmord an Alexander Litwinenko geschlossen. Die Herren teilen sich nun die Toiletten mit den Damen. Polonium 210 ist erst dann gefährlich, wenn es durch Schlucken, Einatmen oder über eine Wunde in den Körper gelangt.

*

In Crawley Down, West Sussex, schloss ein britischer Geschäftsmann seine Frau aus Angst vor der angedrohten Scheidung auf der Toilette ein und demolierte mit einem Bagger einen Teil der Luxusvilla. Die Frau konnte sich befreien und rief die Polizei.

Frankreich
In Quimperlé, Bretagne, protestierten 300 Angestellte einer industriellen Schlachtfirma, da diese eine Regelung eingeführt hatte, laut derer die Mitarbeiter lediglich um acht Uhr zehn, elf Uhr fünfzehn und vierzehn Uhr zehn ihre dringenden Bedürfnisse verrichten durften – und das jeweils innerhalb von maximal fünf Minuten. Sie argumentierten, dass es ständig zu Warteschlangen vor den Herrentoiletten kommen würde, weil alle gleichzeitig aufs Klo rannten. Die Mitarbeiter dürfen nun wieder müssen, wann immer sie müssen.

Indien
In der Stadt Thrissur, Kerala, explodierte in der Zugtoilette ein Sprengsatz. Vier Menschen wurden getötet und 58 verletzt. Die Detonation riss einen Teil des Bahnhofsdaches weg und löste eine Massenpanik aus.

Irland
In Dublin spielten Witzbolde dem Besucher eines Schnellrestaurants einen Streich. Das ›notdürftige‹ Zufallsopfer suchte die Toilette auf und setzte sich arglos auf die Klobrille. Unbekannte hatten diese mit Sekundenkleber bestrichen. Restaurantmitarbeiter und Polizisten konnten den Angeklebten nicht befreien. Sie schraubten die Brille ab und begleiteten den mit einer Decke vor neugierigen Blicken geschützten Betroffenen durch das volle Restaurant zum Krankenwagen. Dort konnten Ärzte den Arsch retten, indem sie ihn mit Lösungsmittel von der Brille trennten. Das Opfer erlitt keine gravierenden Verletzungen.

Italien
In Treviso dürfen Angestellte einer Firma für Klimaanlagen nur nach Zustimmung des Chefs aufs Klo – sieben Minuten am Vormittag und weitere sieben Minuten am Nachmittag ist das Müssen insgesamt erlaubt. Wer sich beschwert und sich nicht daran hält, wird entlassen.

Kambodscha
In Phnom Penh wurden korrupte Militärs, die illegale Kontrollposten an den Straßen errichtet und von den Verkehrsteilnehmern Geld eingefordert hatten, zur Strafe zum Latrinenputzen verdonnert.

Kanada
In Montreal wurden zwei aus einem Heim ausgerissene Jugendliche in einer Flugzeugtoilette gefunden. Die Jungs hatten sich nachts vergeblich als Piloten versucht. Trotz des misslungenen Fluchtversuchs war es ihnen immerhin gelungen, unbemerkt in zwei Flugzeuge einzusteigen.

Kenia
Im Mega-Slum Kibera in Nairobi wurde früher die Notdurft in Plastikbeutel verrichtet und dann zugeknotet vor die Nachbarhütte geschmissen, bis die deutsche Kindernothilfe sechzig Toilettenhäuschen baute.

Kolumbien
Als sich in Ramiriqui der Bürgermeister aufs Klo setzte, ertönte ein Knall. Aus der Neun-Millimeter-Pistole in seiner Gesäßtasche hatte sich ein Schuss gelöst und ihn ins Hinterteil getroffen. Sein Sohn brachte ihn ins Krankenhaus.

Kroatien/Slowenien
Ein Bewohner des Grenzortes Milim konnte in seiner Toilette von Slowenien nach Kroatien gehen, da die Grenze genau durch das Örtchen führt.

Malaysia
Dreckige Örtchen in Restaurants schreckten Touristen ab. Damit halböffentliche WCs sauber gehalten werden würden, kündigte der stellvertretende Regierungschef Najib Razak strengere Gesetze an. Ein guter Start war die erste Toilettenmesse des Landes.

*

In Kuantan an der Ostküste fanden Klebstoff-Schnüffler in öffentlichen Toiletten einen Ersatz – Toilettensteine, die betäubend wirkendes Naphthalin enthalten. Sie müssen immer wieder neu eingesetzt werden, da die Schnüffler sie ständig klauen.

Niederlande
In Den Haag nahmen Polizisten einen Einbrecher fest. Er war nachts in eine Schule eingedrungen, hatte dort nach Wertgegenständen gesucht und war im Anschluss auf der Schultoilette eingeschlafen. Dort wurde er aufgrund seines lauten Schnarchens schließlich entdeckt.

Russland
In Moskau wurde auf dem Flughafen Scheremetjewo auf der Toilette ein Behälter mit radioaktivem Cäsium-137 entdeckt.

Schottland
Ein 28-jähriger Mann aus Paisley hat eine Kloschüssel auf den höchsten Berg Großbritanniens, Ben Nevis (1.344 Höhenmeter), getragen. Der Schotte unternahm den Aufstieg mit der Kloschüssel im Rucksack und seinem Vater und vier Freunden an der Seite zum Spendensammeln für seine Schwester, um ihr – da sie an einer Knochenkrankheit litt – einen Spezialrollstuhl für umgerechnet zwölftausend Euro finanzieren zu können. Andere Wanderer waren davon so bewegt, dass sie ihm mehrere Geldnoten zusteckten.

Schweiz
Im Stadtzentrum von Genf wurde ein Schmuckgeschäft von einem einbeinigen, etwa dreißigjährigen Mann überfallen, der die Mitarbeiter in die Toilette sperrte. Wegen eines ausgelösten

Alarms musste er jedoch mit leeren Händen fliehen; dabei kam ihm seine Beinprothese abhanden. Die Polizei war aber dermaßen langsam, dass er die verlorene Prothese noch vor dem Eintreffen seiner Verfolger wieder anschnallen und seine Flucht fortsetzen konnte.

*

In Basel hatte ein 73-jähriger Mann anstelle des angestrebten Lustgewinns ein Erlebnis der besonderen Art. Der alte Freier engagierte eine Prostituierte für schnellen Sex auf einer öffentlichen Toilette. Die junge Dame trat ihn, schlug mit Fäusten auf ihn ein und schnappte sich dann seine Geldbörse, die er zum Bezahlen in der Hand hatte. Bei diesem Geschäft landete das Gebiss des Freiers im Klo, das trotz Feuerwehreinsatz nicht geborgen werden konnte.

Südafrika
Auf den Toiletten von DaimlerChrysler befanden sich weiße Kondombehälter. Alle Mitarbeiter konnten sich kostenlos und anonym bedienen. Nach Schätzungen sei jeder Zehnte von den Angestellten HIV-positiv gewesen.

Taiwan
Der 28-jährige Chiu Chui Kuei und die 27-jährige Lee Wang Sung schlossen in einer öffentlichen Bedürfnisanstalt in Taichung den Bund fürs Leben, da sie sich dort beim Bau der Toilette kennengelernt hatten. Die Braut war für die Inneneinrichtung, der Bräutigam für den Bau verantwortlich gewesen. Die Trauung fand zwar außerhalb des Gebäudes, das über insgesamt acht Toilettenkabinen verfügt, statt, die Hochzeitsfotos wurden aber im Inneren des mit Blumen geschmückten Örtchens geschossen.

Thailand
In Bangkok beschränken sich Toilettenpausen der Parlamentarier mittlerweile auf geregelte fünf Minuten, da sie oft wichtige Abstimmungen verpassten, weil sie ständig mit dem Grund, nur mal aufs Klo zu müssen, für längere Zeit den Sitzungssaal verließen.

Uruguay
180 Kilometer nördlich von Montevideo in der Provinz Durazno wurde ein 1887 in Frankreich hergestelltes Klosettbecken mit seltenen blauen Verzierungen entdeckt. Ein italienischer Arzt hatte es vor über 120 Jahren mitgebracht und in sein Haus einbauen lassen. Laut Restaurator soll es fünfhunderttausend Euro wert sein. Einige Jahre vor dieser Entdeckung war das Anwesen für umgerechnet rund fünfzigtausend Euro verkauft worden.

USA
In Afghanistan kam es zu blutigen, antiamerikanischen Ausschreitungen mit 17 Toten, nachdem Newsweek fälschlich berichtet hatte, dass US-Soldaten einen Koran die Toilette hinuntergespült hätten.

Um Aufsehen zu erregen, hatten sich muslimische Häftlinge eines US-amerikanischen Gefängnisses über die Schändung des Korans beschwert und behaupteten dabei, er sei ins Klo geworfen und hinuntergespült worden. Von Seiten der Amerikaner wurde zugegeben, den Koran unsachgemäß behandelt zu haben, aber einen Beweis für die Existenz des Korans in der Toilettenschüssel fand man nicht.

*

Eine Texanerin wurde verhaftet, weil sie bei einem Konzert die Herrentoilette benutzt hatte. Wenig später wurde sie allerdings wieder freigelassen, da sie ihr Vergehen mit der langen Schlange vor der Damentoilette erklären konnte.

Dieser Vorfall spaltete daraufhin die Politiker: Der Senat forderte dreimal so viele Toiletten für Frauen wie für Männer, das Abgeordnetenhaus befürwortete nur doppelt so viele.

*

Der Musiker Lenny Kravitz wurde auf 33.850 US-Dollar verklagt. Sein mit ungewöhnlichen Dingen verstopftes WC sei übergelaufen und habe im Apartment seines Nachbarn im New Yorker Stadtteil SoHo einen erheblichen Wasserschaden verursacht. Wegen Fahrlässigkeit musste er sich deshalb vor Gericht verantworten.

*

In El Paso, Texas, sollten 2.400 ausgemusterte Toilettenschüsseln zerschlagen und als Aufschüttmaterial verschenkt werden. Schlaue Beamte wiesen jedoch darauf hin, städtisches Eigentum dürfe laut Gesetz nicht verschenkt werden. Vergeblich versuchte die Stadtverwaltung, die Kloschüsseln zu verkaufen, doch niemand wollte die geforderten zehn Cent pro Stück bezahlen ...

*

Das Dixi-Klo neben der Bahn, das der Rekordhalter im Achterbahnfahren schon seit Wochen benutzte, wurde versteigert. Der Käufer musste allerdings zunächst auf das ersteigerte Gut warten, da Richard Rodriguez es auch nach 38 Tagen Rundendrehen noch eine Weile benötigte.

*

Der Schauspieler Mel Gibson, der im Suff einen Polizisten beschimpft hatte, musste als Strafe in einer kalifornischen Entzugsklinik Toiletten schrubben.

*

Angeblich durfte James Dean während eines Filmdrehs stundenlang nicht auf die Toilette, um die nötige Spannung für den Kuss auf dem Riesenrad in *Jenseits von Eden* hinzubekommen.

*

Wegen ›unsittlichen Verhaltens‹ wurde George Michael auf einer Toilette in Beverly Hills in Los Angeles verhaftet.

*

Der Schriftsteller Henry Miller hatte nach eigener Aussage die besten Leseerlebnisse auf dem Klo.

Vereinigte Arabische Emirate
Bei einem Einkaufsbummel in Dubai zog sich Poplegende Michael Jackson tief verschleiert auf eine Toilette zurück, um sein Make-up zu erneuern; dabei verirrte er sich aber auf die Damentoilette. Er wollte den Raum sofort wieder verlassen, konnte sich jedoch seiner weiblichen Fans nur noch mithilfe der Polizei erwehren.

Wales
Robbie Savage vom FC Birmingham musste zehntausend britische Pfund Strafe zahlen, weil er vor dem Spiel in Cardiff die Toilette des Schiedsrichters benutzt hatte.

... unterwegs im Zug
Feuerwehrleute befreiten im Zug von Paris nach Bordeaux einen Mann, der seinen Arm in der Zugtoilette verklemmt hatte. Versehentlich waren ihm seine Personalpapiere ins Klo gefallen, die er daraufhin aus dem Rohr zu fischen versuchte. Bei einem außerplanmäßigen Halt von zwei Stunden wurde die Toilette zerschnitten. Wo etwas leicht hineingeht, kommt es nicht immer so leicht wieder heraus.

... auf hoher See
1.500 Passagiere eines Luxus-Kreuzfahrtschiffes mussten drei Tage lang ohne Toiletten und warmes Wasser auskommen, weil das System zum Abpumpen kaputtgegangen war.

... über den grenzenlosen Wolken
Beim Landeanflug des Fliegers, der den tschechischen Verteidigungsminister Antonín Baudyš und dessen Sicherheitskräfte nach Stockholm brachte, wollte einer der Bodyguards rasch aufs Klo gehen. Beim Ausziehen war er so ungeschickt, dass sich ein Schuss aus seiner Pistole löste, der den Toilettenboden durchschlug. Man versuchte, diese peinliche Angelegenheit zu vertuschen. Ein lauter Furz?

Im Tower war den Fluglotsen aber aufgefallen, dass das Flugzeug einen Flüssigkeitsnebel hinter sich herzog, weil der Schuss unter anderem den Treibstofftank getroffen hatte. Außerdem hatte er auch zur Überschwemmung des Laderaums geführt und das Gepäck troff nach der Landung des beschädigten Flugzeugs vor Kerosin.

*

Ein vierjähriger spanischer Junge gelangte an Bord einer LTU-Maschine und flog nach Düsseldorf. Im Süden von Fuerteventura war er abgehauen und allein mit einem Zubringerbus für Touristen zum Flughafen gefahren, ohne dabei jemandem aufzufallen. Er wurde erst eine Stunde vor der Landung auf der Bordtoilette entdeckt. Die Eltern suchten längst mithilfe des Roten Kreuzes und des Zivilschutzes auf der Insel nach ihrem vermissten Sohn.

*

Auf einem Flug von London nach New York der British Airways ertönte auf zehntausend Metern Höhe die Bordsirene. Auf der Suche nach dem Brandherd entdeckte die Bordcrew eine verriegelte Toilettentür, die ein Flugbegleiter mit Gewalt öffnete und so ein nacktes Paar in komplizierter Stellung überraschte. Das Pärchen hatte sich erst im Flugzeug kennengelernt und die Hitze der Leidenschaft hatte versehentlich den Feueralarm ausgelöst.

*

Eine US-Bürgerin verbrachte einen Flug in die USA mit der Fluglinie SAS festgesogen auf der Toilette. Sie hatte, während sie auf der Toilette saß, die Spülung betätigt und somit das Unterdrucksystem aktiviert, weshalb sie sich nicht mehr allein erheben konnte. Die Dame blieb so lange sitzen, bis das Flugzeug landete und ihr aus der Toilette geholfen werden konnte.

*

Air France wurde von einem 28-jährigen US-amerikanischen Nichtraucher zu fünf Millionen Mark Schadenersatz verklagt. Durch den Fehlalarm eines Rauchmelders wurde er mit heruntergelassener Hose und Toilettenpapier in der Hand vom Klo gezerrt, sodass die Passagiere private Körperteile zu sehen bekamen. Für Air France entpuppte sich das Geschäft, das der Kläger auf der Toilette abwickelte, als ein besonders teures.

*

Kurz nach dem Start hatte ein 44-jähriger betrunkener Japaner begonnen, auf der Bordtoilette zu rauchen, dadurch den Rauchmelder ausgelöst, sich dann aber geweigert, die Toilette zu verlassen. Der Pilot entschloss sich zur Umkehr zum Airport Tokio-Narita.

*

Die Fluggesellschaft Japan Airlines bietet ihren Fluggästen der ersten Klasse auch in den Toilettenkabinen Fenster zur freien Sicht nach draußen.

*

Eine Nonstop-Weltumrundung im Ballon endete erfolgreich nach 19 Tagen, 21 Stunden und 55 Minuten. Die Ballonkabine war 5,40 Meter lang, 2,80 Meter hoch und hatte eine Toilette im unteren Teil der Kapsel, die von den beiden Piloten benutzt wurde.

... im unendlichen Weltall

Die Astronauten und Kosmonauten der US-Raumfähre Atlantis verbrachten fünf Tage auf der Internationalen Raumstation (ISS), um dort eine Toilette zu installieren. Doch Miktion und Defäkation im Weltall muss gelernt sein:

Schwerelosigkeit ist dem Stuhlgang sein Leid. Ohne Schwerkraft gelangen Fäkalien nicht aus dem Darm. Der Orbiter, auch ›dry John‹ genannt, ist ein Vakuumsystem, bei dem rotierende Schaufelblätter den Stuhl einsaugen und ihn in einer dünnen Schicht an die Behälterwand verteilen. Es ist eine Herausforderung für jeden Astronauten, sich frei im Raum schwebend – trotz Bügeln, Schlaufen und Haltegriffen – in eine acht Zentimeter breite Vakuumröhre zu erleichtern, wobei das exakte Zielen gelernt sein muss. Flüssiges entwischt gern in Blasenform durch den Raum, weshalb man beim Pinkeln im All stets ein saugfähiges Handtuch dabeihat. Mit einer Videokamera, die den Hintern zeigt, kann der Raumfahrer alles bis hin zur Perfektion der Sitzhaltung genau verfolgen. Das aufwendige Unterdruck-Saugsystem verhindert dabei frei schwebende Sauereien. Der Hightech-Thron kostet 23,4 Millionen US-Dollar und ist wohl die teuerste Toilette dieser Welt. Wenn der Orbiter nicht funktioniert, greift man auf einfache Methoden zurück: Mit einem Klebeband wird ein Plastikbeutel am Hinterteil befestigt und anschließend versiegelt.

Wer selbst mal in der Schwerelosigkeit seine Notdurft verrichten möchte – Ferien im Weltraum sind möglich. Der etwas andere Urlaub kann mit einem Flug zur Raumstation ISS gebucht werden. Voraussetzung sind eine gute gesundheitliche Verfassung und sehr, sehr viel Geld. Für Frauen wird es jedoch schwierig, da die Toilette dem weiblichen Organismus angepasst werden muss.

*

In der russischen Raumstation Mir ähnelt das Klo einer Milchkanne mit quadratischem Sitz und Vorhang. Einmal entkam die Mir nur knapp einer Katastrophe, als das elektrische System der Toilette aufgrund doppelten menschlichen Versagens zusammenbrach: Das Telefongespräch von Bundeskanzler Kohl mit Ulf Merbold an Bord dauerte länger als geplant und überstrapazierte die Bordbatterien. Zuvor hatte außerdem ein Kosmonaut nach dem Klogang vergessen, die Vakuumpumpe abzustellen.

Die Besatzung versuchte zwei Tage lang, den Defekt im Dunkeln und bei einigen Grad unter dem Nullpunkt zu reparieren. Die Kosmonauten stiegen in die dauerhaft angedockte Sojus-Kapsel, da die Raumstation immer wieder außer Kontrolle geriet. Im letzten Moment konnten Techniker der Bodenstation durch das Zünden der Sojus die Raumstation stabilisieren, sodass die Sonnenflügel in eine Position manövriert wurden, dank derer die Batterien wieder aufluden.

*

Die Besatzung der Raumfähre Endeavour musste vor der Landung die defekte Toilette auspumpen. Wegen eines verstopften Filters ließ sie sich nicht auf dem üblichen Weg in den Weltraum entleeren und wurde in einen Wassertank umgefüllt.

Kommando PP in Afghanistan

In der Hauptstadt Kabul komme ich viel herum und wohne während meines Aufenthalts von elf Tagen in drei verschiedenen Privatunterkünften. Eine davon befindet sich bei einer einheimischen Familie, die weit weg vom Stadtzentrum in einem Außenbezirk wohnt, wo es nur noch staubige, ungeteerte Straßen ohne Namen gibt, in denen hinter hohen Lehmmauern die Häuser stehen. Die Innenhöfe, wo der Lehmboden nicht festgetreten ist, sind genauso staubig.

Im Haus ist das Badezimmer noch nicht fertiggestellt. Das wird vermutlich auch noch eine ganze Weile dauern, denn zuerst muss dafür genug Geld verdient werden, das nicht für den alltäglichen Bedarf an Essen und für Transportmittel benötigt wird. Eine Toilette gibt es im häuslichen Bad nicht.

Dem Haus gegenüber befindet sich, in die Lehmmauer integriert, eine Lehmhütte. Sie ist so groß, dass sie gut als Stall für Ziegen und Schafe oder als Geräteschuppen dienen könnte. Das kleine Gebäude hat links eine blaue Eingangstür. Rechts davon, mehr zur Mitte hin, ist ein schlecht abgedichtetes Glasfenster. Am frühen Abend, wenn es im November schon dunkel ist, zieht der kalte Wind hinein. Das Fenster ist so verstaubt, dass man kaum Durchblick hat. Das ist aber eigentlich recht sinnvoll, da es ja auch nicht zum Rausschauen und schon gar nicht zum Reinschauen dienen soll. Vor allem ist Wasser für die Menschen hier viel zu kostbar, als dass sie es zum Fensterputzen verschwenden würden. Da es in der Hütte auch kein Licht gibt, ziehe ich jedes Mal mit der großen Taschenlampe los, die im Haus für alle neben der Haustür auf einem Schemel in einer Holzschale bereitliegt. Normalerweise gehört eine Taschenlampe auf Reisen ins eigene Gepäck und ich habe sogar eine dabei, aber die hat mal wieder ihren Geist aufgegeben. Oft ist sie nur für wenige Male tauglich, bekommt plötzlich Kontaktschwierigkeiten, ist leer und verbraucht oder lässt mich wieder genau dann, wenn ich sie am dringendsten benötige, hängen. Irgendwoher kommt mir dieses Verhaltensmuster bekannt vor. Nun denn, ich könnte auf jeden Fall mal ein gutes Produkt gebrauchen, das mir auf Dauer seine Dienste leistet.

In der Hütte gibt es lediglich ein größeres Loch im Lehmboden, das es auch im Dunkeln zu treffen gilt. Die Taschenlampe muss ich natürlich – am besten nicht zu nah, aber auch nicht zu fern – ablegen. Sie darf auf keinen Fall dem leicht abgesenkten Loch entgegenrollen und darin auf Nimmerwiedersehen verschwinden. Ich will gar nicht darüber nachdenken, wie es ein paar Meter unter mir aussieht. Oh Mann, ist das kompliziert, wenn man fürs Geschäft beide Hände benötigt. Wie einfach es die Männer haben...

Am nächsten Tag ruhe ich mich nach einem ausgiebigen Stadtbummel durch das Zentrum eine Weile in einem kleinen Park in der Nähe des Botschaftsviertels aus. Ich war unter anderem in der von Menschen, Fahrzeugen und Waren überfüllten ›Chicken Street‹, die direkt neben der ›Flower Street‹ ist. Über Treppen habe ich einen braunen Hügel erklommen – nein, keinen Scheißhaufen – und sitze nun auf einer Bank unter Bäumen und lese. Die Aussicht erstreckt sich auf ein graues, kniehohes Betonmäuerchen unter einem schwarz gezinkten Zaun. Direkt dahinter verläuft eine belebte Straße, die ich gut überblicken kann. Umgekehrt kann man mich auch sehen, so nehme ich an. Abgesehen von der schwarzen Kappe, die ich tagsüber nicht nur als Sonnenschutz trage, habe ich jetzt auch die Kapuze hochgezogen. Sie wärmt und ich bin von Weitem nicht mehr unmissverständlich als Frau zu erkennen.

Plötzlich stoppt ein Militärfahrzeug genau in meinem Blickfeld. Ein bewaffnetes Team in Militäruniform mit schwarzen Stiefeln und Gewehr über der Schulter springt im Anhalten heraus. Ich zucke zusammen, ziehe die Schultern ein und mache mich im ersten Augenblick ganz klein. Ich schaue erschrocken umher und denke: Was ist denn jetzt los? Ist was passiert?

Gemeinsam stürmen die Soldaten in Höchstgeschwindigkeit von der Straße auf den Zaun zu. Es scheint fast, als wollten sie über ihn hinwegspringen. Machen sie aber nicht. Sie bleiben in Reih und Glied vor der Parkumzäunung stehen. Ich fühle mich wie auf einem Beobachtungsposten mit dem besten Platz und meine Augen weiten sich fassungslos beim Anblick des sich mir Darbietenden. Daran hätte ich als Grund für diesen Aufruhr nun beim besten Willen nicht gedacht!

Die Zaungäste stemmen sich breitbeinig in den Betonboden des Bürgersteigs. Wenn sie jetzt noch mit den Hüften wackeln würden, müsste ich glatt an den Film *Ganz oder gar nicht* denken! Wie die Chippendales sehen sie allerdings nicht gerade aus. Kaum wahrnehmbar schieben sie ihr Becken nach vorne. Jetzt wird es also ernst! Alle fummeln sie gleichzeitig an ihren Hosenställen herum. Eine Situation auf offener Straße, die sie angreifbar macht. Schneller, als ich ihnen frech zuzwinkern könnte, haben sie es geschafft: Im Kollektiv strullern sie eilig, als würden sie um die Wette pinkeln, an den grauen Beton. Vier auf einen Streich. Ich kann alles bis in kleinste Detail erkennen – sogar den Blinddarm! Kommando Pinkelpause in Kabul!

›Tourismuss für Klobetrotter‹

Zum Scheißen braucht man Ruhe und zum Reisen braucht man Schuhe – vom Erlebnis Toilette zur Erlebnistoilette. In diesem Kapitel soll man nicht können müssen, sondern dürfen wollen. Toiletten sind der Standortfaktor im internationalen Wettbewerb – ansprechende Bedürfnisanstalten locken Touristen an. Kunden halten sich beispielsweise in Einkaufszentren beim Vorhandensein guter WCs länger auf, denn nach verrichtetem Geschäft fühlt man sich besser, zieht eher weiter durch die Läden und man kauft mehr ein als mit gefüllter Blase.

Auf diesen ›Tourismuss‹-Seiten für ›Klobetrotter‹ soll auf besondere Lokalitäten hingewiesen werden, die der Kunde meist allein und die Kundinnen meist zu zweit aufsuchen. Diese Örtchen können sich wirklich sehen lassen, besichtigt und bis auf wenige Ausnahmen auch benutzt werden. Das ›notdürftige‹ Thema hat an diesen ›Klokalitäten‹ schon lange Kultstatus erreicht. Es macht das irdische Muss zu einem ganz besonderen Erlebnis und garantiert Lust, die eine oder andere Toilettenräumlichkeit für sich selbst zu entdecken.

Es folgen interessante Schlaraffen-Örtchen in Deutschland, Österreich und der Schweiz. Auf meinen Reisen habe ich zwar weitaus mehr sehenswerte Toiletten entdeckt, nur würde deren Auflistung den Rahmen dieses Kapitels und Buches sprengen. Also hier ein kurz gehaltenes postkulinarisches Vergnügen für zwischendurch – für ›Klobetrotter‹ in Museen, Geschäften,

Hotellerie- und Gastronomiebetrieben sowie in aller Öffentlichkeit:

Deutschland
Die ›Nette Toilette‹
Zu einer attraktiven Stadt mit gutem Image gehört auch eine adäquate Anzahl an Toiletten. Ein Aufkleber an der Eingangstür, wo sich eine ›Nette Toilette‹ befindet, heißt ›Notdürftige‹ – die eventuell einen Faltplan mit entsprechenden Adressen erhalten oder vorher im Internet recherchiert haben – mit einem 00-Smiley (ein lachendes Gesicht mit 00-Augen als einheitlich geschütztes Logo) willkommen.

Zahlreiche Toiletten ortsansässiger Gastronomiebetriebe und Cafés stehen auch Nicht-Gästen unentgeltlich zu Verfügung. Die beteiligten Gaststätten machen somit diskret auf sich aufmerksam und erhalten gleichzeitig einen Reinigungskostenzuschuss von der Stadt. Auf beiden Seiten bieten sich also Vorteile, denn Personen, die einen gastronomischen Betrieb aufsuchen, lernen das Ambiente kennen und bleiben vielleicht sogar zum Verzehr. Außerdem wird eine Streuung von Toiletten über die Innenstadt gewährleistet. Kostspielige, öffentliche Örtlichkeiten werden damit hinfällig, was sowohl die Menschen erleichtert als auch eine finanzielle Entlastung für Städte und Kommunen bedeutet.

Diese nette Idee aus dem Jahr 2001 stammt vom City-Manager der Stadt Aalen, Reinhard Skusa, in Zusammenarbeit mit der Werbeagentur Studioo. Inzwischen hat sich die ›Nette Toilette‹ in 190 deutschen Städten etabliert.

SANIFAIR
Mit einem neuartigen Konzept startete SANIFAIR 2003 auf deutschen Autobahnraststätten und etablierte sich als Plus an

Qualität, Hygiene und Ästhetik bei Tank und Rast für mobile ›Klobetrotter‹. Die Sauberkeit der ›sanifairen‹ Anlagen ist hier das oberste Prinzip und wird durch den Einsatz moderner Sanitärtechniken sowie durch regelmäßige Reinigung und Kontrollen gewährleistet. Beim Betreten der Sanitäranlagen bekommt man für siebzig Cent eine angenehme Atmosphäre geboten und gleichzeitig einen Wert-Bon, der gesammelt oder einzeln beim Einkauf im Raststätten-Shop oder im Restaurant in rund 370 SANIFAIR-Betrieben rückvergütet wird.

SANIFAIR bietet selbstreinigende CWS Cleanseats, berührungslose Armaturen, kindgerechte Waschtische und Urinale. Kinder mit einer Körpergröße von weniger als neunzig Zentimetern haben freien Zutritt. Babywickelräume und Behinderten-WCs können von der begleitenden Person kostenlos genutzt werden.

Von den Tank- und Rastanlagen des Architekten Herbert Maierhofer in Illertal-Ost an der A 7 in Fahrtrichtung Nord schwärmen Besucher und Lokalzeitungen gleichermaßen hinsichtlich des angenehmen Ambientes und der Toiletten, wo die Kunden mit Vogelgezwitscher empfangen werden.

Berlin
In der Hauptstadt bietet Anna Haase (www.annahaase.de) in ihrem vielseitigen Programm als Gästeführerin eine zweistündige ›Tour de Toilette‹ an, die im ›Klo‹ endet.

Die am 25. Dezember 1971 eröffnete Kneipe ›Klo‹ ist eine einzigartige und die einzige Toilettenkneipe in Berlin. Wer das ›Klo‹ noch nicht kennt, verspürt mit Sicherheit das dringende Bedürfnis, es kennenlernen zu müssen. Beim Betreten wird die Kneipe zum originellen Spielplatz, wo alle garantiert etwas zu lachen haben. So laden zum Beispiel Kloschüsseln als Sitzgelegenheiten ein und Klopapierrollen auf den Tischen dienen vorzüglich als längste Servietten der Welt. Bier wird aus dem Nachttopf oder der Urin-Ente getrunken, Schnaps aus Reagenzgläsern und das Essen aus der Bettpfanne serviert.

    Klo, Leibnizstr. 57, 10629 Berlin, Tel. 030/43727219, www.klo.de

*

Anschließend geht es zum Übernachten in die Propeller Island City Lodge. Hier ist jedes Zimmer mit Bad und Toilette ausgestattet – ästhetischen Erfindungen für Augen und Ohren – und keins gleicht dem anderen, aber alle erfüllen sie eine ganz besondere Funktion für die Bewohner.

    Das Einzelzimmer ›Freedom/Freiheit‹ ist wie eine freundliche Gefängniszelle gestaltet, mit Toilette und Dusche im selben Raum und einem Loch in der Wand. Im Zimmer ›Grandma's‹ befinden sich hinter Omas Schrank Dusche und WC. Alle Räume zeichnen sich durch besonders viel Kreativität aus, die auch die Gäste inspiriert.

    Propeller Island City Lodge, Gesamtkunstwerk Hotel Berlin, Albrecht-Achilles-Str. 58, 10709 Berlin, Tel. 030/8919016, www.propeller-island.de

Bremerhaven

Die älteste bis heute erhaltene Schiffstoilette der Welt wird im Deutschen Schifffahrtsmuseum in einer Glasvitrine ausgestellt. Es handelt sich um ein Klo aus Eichenholz der Bremer Hansekogge von 1380, die 1962 in der Weser gefunden wurde. Eine absolute Rarität, denn bis ins 19. Jahrhundert verklappten die Seeleute ihre Geschäfte gewöhnlich über die Reling hinweg. Die Toilette befand sich auf der Steuerbordseite des Achterschiffes wenige Dezimeter unter dem Kastelldeck. Das Deck dahinter war ausgespart, sodass der Benutzer mit seinem Oberkörper aus dem Kastelldeck herausragte. Der hölzerne

Kasten mit einer kleinen Ausnehmung im runden Sitzloch war der Schiffsführung und hochgestellten Passagieren männlichen Geschlechts vorbehalten. Neben der echten Hanse-Kogge steht ein Modell, in dem auch die Toilette deutlich zu erkennen ist – man muss sie vorher wie im richtigen Leben nur suchen oder danach fragen.

Deutsches Schifffahrtsmuseum, Hans-Scharoun-Platz 1, 27568 Bremerhaven, Tel. 0471/48207-0, www.dsm.museum

Frankfurt am Main

Das war einmal und gibt es leider so nicht mehr: Im Café-Restaurant Schirn wiesen die elegant gekleidete Barbie und der leger gekleidete Ken in einer Glasvitrine auf die entsprechenden Örtchen. Im Toilettenraum fand Sie das seltene Urinal ›Lady P(issoir)‹, das zum Ausprobieren einlud. Ging Er durch die Tür, entdeckte er neben dem langen Waschbecken, einer leicht abgesenkten Marmorplatte, vier weiße Urinale in großzügigem Abstand und weitere Kabinen.

Café-Restaurant Schirn, Am Römerberg 6a, 60311 Frankfurt am Main

*

Alle, die in der am 9. April 1988 eröffneten Wunderbar in den Genuss kommen, mal zu müssen, finden zwei Türen, bei denen auf der einen ein männlicher, auf der anderen ein weiblicher Torso von vorne und splitternackt in dezenten gemalten Farben abgebildet ist.

Warum Männer hier oft bei Frauen aufs Klo gehen, ist vielleicht nicht ganz so eindeutig wie die geschlechtsspezifischen Körpergemälde des Maler-Künstlers Joachim (Jo) Menge. Schließt nämlich Sie die Toilettentür von innen, sieht Sie sich Ihm gegenüber – einem knackigen Männeroberkörper, von hinten gemalt –, während Er im Toilettenraum Sie, gemalt von hinten, vor seinen Augen hat. Es handelt sich hier möglicherweise um die originellsten und kunstvollsten Toilettentüren Deutschlands. Sie allein sind einen Besuch wert, abgesehen vom sympathischen Ambiente der Gesamtlokalität.

    Wunderbar, Antoniterstr. 16, 65929 Frankfurt am Main, Tel. 069/318783, www.cafewunderbar.de

*

Die YOURS Australian Bar wartet mit gerahmten Zeichnungen von australischen Aborigines für Mann und Frau an der jeweiligen Toilettentür auf. Zur Beseitigung von Unklarheiten befinden sich deutliche Piktogramme daneben. Cooles Design finden Er und Sie zusätzlich hinter den Türen.

    Im weitläufigen Gastraum mit australischem Charme findet, wer sucht, ein sogenanntes Dunny-Toilettenschild – schwarz auf gelb – unter vielen weiteren Schildern an der Wand.

    YOURS Australian Bar, Rahmhofstr. 2–4 (Schillerpassage), 60313, Frankfurt am Main, Tel. 069/282100, www.yours-bars.de/australian_bar

*

Die 22nd Lounge & Bar bietet eine exklusive Clubatmosphäre mit tollem Blick auf die Stadt – sogar von den stillen Örtchen. Die Fenster reichen bei den Damen und bei den Herren bis zum Boden. Das macht das Händewaschen zum Vergnügen, wenn man währenddessen die Aussicht genießen kann.

    INNSIDE Frankfurt Eurotheum, 22nd Lounge & Bar, Neue Mainzer Str. 66–68, 60311 Frankfurt am Main, Tel. 069/210880, www.innside.com/de/22nd-barlounge-frankfurt.html

*

Güntersberge
Das Ostern 1997 eröffnete Mausefallen- und Kuriositäten-Museum der Sammlerfamilie Knepper beherbergt viele skurrile Gegenstände. Neben Mausefallen und einer Galerie der stillen

Örtchen mit Ölgemälden, Fotos und Abbildungen zum menschlichsten aller Themen sowie zahlreichen Toiletten, Klo- und Nachtstühlen sind unzählige Kuriositäten vergangener Jahrhunderte, die den Menschen das Leben erleichterten, zu bestaunen.

Mausefallenmuseum, Inhaber: Gabriele und Karl-Heinz Knepper, Klausstr. 138, 6507 Güntersberge, Tel. 039488/430, www.mausefallenmuseum.de

Hamburg

Die Bar Hamburg – mehrfach ausgezeichnet unter den zehn besten Adressen Deutschlands – ist Bar und Lounge zugleich. Seit der Eröffnung im Oktober 1997 wird auch auf den Örtchen viel Wert auf angenehmes Ambiente – dank der von Topdesigner Philippe Starck gestalteten Waschbecken, Toiletten und Urinale – gelegt, die zum Gesprächsthema in Hamburg wurden.

Kleine, flache Bildschirme über den Urinalen zeigen Musik- oder Kunstvideos, die Ihn genial vom Genitalvergleich – von peinlich schielenden und die Augenmuskeln zerrenden Seitenblicken – abhalten sollen. Über den vier Waschbecken hängt je ein Spiegel mit der Inschrift ›Kopie‹. Und noch etwas macht die Räumlichkeiten der Herren außergewöhnlich interessant; das sollten Sie aber besser persönlich herausfinden und bestaunen.

Die Rückzugsräumlichkeiten für Sie in warmen beigebraunen Farben, die in dezentes Licht getaucht sind, bieten eine heimelige Atmosphäre. Jede Kabine hat ihren eigenen Lampenschirm an der Wand hängen, während hinter den Waschbecken und dem gemütlichen Schminktisch die Wand bespiegelt ist. In diesen Räumlichkeiten können Damen von Welt staunen und sich bestaunen lassen.

Bar Hamburg, Rautenbergstr. 6–8, 20099 Hamburg, Tel. 040/36029393, www.barhh.com

*

Das Hotel Side, ein Fünf-Sterne-Designer-Luxushotel mit 168 Zimmern und zehn Suiten, eröffnete im Mai 2001. Im Untergeschoss weist die pinkfarbene Tür mit der Aufschrift ›women‹ Ihr den Weg in ein ebenso pinkfarbenes Oval mit vier Kabinen. Im Zentrum des Raumes befindet sich ein rundes, silbernes Waschbecken, neben dem weiße Handtücher zum Abtrocknen bereitliegen. Ein langer Schminktisch vor einem riesigen Spiegel mit vier roten Lederhockern lädt zum Verweilen ein.

Für Ihn führt eine königsblaue Tür in ein ebensolches Oval. Beim Eintreten sieht Mann sich einer blickdichten Glasscheibe gegenüber, die erst beim Vorbeigehen einen Blick auf die drei gegenüberliegenden Türen und die fünf glänzenden Edelstahlurinale freigibt. Glasartige Transparenz, angenehmes Licht und Musik machen die Räume des Designers Matteo Thun zu etwas Besonderem.

Hotel Side, Drehbahn 49, 20354 Hamburg, Tel. 040/309990, www.side-hamburg.de

Hanau

Die bei Renovierungsarbeiten entdeckte Nische im Mauerwerk des Olof-Palme-Hauses, eine barocke Prachtvilla aus dem Jahre 1654, entpuppte sich als historische Toilette. Ein Luxus, den sich damals meist nur die Bewohner von Klöstern, Burgen und Schlössern leisteten. Wegen des Rundbogens, der über dem Hohlraum rankt, glaubte man zuerst einen Schrein für eine Marienfigur entdeckt zu haben. Der antike Abtritt bekam deshalb den liebevollen Spitznamen ›Madonnen-Klo‹, das sich in einem Raum im ersten Stock befindet. Die Toilette ist durch eine Glaswand abgetrennt, damit kein Besucher seinen Abfall darin entsorgen kann. Über dem Plumpsklo hängt ein Spiegel, mithilfe dessen man den Verlauf des Fallrohrs von dreißig Zentimetern

Durchmesser bis auf den Grund des Hauses verfolgen kann. Ein Vorgänger des dort hängenden Spiegels fand den unfreiwilligen Weg nach unten, wo seine Scherben immer noch auf dem Boden liegen. Wegen eines Anbaus gibt es keinen Zugang mehr, um die Scherben zu entsorgen.

Olof-Palme-Haus, Pfarrer-Hufnagel-Str. 2, 63454 Hanau, Tel. 06181/249622, www.olof-palme-haus.de

Köln
Im Café Reichard ist nur das Beste gut genug im sensiblen Bereich der exklusiven, sanitären Räumlichkeiten. Noble Skulpturen im asiatischen Ambiente bieten entspannende, fast mystische Momente. Bei den Herren befindet sich über den weißen Urinalen ein Video und das multifunktionale Glas der durchsichtigen Toilettentüren wird dort wie auch bei den Damen bei Verriegelung undurchsichtig.

Café Reichard, Unter Fettenhennen 11, 50667 Köln, Tel. 0221/2578542, www.cafe-reichard.de

Konstanz
Das Voglhaus Café ist bereits mehrfach ausgezeichnet worden. Neben leckeren Snacks und Getränken bietet es einmalige, in dezentes Licht getauchte Örtchen mit angenehmem Höhlencharakter im Kellergeschoss.

Für Sie stehen zwei Toiletten zur Verfügung, die man von außen durch ein Sichtfenster in der Holztür einsehen kann. Sobald Sie jedoch von innen den Riegel vorschiebt, verdunkelt sich das Sichtfenster und lässt nicht mehr durchblicken. Ihm steht neben einer Toilette eine weiße Milchglaswand, an der Wasser hinunterfließt, als Urinal zur Verfügung. Der notwendigen Prozedur schaut ein ausgestopfter Elchkopf fast grinsend zu.

Das Voglhaus, Wessenbergstr. 8, 78462 Konstanz, Tel. 07531/17202, www.das-voglhaus.de

München
Im P1-Club, der Nobeldiskothek Münchens, sind die Toilettenräumlichkeiten ein Highlight. Im ›Pieselwald‹ stehen für die Herren Baumstämme bereit, in die wasserlose Urinale eingelassen sind. Die Toilettenkabinen sind ein Musterbeispiel aus Metall.
Bei den Damen zieren den Boden schwarze und weiße, im Schachbrettmuster gelegte Fliesen. Die Klokabinen sind mit einer Schiebeluke verbunden – die Frauen können sie an jeder Seite öffnen und dann direkt miteinander plaudern.
P1-Club, Prinzregenstr. 1, 80538 München, Tel. 089/2111140, www.p1-club.de

Das schöne Tal am Mittelrhein ist seit 2002 als Kulturlandschaft UNESCO-Welterbe, in dem es nicht an Toiletten von einst mangelt...

Braubach
Über dem Städtchen thront auf einem Felskegel die einzige nie zerstörte Höhenburg am Mittelrhein. Die Marksburg, eine imposante Anlage, um 1200 erbaut, veranschaulicht das ritterliche Leben mit Kemenate, Burgküche, Kapelle, Weinkeller und Rittersaal mit Plumpsklo im Abtrittserker, der sich direkt über dem mittelalterlichen Kräutergarten mit 160 Gift-, Heil-, Nutz- und Zauberpflanzen befindet, aber heute nicht mehr genutzt wird. Ob das Klo automatisch zur Düngung des Kräutergartens diente, ist nicht sicher. Das interessante mittelalterliche Klo darf von außen wie von innen fotografiert werden.

Marksburg, 56338 Braubach, Tel. 02627/536, www.marksburg.de

Kaub

Die Burg Pfalzgrafenstein ist eine original erhaltene Schifffahrtszollburg, die der Pfalzgraf Ludwig der Bayer 1326 erbauen ließ und die auf einem Felsenriff im Rhein liegt. 1340 erfolgte der Bau der Außenmauer. Erst Mitte der 17. Jahrhunderts erhielt die Burg durch den Bau des zweiten Wehrganges und der vier Verteidigungserker ihr heutiges Aussehen.

Zur linksrheinischen Seite befindet sich auf der zweiten Etage ein Plumpsklo mit automatischer Wasserspülung des Rheins, der damals bei Hochwasser die Ausscheidungen wegschwemmte. Das Klo darf fotografiert werden. Es wird heute zum Leidwesen des Museumspersonals manchmal von Besuchern in höchster Notdurft benutzt, da es keine Toilette auf der kleinen Insel gibt.

Burg Pfalzgrafenstein, 56349 Kaub, Tel. 06774/222, www.burg-pfalzgrafenstein.de

Koblenz

Schloss Stolzenfels ist ein kostbares Bauwerk der Neugotik. Das zerstörte Schloss wurde 1823 dem Kronprinzen Friedrich Wilhelm von Preußen geschenkt, der es durch Karl Friedrich Schinkel wieder aufbauen ließ. In den 1830er-Jahren wurden Toiletten eingebaut. Eine ist heute noch im Gemeinschaftszimmer verborgen hinter einem Paravent zu sehen. Sie ähnelt einem hölzernen Plumpsklo, hatte aber damals eine Wasserspülung mit entsprechenden Rohrleitungen nach draußen.

Das WC, das eines der ältesten Deutschlands ist, darf nur mit Sondergenehmigung fotografiert werden.

Schloss Stolzenfels, 58075 Koblenz, Tel. 0261/51858, www.schloss-stolzenfels.de

St. Goar

Im Romantik Hotel Schloss Rheinfels wird seit April 2006 der Klogang zu den in die Schlossmauer integrierten Toilettenräumlichkeiten für Sie und ganz besonders für Ihn zu einem außergewöhnlichen Erlebnis. Beim Betreten der Rheinfels-Latrine dürfen Klogänger sich wohlfühlen wie in einer guten Stube. Türen, Trennwände und Toilettensitze aus Holz bieten urtümliche Gemütlichkeit. Weiße Waschbecken mit schwarzer Wasserpumpe laden nicht nur zum Bestaunen, sondern auch zum Benutzen ein.

Nur Er begibt sich bei der Pinkelpause in unendliche Ungewissheit, denn über einem Urinal hängt eine Guillotine, deren Beil sich auf Augenhöhe befindet. Zwei Hebel stehen zur Qual der Wahl: als Wasserspülung oder...

Allein die erstaunliche Rheinfels-Latrine wäre dank der genialen Idee von Gerd Ripp und deren Ausführung von der Firma Zuck & Thielen eine eigene Reise wert, die man sich bei einem Besuch auf Schloss Rheinfels auf keinen Fall entgehen lassen sollte.

Romantik Hotel Schloss Rheinfels, Schlossberg 47, 56329 St. Goar am Rhein, Tel. 06741/8020, www.schloss-rheinfels.de

Wiesbaden

Das Harlekinäum, das verrückteste, fröhlichste Museum der Welt, gibt es seit dem 21. Juli 1990, was gleichzeitig der 21. Geburtstag von Harlekin-Geschenken war. Es führt durch acht Räume in die Welt des Humors und des Surrealen und zu den unzähligen Erfindungen der Schöpfer Michel Berger, Ute Berger und Stelli Banana.

Das Klooseum (Museum of Modern Arsch) bringt seit dem 3. April 2011 Licht ins Dunkel und bietet neugierigen Besuchern an dreizehn Stationen Einblicke ins alltägliche Tabu der Verdauung. Wer den Parcours durchläuft, findet allerlei aus den 1970er-Jahren: ›Ladies‹- und ›Lords‹-Schilder, ein Schlüsselanhängerklo, 124 unterschiedlich bedruckte Klopapierrollen, Kloascher, Klodeckel-Aufkleber, das Klo-Gäste-Buch und aus den Achtzigern eine Klo-Ordnung, ein Lokus-Gästebuch, Toilettenspiegel, eine Klo-Zeitung und ein ›Klokodil‹ – um nur ein paar Dinge zu nennen, die die Lachmuskeln trainieren und selbst den seriösen Charakter zum Schmunzeln anregen. Ein Bad in Dschungeloptik und eine Toilettenbrille mit richtigen Spielkarten auf dem benutzerfreundlichen Örtchen runden den Rundgang ab. Toiletten und ihre Artikel haben hier schon lange Kultstatus!

Harlekinäum, Wandersmannstr. 39, und Harlekin's Klooseum, Wandersmannstr. 2b, 65205 Wiesbaden-Erbenheim, Tel. 0611/74001, www.harlekinaeum.de und www.klooseum.de; geöffnet nur sonntags von Anfang April bis Ende August von 11.11 Uhr bis 17.17 Uhr

Österreich
Gmunden am Traunsee
Die am 24. April 1998 im Toilettenmuseum Klo & So eröffnete Dauerausstellung zur Klosettentwicklung und Waschkultur geschichtsträchtiger Sanitärobjekte im Peböckhaus zog 2008 in das Kammerhofmuseum. Die Ausstellung führt ihre Besucher durch eine einzigartige Sammlung von Nachttöpfen, Klosetts, Waschtischen und Wannen aus Zinkblech.

Die Idee zu dieser etwas eigenartigen Sammelleidenschaft kam Fritz Lischka durch einen kuriosen Zufall, als man 1966 auf einem Bauschutthaufen in Gmunden ein fast unbeschädigtes

WC mit blaudekorierter Verzierung aus dem Jahre 1904 fand. Die Toilette namens ›SIMPLON‹ wurde nicht zum Grundstein, sondern zum Grundklosett einer sich konsequent und systematisch erweiternden Sammlung, die einen Besuch lohnt.

Kammerhofmuseum, Klo & So, Kammerhofgasse 8, 4810 Gmunden, Tel. 0043/(0)7612/794420, www.k-hof.at

Mieming

Im Vier-Sterne-Hotel Kaysers Tirolresort dürfen sich Gäste kaiserlich fühlen. Seit 1996 bietet das Hotel in fünf Suiten einzigartige Erlebnistoiletten. Die Dschungeltoilette ist dem König Kamehameha, das Alpenklo dem Alpenkönig, die Orienttoilette Dschingis Khan, die Kaisertoilette Kaiser Franz Joseph und das Sternguckerklo Nostradamus gewidmet. Sie sind allesamt gemütlich und laden mit dezenter Musik oder Vogelgezwitscher zum Entspannen und Verweilen ein.

Im Restaurantbereich befinden sich zwei weitere Kaisertoiletten. Das Damen-WC ›Kaiserin Sisi‹ und das Herren-WC ›Kaiser Franz Joseph‹ sind geschmackvoll dekoriert und schenken den elementaren Bedürfnissen die entsprechende Beachtung.

Hotel Kaysers Tirolresort, Rollerweg 334, 6414 Mieming, Tel. 0043/(0)5264/5667, www.kaysers.at

Westendorf

Im Bergrestaurant Hohe Salve sind die Panorama-WCs für die Erleichterung mit wunderbarem Ausblick auf die Berge ohne Einblick von außen ein herrliches Muss. Auch fürs Händewaschen bieten sie eine Überraschung...

Bergrestaurant Hohe Salve, Salvenberg 59, 6363 Westendorf, Tel. 0043/(0)5335/2216, www.hohe-salve.at

Wien

Im Terminal C des Flughafens Wien gibt es eine Herrentoilette mit Wickelstation.

In der romantischen Hauptstadt Österreichs bekommt man in der Touristeninformation einen handlichen Toiletten-Stadtplan. Das Müssen wird zum Erlebnis, denn mein Toilettentestlauf hat ergeben: Nicht alle Toiletten, die auf dem Plan eingezeichnet sind, können genutzt werden. Manche sind verschlossen oder man findet lediglich Pissoirs für Herren vor. Die gusseisernen Pissoirs sind als solche nicht auf dem Stadtplan gekennzeichnet und können für klobedürftige Damen, die es weder im Stehen versuchen noch sich ins Gebüsch daneben schlagen wollen, zu einer blasenaufreibenden Angelegenheit werden.

*

Die ›Vienna Toilet of Modern Art‹ entstand Anfang der 1990er-Jahre im Keller des Souvenir-Shoppingzentrums in der Kegelgasse 37–39 gegenüber dem bekannten Hundertwasserhaus. Die Toiletten der modernen Kunst sind mit bunten Fliesen und gesprungenen Spiegeln dem Konzept des Erfinders Friedensreich Hundertwasser nachempfunden. Ein sauberes Geschäft für sechzig Cent. Der Geldautomat zur Drehkreuzaktivierung wechselt keinen Heller.

Weitere Toiletten im Hundertwasserstil können um die Ecke in der Weißgerberstraße im Erdgeschoss des Hundertwassermuseums benutzt werden.

*

Die ›Vienna Opera Toilet‹ eröffnete 2000 in der unterirdischen Opernpassage neben der Wiener Staatsoper. Der Gast wird zur natürlichsten Sache der Welt im Eingangsbereich im Stil eines Theaters mit dem Wiener Walzer begrüßt. Bei den Damen sind die Klotüren als Logen 1 bis 10 nummeriert. Einen künstlichen Rosenstrauß und das eigene Antlitz sieht Sie hier in einem riesigen Spiegel. Ein absolutes Muss für die Damen von Welt ist ein Blick in die Toilet-Bar der Herren. Dort finden sich ein echtes Klavier mit Stuhl, jede Menge unechter Spirituosen im Regal über den theatralisch geöffneten Mündern, die mit gelben, blauen und roten Lippen aussehen, als wollten sie sich an den Getränken über ihnen laben, und doch nur als Urinschlucker für die feinen Herren dienten – sie wurden inzwischen durch weiße Urinale ersetzt. Beim kunterbunten Anblick von Kunst, Kitsch und Kultur steht auch einer Frau mit blassen Lippen der Mund offen und sie wünscht sich zu Recht ein paar knallig bunte Klobrillen in die dagegen eher dezenten Damenlogen.

Sechzig Cent, die sich lohnen, wenn Sie die Toilet-Bar anschaut. Auch hier rückt der Münzschlucker, der das Drehkreuz aktiviert, keinen Wechselgroschen heraus.

*

Die unterirdische Toilettenanlage am Graben ist bemerkenswert für alle, die mal müssen. Sie ist eine der ersten unterirdischen Toiletten auf dem europäischen Kontinent und wurde 1905 von Wilhelm Beetz, dem Vater sämtlicher Wiener Toiletten der damaligen Zeit, errichtet. Auf Straßenniveau neben dem Brunnen, der extra für den Bau der Toiletten abgetragen und wieder aufgebaut wurde, weisen Laternen und elegante grüne Geländer mit Damen- und Herren-Schildern diskret auf das Örtchen hin. Der ›jugendstilvolle‹ Untergrund bietet blitzsauberes, edles Ambiente. Die Toilettenmanagerin lächelt, wenn Besucher sich nur ein Bild oder gar ein Foto machen wollen. Eine ähnliche unterirdische Anlage findet sich in der Irisgasse und am Hohen Markt.

*

Im Schönbrunner Schlosspark finden sich ebenfalls interessante Toiletten. Die in der Kastanienallee aus dem Jahre 1908 ist so grün wie die Blätter der Bäume und würde wie ein zu groß geratenes Gartenhäuschen aus Eisen wirken, wären nicht auf zwei Türen die Piktogramme von Mann und Frau zu sehen. Die alte Fassade ist geblieben, das Innenleben modern. Die Toilettentüren machen für fünfzig Cent den Weg frei. Das Pissoir, eine schwarze Rinne am Boden, kann von Herren kostenlos genutzt werden.

Schweiz
Neuchâtel
Der Schweizer Dramatiker, Schriftsteller und Maler Friedrich Dürrenmatt (1921–1990), liebte es, die Räumlichkeiten, in denen er lebte, auszumalen. So kam auch die häusliche Toilette in die malerische Gunst und Kunst, von lebhaften bunten Fratzen beäugt zu werden. Der Raum wurde von ihm und seiner Familie als Sixtinische Kapelle bezeichnet. Dieses spielerische Fresko ist heute Bestandteil der Ausstellungsräume des am 23. September 2000 eröffneten Centre Dürrenmatt.

Centre Dürrenmatt, 74 chemin du Pertuis-du-Sault, 2000 Neuchâtel. Tel. 0041/(0)32/7202060, www.bundesmuseen.ch/cdn/

*

Zürich
Die Touristeninformation verteilt Stadtpläne, in denen öffentliche Pissoirs und Toiletten eingezeichnet sind. Kaum ein Züri-WC-Häuschen gleicht dem anderen. Sie werden dadurch rein optisch und fotografisch betrachtet für Toilettenhäuschen-Fans dank der bunten Vielfalt zum Augenschmaus.

Einen Besuch wert ist außerdem das Museum der Stadtentwässerung Zürich.

Bändlistr. 108, Kläranlage, 8064 Zürich, www.stadt-zuerich.ch; Öffnungszeiten: Mo.–Fr. auf Anfrage 9–16 Uhr

Irdische Begegnung in Zürich mit der Schweizer Unterwelt

Nach zweitägiger, passiver Recherche in Büchern zum Klo-Thema in der Schweizerischen Landesbibliothek in Bern fahre ich am frühen Morgen mit dem Zug weiter nach Zürich. Hier suche ich zuerst die Touristeninformation am Hauptbahnhof. Dort bekomme ich einen Stadtplan, in dem auch die örtlichen öffentlichen Toiletten eingezeichnet sind. Eine freundliche Dame erklärt mir, wo ich in der Nähe eine günstige Unterkunft finde. Nach dem Einchecken und dem Verstauen meines Gepäcks entschließe ich mich an diesem grauen Novembertag spontan zur aktiven Besichtigung der Kläranlage. Da ich sehr gern zu Fuß unterwegs bin, spaziere an der Limmat entlang Richtung Nordwesten. Am Ziel angekommen werde ich nach meinem Termin gefragt. Daran habe ich überhaupt nicht gedacht – doch normalerweise geht es eben nicht ohne. Da ich allerdings nur zwei Tage in der Stadt bin, bis es wieder zurück nach Hause geht, werde ich netterweise nicht abgewiesen. Von einem freundlichen Angestellten bekomme ich sogar eine private Tour! Sie fällt kürzer aus als übliche Rundgänge, denn zu zweit geht es schneller als in der großen Gruppe. Die Zeit reicht für einen besonderen Eindruck. Ich entdecke eine neue Form von hochtechnischem Sightseeing. Überdimensionale Spezialrechen fischen aus dem Abwasser, was der Mensch neben seinen persönlichen Hinterlassenschaften leider noch so alles in die Kanalisation befördert. Zivilisation bedeutet gleichzeitig auch immer mehr Abfall, aber nicht unbedingt auch einen respektvollen Umgang mit der Um- oder gar der Unterwelt. Neben unzähligen Zigarettenkippen gelangen auch größere Gegenstände wie Speisereste, Strümpfe, Verpackungen und so weiter in die Kanalisation – und das bestimmt nicht immer versehentlich. Sie werden in der Kläranlage aufwendig von technischen Geräten entfernt, bevor das Wasser verschiedene Auffangbecken und Filterstationen durchläuft, bis es wieder zu uns in die Oberwelt entlassen wird.

Die Stadtentwässerung Zürich gehört europaweit zu den profiliertesten Anlagen zur Klärung von häuslichem und gewerblichem Abwasser. Hinter dem großen Aufwand verbirgt sich der fundamental wichtige, ernst genommene Auftrag, für Umwelt, Mensch, Tier, Pflanzen und sauberes Wasser zu sorgen. Damit die Unterwelt auch einwandfrei funktionieren kann, muss einiges dafür getan werden. Das etwa 920 Kilometer umfassende Kanalnetz wird laufend kontrolliert und saniert. Zur Untersuchung des baulichen Zustandes gibt es spezielles Kanalfernsehen. Mit Öl- und Fettabscheidern sowie Spezialrechen erfolgt rund um die Uhr eine fachgerechte Entleerung und Entsorgung aus Schächten und Gruben von unerwünschten Materialen, die den Kreislauf des Wassers belasten. Es gibt einen 24-Stunden-Pikettdienst für verstopfte Abflussleitungen. Eine Durchschnittsmenge von 95 Millionen Kubikmetern Abwasser fließt im Jahr durch diese Kläranlage.

Von dem Mitarbeiter, der sich gern die Besichtigungszeit für mich zu nehmen scheint, bekomme ich alle hintergründigen Fragen ausführlich und mit spürbar ehrlicher Begeisterung beantwortet, sodass ich nach der interessanten Führung und dank der Broschüren und Unterlagen zu der lang vergangenen Ausstellung *Cloaca Maxima* einen einzigartigen, positiven Eindruck behalte.

Wir dürfen nie vergessen: Das Wasser auf unserem Planeten unterliegt seit Milliarden von Jahren einem schier ewigen Kreislauf. Es befindet sich seit Urzeiten auf der Erde und seine Wasserqualität hängt stark davon ab, wie sorgsam jeder einzelne mit der Umwelt umgeht.

Die Begehung einer Kläranlage und der Kanalisation ist ein Erlebnis für alle, die automatisch an diesem Kreislauf unserer menschlichen Natur beteiligt sind. Ich finde, es gehört zu den Dingen, die jeder wenigstens einmal im Leben gemacht haben sollte.

Wünschenswert im Ausflugsprogramm von Grundschulklassen wäre der obligatorische Besuch einer Kläranlage. Umwelt geht uns alle an. Je früher wir uns damit befassen, desto besser. Besonders Kinder gehen mit diesem Thema viel unbefangener und vorurteilsfreier um als viele Erwachsene, die vielleicht bei dieser Erfahrung eher unbewusst die Nase rümpfen.

Das Museum der Stadtentwässerung in Zürich ist eine weitere irdische Begegnung der Unterwelt. Es kann vor oder nach dem bewusstseinserweiternden Rundgang durch die Kläranlage oder ganz unabhängig davon besichtigt werden. Neben Fotos und Bildern gibt es in einem Gebäudeteil einige Gegenstände aus dem früheren Alltag zu sehen. Darunter befindet sich eine alte Mülltonne aus Metall mit zwei Henkeln zum Tragen für zwei Personen. Eine riesige Metallbürste, die zur Reinigung der Unterwelt genutzt wurde, und verschiedene Toilettentypen lassen sich zudem bestaunen. Das in einen Holzstuhl integrierte Klo zeigt uns den Stuhlgang von einst. Eine blau verzierte Porzellanschüssel weist auf die geschmackvolle Vielfalt früherer Kloschüsseln hin.

Goldige, goldene, güldene und ›güllene‹ gültige Kloregeln

Zum Loswerden der eigenen Schlacke gehen die meisten Menschen dieser Welt in die Hocke – laut Medizinern die natürlichste Stellung. Die Oberschenkel üben einen sanften Druck auf den Unterleib aus und reduzieren die Belastung der Bauchmuskeln. Dabei erleichtern die Beckenmuskeln den Stuhlgang. Eine Überanstrengung, die einen Herzinfarkt auslösen könnte, wird dadurch vermieden. Der Stuhlgang dauert bei Fleischessern länger, daher ist es bequemer zu sitzen. Wer sitzt, muss wiederum fester drücken. Unzählige Male vollzieht jeder Mensch für sich die gleiche Prozedur:

1. *95 Prozent unserer Nahrung verdauen wir.*
2. *Das Essen durchwandert unseren Körper, bis es den s-förmigen Teil des Dickdarms erreicht – im Sigmoid sammeln sich unverdaute Speisereste.*
3. *Während sich dieser Bereich langsam füllt, werden Nervensignale gesendet – der Analkanal wird auf den wartenden Stuhlgang aufmerksam gemacht.*
4. *Dies bedeutet für unser Gehirn: Toilette aufsuchen!*
5. *Dort ziehen wir unter der Gürtellinie erst die Kleidungsstücke aus, dann die Beckenmuskeln zusammen, um somit die Wände unseres Darms auszudehnen und den Kot durch den Dickdarm hindurchzudrücken.*

6. *Indem wir die Muskeln des Rektums zusammenziehen, lösen wir peristaltische Wellen aus, um den Stuhl das letzte Stück seines Weges zu begleiten und passieren zu lassen.*
7. *Wir halten dabei den Atem an, sodass unser Zwerchfell Druck auf unsere Eingeweide ausübt, um die Darmentleerung einzuleiten.*
8. *Bevor es richtig zur Sache geht, verlangsamen wir unseren Herzrhythmus und erhöhen den Blutdruck.*
9. *Mithilfe unseres inneren Schließmuskels pressen wir unseren Dickdarm zusammen, um den Kot – wie bei der Wurstherstellung – in kürzere Stücke zu unterteilen, da diese leichter auszuscheiden sind.*
10. *Wir scheiden den Stuhl aus.*
11. *Wir wischen uns ab, ziehen uns wieder an und bitte nicht vergessen:*
12. *Wir waschen uns die Hände.*
13. *Wir trocknen unsere Hände.*

Benutzung einer öffentlichen Bedürfnisanstalt in München im Jahr 1900 – zitiert nach Hösel 1987 (angepasst an die neue deutsche Rechtschreibung):

Das Publikum ist verpflichtet:
1. Sich in der öffentlichen Bedürfnisanstalt anständig und bescheiden zu benehmen.
2. Es ist verboten, die Zellen zu verunreinigen, die Wände zu beschmieren und sich auf die Abortsitze zu stellen.
3. Die Gebühr für die Benutzung der Anstalt beträgt bei Inanspruchnahme der ersten Klasse zehn Pfennig, der zweiten Klasse fünf Pfennig und wird vor Eintritt der Zelle erhoben.
4. Bei Inanspruchnahme der ersten Klasse ist der volle Betrag von zehn Pfennig auch dann zu bezahlen, wenn die Waschtoilette nicht benutzt wurde.

5. Die Zellentüre ist während der ganzen Dauer der Benutzung geschlossen zu halten. Die Eintrittstür wird so oft erhoben, als die Zellentür geschlossen wird.
6. Den Anordnungen der Wärterin ist Folge zu leisten.

Die modernen zwanzig goldigen, goldenen, güldenen und ›güllenen‹ Kloregeln gültig für daheim:
Verlasse dieses Örtchen so, wie du es vorgefunden hast – dann haben wir dich gern als Gast. Verlässt du es aber wie ein Schwein, kommst du bei uns nicht mehr rein.

1. Vor der Benutzung der Toilette den Reißverschluss öffnen.
2. Hose oder Höschen nach unten ziehen.
3. Klodeckel nach oben heben.
4. Pinkeln im Stehen verboten! Sitzen statt spritzen!
5. Mit dem Rücken zur Wand auf die Klobrille setzen.
6. Verehrte Herren und Damen, scheißt nicht auf den Rahmen, sondern in die Mitte, das ist bei uns so Sitte.
7. Wenn du kleckerst, wenn du spritzt, mach wieder sauber, worauf ein anderer dann sitzt.
8. Nebengeräusche sind durch lautes Pfeifen, Singen oder Jubilieren zu übertönen. Noten bei der Hausherrin erhältlich.
8. Für künstlerische Freiheit an der Wand nur wasserfeste Farben und Markenpinsel verwenden.
9. Bitte deutlich lesbar schreiben!
10. Bei Erstickungsgefahr oder drohender Ohnmacht – Fenster öffnen.
11. Vorsicht! Bei mehrpfündigen Einlagen besteht Verstopfungsgefahr. Notfalls in mehreren Raten spülen.
12. Bei Überschwemmung unbedingt Ruhe bewahren. Schwimmweste anlegen und langsam schlürfen.

13. Bei einer Verweildauer von 33 Tagen erfolgt strafrechtliche Verfolgung wegen Hausbesetzung.
14. Die Klobürste bitte nicht zum Zähneputzen, Reinigen der Fingernägel oder zum Bemalen der Wände verwenden.
15. Lautes Klatschen oder ähnliche Begeisterungsbekundungen nach erfolgreich absolviertem Geschäft sind zu unterlassen, aber es wird darum gebeten, nach jeder geschäftlichen Einlage den Erfolg zu begießen und ausreichend zu spülen – ohne zu gurgeln!
16. Es wird dazu angehalten, sich unbedingt vom Heimgang des Haufens zu überzeugen.
17. Glimmende Zigaretten und offenes Feuer sind verboten! Nicht rauchen, keine Kippen ins Klo werfen – ich pinkle auch nicht in deinen Aschenbecher.
17. Kein Papier an diesem Ort, sag Bescheid: ich bring's sofort.
18. Klopapier beidseitig benutzen, der Erfolg liegt auf der Hand.
19. Viagra nicht ins Klo werfen, man bekommt die Brille sonst kaum noch runter.
20. Während der Sitzung bitte freundlich lächeln, in diesem Raum befindet sich eine versteckte Kamera.
21. Keine Abfälle in die Toilette werfen, bitte den nebenstehenden Abfallbehälter benutzen. (Siehe dazu auch das allerletzte Kapitel – die allergrößte Bitte einer Toilette an ihre Benutzer!)
22. Klodeckel wieder leise schließen.
19. Waschbecken nur als solches benutzen. Hände mit Seife waschen! Abtrocknen nicht vergessen!
20. Vor dem Hinausgehen sind die Beinkleider zu ordnen und der Reißverschluss zu schließen.

Kloknigge zum Großgeschäft bei Gastgebern
Sollte das erledigte Großgeschäft sich anschicken, in der Klomuschel zur freien Besichtigung der Nachfolger verweilen zu wollen, warte man, bis sich der Spülkasten wieder gefüllt hat. Man drücke erneut die Taste und helfe gleichzeitig mit der Klobürste nach, die schöne Bescherung zum Kanal zu befördern. Funktioniert dies nicht, reiße man etwas Klopapier ab, bedecke damit das Geschäft, und frage den Gastgeber ganz locker, ob er wisse, dass die Klospülung nicht richtig funktioniere.

Wer weniger Geruch hinterlassen will, sollte so schnell wie möglich spülen, den Klodeckel schließen und, falls vorhanden, die Fenster öffnen. Bestenfalls stehen Raumsprays und Streichhölzer zur Verfügung. Ein brennendes Streichholz lässt den unangenehmen Geruch sofort verschwinden. Hauptsache, es explodiert nichts. Wiederholt man dies regelmäßig, lassen sich von den Wandfliesen bald schwarze Rauchspuren abwaschen.

Regeln für Arbeitgeber in der Arbeitsstättenverordnung
Für Toilettenräume verlangt der Paragraf 37 der Arbeitsstättenverordnung, die die Bundesregierung 1975 erließ, besondere Räume mit ausreichender Anzahl von Toiletten und Handwaschbecken in der Nähe des Arbeitsplatzes und der Pausen-, Bereitschafts-, Umkleide- und Waschräume. Bei mehr als fünf Arbeitnehmern unterschiedlichen Geschlechts müssen sie vollständig getrennt sein und dürfen ausschließlich den Betriebsangehörigen zur Verfügung stehen.

Hierzu sagt der Paragraf 37 der Arbeitsstättenverordnung sinngemäß:

Die Toilettenkabinen müssen mit Toilettenpapier, Papierbehältern und Kleiderhaken ausgestattet sein. In Toilettenräumen muss mindestens ein Abfallbehälter mit Deckel vorhanden sein. Auf den Damentoiletten muss – je fünf Kabinen – mindestens in einer Kabine ein Hygienebehälter stehen, die dementsprechend zu kennzeichnen ist.

Im Vorraum von Toilettenräumen muss für je fünf Toiletten oder fünf ›Bedürfnisstände‹ (Urinale) mindestens ein Handwaschbecken mit fließendem Wasser vorhanden sein. Für mindestens je zwei Handwaschbecken müssen Seifenspender (Seifencremespender, Pulverseifenspender, Seifenmühle, Kippseifenspender) und Einmalhandtücher (Handtuchspender mit Papierhandtüchern, Textilhandtuchautomaten) vorhanden sein. In oder vor Toiletten ohne Vorraum müssen sich Handwaschbecken sowie Seifenspender und Einmalhandtücher befinden.

Durchführungsordnungen der Länder zum Gaststättengesetz vom 5. Mai 1970
Die einzelnen Bundesländer erließen zwar textlich voneinander abweichende Durchführungsverordnungen, dem Sinn nach stimmen die Vorschriften über Personal- und Toilettenhygiene jedoch im Wesentlichen überein. Es gibt in allen Gaststättenverordnungen der Länder Vorschriften zu den Sanitäranlagen für Gäste.

Die Gaststättenverordnung des Saarlandes schreibt zum Beispiel in Paragraf neun die Beschaffenheit von Abortanlagen wie folgt vor: Die Abortanlagen für Gäste müssen leicht erreichbar, gekennzeichnet und von anderen getrennt sein.

Für Frauen und Männer müssen durch durchgehende Wände voneinander getrennte Abortanlagen vorhanden sein. Jede Abortanlage muss einen lüftbaren und beleuchtbaren Vorraum mit Waschbecken, Seifenspender und gesundheitlich einwandfreier Handtrocknungseinrichtung haben. Handtrocknungseinrichtungen und Seife dürfen nicht gegen Entgelt, Gemeinschaftshandtücher dürfen überhaupt nicht bereitgestellt werden.

Aborte und Urinale müssen Wasserspülungen haben. Die Türen zu den Spülaborten müssen von innen verschließbar sein. Außerdem dürfen sie nicht durch Münzautomaten oder ähnliche Einrichtungen versperrt oder nur gegen Entgelt zugänglich sein.

Regeln für Touristen in der Mongolei
Ein sauberes Plumpsklo in einem von Koreanern geleiteten Camp – übersetzt aus dem Englischen:
1. Schließ den Deckel!
2. Schließ den Deckel!
3. Vergiss nicht, den Toilettendeckel zu schließen!
4. Wasch deine Hände! Mach Mutter stolz auf dich.
5. Sprich mit uns, wenn die Toilette dreckig ist oder Papier fehlt.
6. Wenn der Toilettendeckel geschlossen ist, entsteht eine natürliche Luftzirkulation durch die schmale Öffnung vorne unter dem Toilettendeckel. Dies liegt daran, dass das Rohr nach draußen hin größer wird. Wenn du den Deckel offen lässt, geschieht das Gegenteil. Für die, die sich noch immer darüber wundern, bitte siehe Zeichnung unten.

Der Ruf der Natur in Myanmar

Nach der Ankunft am Vormittag in Mandalay, der zweitgrößten Stadt von Myanmar, begebe ich mich auf die Suche nach einer Unterkunft im Zentrum. Auch wenn es noch früh am Tag ist, mache ich mir langsam Sorgen. Ich werde überall abgewimmelt, weil die Herbergen ausgebucht sind.

Zentral gelegen, in der Nähe der Eindawya Pagode, finde ich mit viel Glück ein Guest House. Es ist genauso voll wie die anderen. Doch diesmal jammere ich, was das Zeug hält: »Überall werde ich wieder weggeschickt!« – stimmt völlig – und »Ich irre schon seit Stunden umher!« – maßlos übertrieben.

Die Suche bei der Hitze mit Rucksack auf dem Buckel ist aber auch wirklich kein Vergnügen. Viele günstige Unterkünfte gibt es noch nicht für die zahllosen Backpacker, die aus aller Welt ins Land strömen.

Es ist kein normales Zimmer mehr frei; ich würde fast alles nehmen – und bekomme eine dicke Extrawurst. Ich darf im Buddha-Zimmer nächtigen. Ich schreie sofort laut »Ja! Hurra!«, ohne es gesehen zu haben. Die Hauptsache ist doch in diesem Moment, dass ich nach meiner endlos langen Suche endlich für die nächsten drei Nächte ein Dach über dem Kopf habe. Das Buddha-Zimmer kostet mich läppische zwei US-Dollar pro Nacht inklusive Frühstück. Ich hätte es nicht besser treffen können.

Der Raum befindet sich auf der Dachterrasse, die große und kleine Töpfe mit Grünpflanzen zieren. Ich blicke über die

Umrandung auf die belebte Straße und auf noch mehr Dächer. Ehrfürchtig betrete ich das Heiligtum, für das sie mir sogar den Schlüssel ausgehändigt haben. Ich hoffe, dass ich es schaffe, mich die nächsten Tage gegenüber dem Schrein, unter den vielen Augen zufrieden lächelnder Buddha-Statuen, respektvoll und angemessen zu verhalten. Das Zimmer ist sonnengelb gestrichen. Symbolisch steht diese Farbe im Buddhismus für den Mittleren Weg – sozusagen für das Meiden von Extremen. Zwischen Zimmerwand und Zimmerdecke befinden sich zahlreiche Glasquader, die zum Glück keine Blicke Schaulustiger, aber genug Sonnenlicht hineinlassen. Der Raum Buddhas, des Erwachten, lässt mich allerdings auch so schon von innen heraus erleuchten.

Ich bekomme eine einfache Matratze mit Kissen und Laken gebracht. Auf Anhieb fühle ich mich geborgen in dem mollig warmen Raum, und mache es mir gemütlich. Ich weiß nicht, wie es Ihnen geht, aber mir ist es ja lieber zu heiß als zu kalt. Die nächste Waschgelegenheit mit Toiletten befindet sich leider stolze fünf Stockwerke tiefer im Keller. Die schwarz-weiß gefliesten Räumlichkeiten erstrahlen sauber im grellen Neonlicht und versprühen im Gegensatz zu meinem Zimmerchen unter dem sonnenerleuchteten blauen Himmel auf der Dachterrasse den Charme einer künstlichen Höhle.

Es kommt, wie es mehrmals am Tag kommen muss – und manchmal eben auch mitten in der Nacht. Harndrang! Ich bin gerade aus einem schönen Traum erwacht und mag nicht aufstehen. Noch weniger behagt mir der Gedanke, mich fünf Stockwerke tiefer zu begeben. Nicht etwa, weil ich zu faul bin, sondern wegen der Vorstellung, was mir da unten in dem feuchtheißen Klima alles so begegnen könnte.

Ich habe bei meinem Erkundungsgang am Tag nicht aufgepasst und kann mich nicht daran erinnern, wo sich der Lichtschalter für den Keller befindet. Den wähne ich zu dieser Uhrzeit so stockdunkel wie das Treppenhaus. Ich muss ehrlich zugeben, ich habe keine Angst vor großen Tieren – dafür umso mehr vor kleinem Getier. Auf meinen vielen Reisen habe ich tatsächlich eine Kakerlakenphobie entwickelt. Es gibt nichts, wovor ich mich mehr ekle als vor diesen manchmal sogar flugtauglichen Insekten. Im Gegensatz zu Kakerlaken machen mir Spinnen zum Beispiel weit weniger aus, obwohl die giftig sein können.

Während ich so vor mich hin sinniere, werden die Schmerzen unerträglich. Da habe ich eine bessere Idee, stehe auf, gehe auf die Terrasse und schaue mich um. Keine Menschenseele zu sehen! Sehr gut. Und da steht auch einer, der passen könnte. Der runde Topf ruht in einer Ecke und ist für mein kleines, dringendes Bedürfnis groß genug. Dennoch habe ich ein schlechtes Gewissen, ihn jetzt zu bewässern. Hoffentlich geht das Bäumchen danach nicht ein! Ich bin es einfach nicht gewohnt, unterwegs zu sein und dabei regelmäßig Bäume zu markieren. Allgemein in Wald und Flur ist das, wenn es sein muss, etwas anderes, aber so gezielt hege ich doch ein gewisses Mitgefühl mit der Grünpflanze. Vor allem muss ich gut aufpassen, den langen Pflanzenstängel nicht unsanft mit meinem Hinterteil umzustoßen oder gar abzuknicken. Nüsschen können hier wenigstens keine abfallen. Ich bin achtsam und vollziehe treffsicher mein etwas unmoralisches Vorhaben. Eine solche Prozedur hat auch für mich Premiere und ist bis heute nie wieder vorgekommen. Und was soll ich sagen, schließlich hat es ja keiner gesehen – außer Buddha vielleicht, der sicher durch Wände schauen kann. Erzählt habe ich diese Geschichte nie, das war mir viel zu peinlich. Dafür können sie jetzt alle lesen, so oft sie wollen.

Am nächsten Morgen vergewissere ich mich: alles steht noch an Örtchen und Stelle. Ich schnüffle und rieche: nichts. Das beruhigt mein unreines Gewissen dann doch etwas. Am Ende war es ja auch nur reines, verdautes Wasser…

›Abortige‹ Anekdoten

Die rücksichtslose OP-Schwester
Eine OP-Schwester – eine extrem starke Raucherin – qualmte wegen strengen Rauchverbots im gesamten OP-Bereich zum Leidwesen ihrer Kolleginnen außerhalb der regulären Pausenzeiten oft auf der Schwesterntoilette. Denen stank der abgestandene Zigarettenqualm sehr und auch, dass ihre freundlichen Bitten, das Rauchen auf dem WC doch netterweise zu unterlassen, nicht halfen. Also wurde eine verzweifelte OP-Schwester erfinderisch und sprach sich mit den übrigen Frauen ab. Bevor sich die Raucherin zum abermaligen Qualmen auf die Toilette verzog, gaben sie Wasserstoffperoxid ins Klo. Nach kurzer Zeit ertönte ein lauter Schrei.

Was war passiert? Wie immer hatte die OP-Schwester gedankenlos die brennende Zigarette ins Klo geworfen, wo sie sowieso nicht hingehört, und erlitt dadurch Verbrennungen im Genitalbereich.

Im Krankenhaus
Ein achtzigjähriger Rentner stibitzte aus einer Plastikdose, die auf dem Tisch neben dem Bett seines neunzigjährigen Zimmernachbarn stand, dessen Gebiss. Der Bestohlene rief laut um Hilfe, während der Dieb mit dem Gebiss in der Toilette verschwand. Der Stationsarzt vernahm die Rufe und eilte schnell mit wehendem Kittel herbei. Als er die Toilettentür öffnete, sah

er nur noch den Klodeckel herunterfallen. Der Patient gestand, das Gebiss geklaut und, weil es ihm nicht gepasst hatte, weggeworfen zu haben.

Die vermisste Ehefrau

Nach Mitternacht teilte ein aufgeregter Rentner aus Oberursel der Bad Homburger Polizei mit, dass er seine Ehefrau, mit der er gegen zwanzig Uhr fünfzehn in der Kurklinik verabredet gewesen war, vermisse. Wegen eines Alarms aus einem Kaufhaus in der Innenstadt wurde die Suche nach der Ehefrau unterbrochen. Die Polizisten erwischten dort allerdings keine Diebe, sondern fanden die Vermisste. Während der Öffnungszeiten war sie auf der Kaufhaustoilette eingenickt und erst gegen ein Uhr nachts wieder aufgewacht. Bei der Suche im Dunkeln nach dem Ausgang hatte sie den Alarm ausgelöst.

Schiffchen versenken

In Köln fand ein dreijähriger Junge im Küchenschrank lauter Hundertmarkscheine. Diese ließ er nacheinander eine Weile als Schiffchen im Klobecken schwimmen und spülte sie danach jedes Mal runter. Bis die Mutter das Malheur entdeckte, fehlten bereits dreitausend D-Mark. Die Feuerwehr konnte nichts mehr für sie tun, aber die Kanalarbeiter der Stadt hatten eine Idee. Etwa 250 Meter vom Haus entfernt öffneten sie einen Kanalschacht und warteten auf die schwimmenden Schiffchen. Sie konnten der verzweifelten Mutter, die mit mehreren Badewannenfüllungen Wasser der Geldabfuhr nachhalf, tatsächlich jeden Schein zurückgeben. Die Chancen, den Gesamtbetrag jemals wiederzubekommen, standen dabei bei eins zu tausend.

Das Essen
Eine Familie war bei Freunden zum Essen eingeladen, das dem Hausherrn selbst jedoch nicht schmeckte. Nach Verabschiedung der Gäste kippte die wütende Hausfrau den Spiritus und das Fett ins Klobecken. Kurz darauf ging der Ehemann aufs Klo. Er zündete sich eine Zigarette an und warf den brennenden Glimmstängel nach wenigen Zügen in die Toilette. Es gab eine Stichflamme, die dem Mann nicht nur den Hintern verbrannte.

Die erschrockene Gattin rief sofort die Feuerwehr. Als die Feuerwehrmänner den auf dem Bauch liegenden Verletzten mit der Bahre abtransportierten, fragten sie ihn, was denn passiert sei. Über die Unfallschilderung mussten sie so laut lachen, dass sie die Trage fallen ließen. Dabei brach sich der leidtragende Hausherr noch den Arm.

Allein unterwegs
Nach einem heftigen Streit mit der Mutter machte sich ein elfjähriger Junge in Kaufbeuren allein zu Fuß auf den Weg zu seiner Oma, die im rund fünfzig Kilometer entfernten Geltendorf lebte. Auf der Bundesstraße 12 wurde der Ausbüxer von der Polizei aufgegriffen. Die Polizisten fuhren ihn zu seinem Missfallen jedoch nicht zu seiner Oma, sondern zurück zur Mutter. Der Grund für den Streit war, dass der Junge an das Katzenklo gestoßen war, dessen Inhalt sich über das gesamte Treppenhaus verteilt hatte.

Sexbomber
Zwei Engländer verschwanden auf dem Flug von London nach New York mehrmals gemeinsam auf der Flugzeugtoilette. Besorgte Flugbegleiter verständigten die Piloten der American-Airlines-Maschine, die per Funk das Bodenpersonal

kontaktierten und die Festnahme der beiden Männer nach der Landung verlangten. Die Air Force hörte das Gespräch mit und schickte gleich zwei Kampfjets zur Begleitung des Flugzeugs über den Atlantik. Das störende Paar wurde nach der Landung verhört. Die Männer gaben an, Sex in der Bordtoilette gehabt zu haben. Die Einreise in die USA wurde ihnen verweigert. Mit dem nächsten Flug mussten sie auf eigene Kosten nach Hause zurückfliegen.

Das Mobiltelefon
Der Besitzer eines Mobiltelefons suchte in New York die Zugtoilette auf, nachdem der Zug die Grand Central Station verlassen hatte. Das Telefon fiel dem Geschäftsmann versehentlich in die Toilette. Als er versuchte, das Gerät herauszuholen, klemmte er seinen Arm im Klo ein. Weder er selbst noch Angestellte von Amtrak konnten ihn aus seiner prekären Lage befreien. Feuerwehr und Polizei wurden alarmiert. Sie mussten die Stahltoilette aufschneiden, um den Arm des Mannes befreien zu können. Das Mobiltelefon konnte leider nicht gerettet werden.

Die Touristin
Auf dem Weg zur Damentoilette kam eine Touristin im Kalahari Gemsbok National Park in Südafrika mit dem Schrecken davon. Als sie den Sicht- und Tierschutz der Wildnis bereits passiert hatte, entdeckte sie plötzlich vor der Toilettentür eine ausgewachsene, interessiert schnüffelnde Löwin. Erschrocken stieß die Frau einen lauten Schrei aus. Wer von beiden vor Schreck mehr aus dem (Klo-)Häuschen war, konnte man nicht sagen. Während die Frau sich langsam zurückzog und die Raubkatze dabei nicht aus den Augen ließ, machte sich die verschreckte Löwin schnell aus dem Staub und verschwand unter den interessierten Blicken und

dem Blitzlichtgewitter weiterer Touristen, die inzwischen zum Klohäuschen gelangt waren, im Busch.

Die Skifahrerin
Eine junge Frau war mit einer Freundin Ski fahren und verspürte seit einer Weile schon ein dringendes Bedürfnis. Sie hoffte, oberhalb des Skilifts eine Toilette zu finden. Leider gab es dort keine. Die beiden fuhren weiter, bis die eine es wegen der Kälte nicht mehr aushalten konnte. Die Freundin schlug ihr vor, da sie ja durch den weißen Skianzug getarnt und damit vor neugierigen Blicken geschützt sei, etwas weiter weg zu den Bäumen zu fahren, während sie auf der Piste auf sie warten würde. Die junge Frau fuhr also zu den Bäumen und zog mühsam den Skianzug, ihre lange Unterhose und den Slip nach unten. Als sie ihr Gewicht verlagerte, um ihr Geschäft zu verrichten, begannen ihre Ski mit ihr, entblößt wie sie war, den Berg hinabzufahren. Dabei brach sie sich den Arm. Im Krankenhaus traf sie auf einen Mann, der sich das Bein gebrochen hatte. Sie fragte ihn, was ihm passiert sei; er erzählte ihr grinsend: »Ich sitze im Skilift, als eine Verrückte mit nacktem Hintern unter mir vorbeifährt. Um besser sehen zu können, habe ich mich zu weit aus dem Lift gelehnt und bin rausgefallen.«

Essensreste
Eine Frau hatte in der Nacht Essensreste im Klo entsorgt und dabei den Abfluss verstopft. Da weder Reinigungsmittel noch Rohrreiniger wirkten, griff sie mit der Hand ins Abflussrohr. Dabei verdrehte sie ihren Arm so ungeschickt, dass sie sich nicht mehr selbst befreien konnte. Ihr Mobiltelefon lag zum Glück in der Nähe, sodass sie zwei Freundinnen um Hilfe rufen konnte. Am Ende befreite sie schließlich die Feuerwehr mit Hammer und Meißel.

Und die Moral von der Geschicht': Werfe Essensreste in die Toilette nicht.

Schnupf-Meisterschaft
Bei der Sachsenkamer Schnupf-Meisterschaft hatte sich ein Rentner nach altem Brauch eine Prise Schnupftabak in die Nase gezogen. Dabei waren ihm wahrscheinlich ein paar Tabakbrösel in den Mund geraten, was laut Regeln jedoch streng verboten ist. Schmai darf weder in Mund noch Ohren geraten. Als der Mann im Toilettenraum Hals und Nase lautstark von der klebrigen Masse befreite, spuckte er sein Gebiss mit aus. Er schien dies allerdings weder zu bemerken noch das Gebiss zu vermissen, denn die Wirtin entdeckte es erst am nächsten Tag im Urinal.

Andere Länder, andere Sitten...
Ein Besucher begegnete im Pub auf dem Klo einem anderen Mann, der gerade seinen nackten Po ins Waschbecken hielt und ihn abbrauste. Zurück am Tresen fragte er seinen Kumpel, ob das in Schottland so üblich sei. Der Wirt, der seine Frage gehört hatte, verschwand mit hochrotem Kopf in die Herrentoilette, um den Po-Wäscher zur Rede zu stellen.

Als er zurückkam, kriegte er sich kaum ein vor Lachen, und erklärte den beiden: »Der Kerl hat mir erzählt, er saß auf dem Klo, ohne zu bemerken, dass ein whiskeyseliger Spaßvogel Frischhaltefolie darüber gespannt hatte.«

Der Wiener Schmuckladen
1974 baute ein bekannter Wiener Architekt einen winzigen, hochwertigen Schmuckladen mit einer Größe von nur 13,5 Quadratmetern, der jedoch durch seine schmuckvolle, aufgebrochene Fassade in Wien bekannt wurde. Der Architekt berichtete, dass

er hinter dem Verkaufsraum eine geräumige, sehr schöne Toilette eingebaut habe, damit der meist männliche Kunde sich dorthin zurückziehen könne und über genug Zeit verfüge, um in Ruhe über den Kauf nachzudenken.

In Madagaskar geht es auch so

Seit wenigen Tagen bin ich auf Madagaskar. Der faszinierende zweitgrößte Inselstaat der Welt gehört zu meinen Top-Fünf-Ländern Afrikas. In der Hauptstadt Antananarivo, gern auch Tana genannt, übernachte ich in einem günstigen Mehrbettzimmer im Moonlight Hotel. Bei den freundlichen Besitzern fühle ich mich sehr wohl.

Als ich am Abend auf dem Balkon im zweiten Stock die Aussicht auf die Stadt genieße, gesellt sich eine etwas jüngere Frau zu mir. Wir kommen ganz unkompliziert ins Gespräch. Kathrin ist aus Deutschland, lebt aber schon länger in Wien. Sie ist schlank, trägt eine Brille und schulterlange braune Haare mit Pony; nach einer Weile fragt sie mich, ob sie sich mir auf meiner Reise in den Süden des Landes anschließen darf. Ich erkläre ihr grob, was ich in etwa so vorhabe. So genau weiß ich das im Voraus nie. Es kommt ja immer darauf an, was hinterher dann auch tatsächlich von dem klappt, was man sich vorgenommen hat. Jedenfalls freue ich mich über ihre Gesellschaft auf meiner bevorstehenden Reise und wir einigen uns auf eine Uhrzeit, zu der wir am kommenden Tag losfahren wollen.

Nach dem ausgiebigen Frühstück nehmen wir am Vormittag ein ›Taxi-Brousse‹, das typische Transportmittel Madagaskars, um das niemand ohne Privatfahrzeug herumkommt. Das Buschtaxi ist ein Minibus, der gern mehr Leute transportiert, als er Sitzplätze bietet, und grundsätzlich eigentlich erst losfährt, wenn das Fahrzeug überquillt. Überall auf der Strecke, wo jemand aus- oder einsteigen möchte, wird angehalten.

Die Fahrt ins 170 Kilometer entfernte Antsirabe soll laut Reiseführer, den ich in Buchform mit mir mitschleppe, normalerweise vier Stunden dauern – nach drei Stunden haben wir es bereits geschafft. Der Fahrer ist gerast wie ein Henker. Wir machen uns sofort auf die Suche nach einer Unterkunft, in der wir gern zwar das Zimmer, aber nicht unbedingt das Bett teilen wollen. Das gestaltet sich tatsächlich als schwierig, denn es gibt kaum Doppelzimmer mit zwei Einzelbetten. Ein Problem dieser Art ist eine neue Erfahrung für mich, weil ich sonst nicht damit konfrontiert werde, da ich ja immer allein unterwegs bin. Bevor wir kurz vor der völligen Verzweiflung stehen, werden wir endlich fündig. Das Zimmer hat sogar drei Betten zur Auswahl! Wir wollen zwei Nächte bleiben und bezahlen sofort. Am selben Tag steht noch das beschauliche, von norwegischen Missionaren gegründete Antsirabe im milden Klima des Hochlands auf unserem Privatprogramm. Wir schlendern durch großzügige Palmalleen und entdecken hübsche Häuserfassaden in den kleineren Straßen der einstigen Bäderstadt, die für ihre Heilquellen bekannt war.

Am nächsten Tag machen wir einen Abstecher – wieder mittels Buschtaxi – ins nur 22 Kilometer entfernte, rund dreißigtausend Einwohner zählende Örtchen Betafo, dessen Name ›viele Dächer‹ bedeutet. Betafo hat nicht nur viele Dächer, sondern auch erstaunlich viele Arkaden vorzuweisen. Wir gehen aus dem Ort hinaus, schlendern am Kratersee Tatamarina entlang und genießen den Ausblick auf das helle Grün der nahen und fernen Reisfelder mit den Vulkanhügeln in der Umgebung.

Zu keinem Zeitpunkt sind wir während unserer kleinen Wanderung allein. Immer wieder begegnen uns Menschen, die mühselig von Hand Reis ernten oder uns barfuß auf den Feldwegen entgegenkommen. Wir blicken uns jedes Mal neugierig mit einem Lächeln im Gesicht und einem freundlichen »Bonjour!« auf den Lippen an. Ich hätte mich ewig so weitertreiben lassen und noch viel länger ziellos durch die Landschaft gehen können, wäre da nicht dieses Hungergefühl gewesen. Wasser und Bananen sind eben auf Dauer nicht genug.

Zurück im Ort suchen wir ein Restaurant. Im sonst so schlauen Reiseführer gibt es diesbezüglich keine Empfehlung. Plötzlich spricht uns eine Frau vor einem frei stehenden Haus freundlich an: »Möchten Sie etwas essen? Ich führe hier ein kleines Restaurant!« Wenngleich wir kein Schild finden können, das darauf hindeuten würde, zögern wir natürlich nicht. Da wir beide Appetit und Hunger haben, genügt ein wortloser Blick, bevor wir einvernehmlich nicken, hineingehen und in einen Raum mit einem Tisch und zwei Stühlen geführt werden. Wir setzen uns, fragen nach den Speisen des Tages sowie den Preisen, und entscheiden uns zu bleiben.

Bei mir macht sich gleich ein weiteres Bedürfnis bemerkbar, also frage ich ohne Umschweife nach der Toilette. Händewaschen vor dem Essen ist für mich ohnehin ein Muss. Ich werde angewiesen, einen Moment zu warten, die Toilette würde für mich hergerichtet. Anschließend werde ich durch einen geblümten Vorhang anstelle einer Tür in einen weiteren Raum gebracht. In der Mitte steht ein blauer Eimer. Bei genauerem Hinsehen entdecke ich darin Wasser mit Spülmittel. Ich schaue die Wirtin irritiert und mit fragendem Blick an. Bevor ich etwas sage, erklärt sie verlegen: »Das Klohäuschen vorm Haus ist beim letzten Sturm weggefegt worden. Bisher konnten wir es noch nicht wieder aufbauen.« Ich verstehe sie sofort und vor Mitleid schießen mir beinahe die Tränen in die Augen, aber irgendwie hindert mich die komische Seite dieser eigentlich traurigen Situation daran. Ruhig bitte ich um einen Moment Geduld, gehe zu Kathrin und erkläre ihr die Sachlage, da sie auch mal müsste; alles kein Problem. Ich bin ehrlich froh über Kathrins Unkompliziertheit. Sie geht nach mir, da ich zuerst gefragt habe. Glücklicherweise müssen wir beide nur Pipi. Ich kann mir gut vorstellen, dass einige Leute in diesem Moment das Restaurant verlassen hätten. Kathrin und ich bleiben. Die Inhaberin steht inzwischen vor dem Vorhang und ist erleichtert, als ich lächelnd zurückkomme.

Ich bin jetzt allein mit mir und meinen Gedanken. Das Spülmittel im Eimer hat für mich etwas Sorgsames, gar Liebevolles an sich. Es duftet nach Zitrone und besser als unzählige Toiletten, die ich bisher so in meinem Leben aufgesucht habe. Ich kann mich nicht erinnern, jemals für das Wasserlassen einen Eimer benutzt zu haben, und schäme mich ein bisschen. Das hat absolut nichts damit zu tun, dass ich äußerst ungeschickt über dem Plastikeimer balanciere. Es liegt daran, dass es uns hier in Deutschland so verdammt gut geht. Oft wissen wir das erst in den Momenten, in denen wir den gewohnten Komfort mal nicht haben, zu schätzen.

Ich würde sofort wieder zum Essen herkommen, denn das saftige Zebu-Steak mit dem herrlich schmeckenden Gemüse ist lecker. Ein paar Jahre später werde ich erneut nach Madagaskar reisen – in den Norden der riesigen Trauminsel. Daraus wird ein gefährliches Abenteuer, aber diese Geschichte erzähle ich ein anderes Mal...

Polyglottes ›Pottpourri‹ und Hieroglyphen des Alltags

Wir kennen sie alle, die Situation, wenn uns dieses menschliche Bedürfnis überkommt, die heimische Toilette mit der Rolle Klopapier und der Klolektüre aber weit weg ist. Eine der wichtigsten Fragen, die sich Menschen unterwegs in einem fremden Land und fern von dem eigenen Zuhause stellen, ist mit Sicherheit: »Wo ist die Toilette?«

Dieser Satz sollte in keinem Reise- oder Sprachführer mehr fehlen dürfen. Um es für Sie zu vereinfachen, habe ich in diesem Kapitel die Frage aller Fragen in zahlreichen Fremdsprachen aufgelistet.

Wer das Buch als postkulinarische Lektüre für zwischendurch nicht auf die Auslandsreise mitnehmen mag, schreibe sich den entsprechenden Text heraus, nehme ihn mit, lese ihn jemandem vor oder halte ihn der gefragten Person unter die Nase. Bei dieser sollte es sich vorzugsweise nicht um einen verzweifelten Analphabeten oder ahnungslosen Touristen handeln, der Ihre niedergeschriebenen Schriftzeichen nicht entziffern kann. In solch einem Fall sollten Sie das Objekt der Begierde lieber zeichnen oder bestenfalls schon gezeichnet haben, denn wir kennen das alle – manchmal kann es nicht schnell genug gehen. Achten Sie dabei immer darauf, ob Sie durch ein Land der Steh- oder Sitzklos reisen, um erstaunten, verzweifelten Gesichtern (statt befriedigenden Antworten) vorzubeugen. Machen Sie sich in jedem Fall auf eine interessante Antwort oder ein Kopfschütteln gefasst. Lernen Sie, die Körpersprache zu deuten – und irgendwann werden Sie schon finden, was Sie suchen.

Denken Sie außerdem daran, jede Gelegenheit, die sich Ihnen bietet, auch zu nutzen, selbst dann, wenn Sie gerade kein dringendes Bedürfnis verspüren. Warten Sie im Optimalfall niemals so lange, bis es wehtut, das könnte sich nachhaltig ernsthaft auf Ihre Gesundheit auswirken.

All denjenigen, die hier die Toilettenfrage in der von ihnen benötigten Landessprache leider nicht entdecken – das Kapitel würde bei Berücksichtigung aller Sprachen den Rahmen des Buches sprengen –, trotzdem viel Erfolg auf der Suche nach dem wichtigsten Örtchen dieser Welt!

Europa

Europaweit kosten die meisten öffentlichen Toiletten und WC-Center – zum Beispiel an Bahnhöfen, Metro- und Busstationen oder Autobahnraststätten – einen Obolus.

In Osteuropa werden dabei einfach gestaltete öffentliche Toiletten, die einen kleinen Betrag kosten, weitaus mehr von Toilettenfrauen betreut und sauber gehalten als in Westeuropa. Auf dem Land sind Holzhäuschen hinter oder neben dem Haus keine Seltenheit.

LAND	SPRACHE	WO IST/SIND DIE TOILETTE/N?
Albanien	Albanisch	*VC/tualet nevojtore?*
Belgien	Flämisch	*War is het toilet/de WC?*
Bulgarien	Bulgarisch	*Kde è toaletnata?*
Dänemark	Dänisch	*Hvor er toilettet?*

England	Englisch	*Where is the loo/ lavatory/toilet?*
Estland	Estnisch	*Kus on tualett/WC?*
Finnland	Finnisch	*Onko täällä ressaa?*
Frankreich	Französisch	*Où sont les toilettes?*
Griechenland	Griechisch	*Pou einai i toualeta?*
Irland	Gälisch	*Ca bhfuil an leithreas?*
Island	Isländisch	*Hvar er salerni?*
Italien	Italienisch	*Dov'è il bagno/gabinetto?*
Kroatien	Kroatisch	*Gdje je toaleta/zahod/ WC?*
Römisches Reich	Latein	*Ubi locus secretus est? Ubi est conclave necessarium?*
Lettland	Lettisch	*Kur ir tualete?*
Litauen	Litauisch	*Kur yra tualetas?*
Niederlande	Niederländisch	*War het toilet?*
Polen	Polnisch	*Gdzie jest toaleta?*
Portugal	Portugiesisch	*Onde é a casa de banho?*
Rumänien	Rumänisch	*Unde este toaleta?*
Russland	Russisch	*Gde tualet?*
Schweden	Schwedisch	*Var ar toaletten?*
Serbien	Serbisch	*Gde je toalet?*
Slowakei	Slowakisch	*Kde je WC/zàhod?*
Slowenien	Slowenisch	*Kde je stranisce?*
Spanien	Baskisch	*Non dago komuna?*

	Galizisch	*Onde e o quarto de banho/retrete?*
	Katalanisch	*On son els lababos/ serveis?*
	Mallorquinisch	*On son es lavabos/ servicis?*
	Spanisch	*Donde está el baño?*
Tschechien	Tschechisch	*Kde je toaleta ?*
Ukraine	Ukrainisch	*Gde tut tualet?*
Wales	Walisisch	*Ble maer toiled?*

... außereuropäische Länder dieser Welt

In vielen afrikanischen oder asiatischen Ländern existiert das Wort ›Toilette‹ in der Landessprache nicht. Man fragt dann, wo man Wasser lassen darf oder so ähnlich, denn in vielen ländlichen Gebieten gibt es selten Toiletten im herkömmlichen Sinne. Menschen auf dem Lande betrachten die menschlichen Bedürfnisse oft als natürlichste Sache dieser Welt, ganz ohne übertriebene Scham.

LAND	SPRACHE	WO IST/SIND DIE TOILETTE/N?
Ägypten	Arabisch	*Aina l'hammam/ at-tualit?*
Äthiopien	Amharisch	*Schiint bet yet näw?*
Armenien	Armenisch	*ajsst'ex sugaran ka?*
Aserbeidschan	Aserbaidschanisch	*Ayaq yolu haradadi'r?*
Bangladesch	Bengali	*Gosolkhana/Paytkhana kothay?*

Brasilien	Portugiesisch	*Onde é o banheiro?*
China	Kantonesisch	*Qi-so hei bin-duo a?*
	Mandarin	*Tsèsuo zài nar?*
Fidschi	Fidschianisch	*I vei na valeilailai?*
Georgien	Georgisch	*Badaa ak tualeti?*
Ghana	Asante	*Tiafi no wo he?*
	Fanti	*Tsiefi no wo hin?*
Indien	Hindi	*Waha toilet hei?*
	Malayalam	*Washroom evideya?*
Indonesien	Indonesisch	*Kamar kecil di mana?*
Israel	Hebräisch	*Efo ha scherutim?*
Japan	Japanisch	*Toire wa doko desu ka?*
Kambodscha	Khmer	*How-aäna mian bang-kun?*
Kenia, Tansania	Kisuaheli	*Choo kiko wapi?*
Kongo	Kikongo	*WC kele wapi?*
	Lingala	*WC ezali wapi?*
Korea	Koreanisch	*Hwa.jong-shir-i/ I-di-e iss.um-nikka?*
Laos	Laotisch	*Heeng-nam juu-sai?*
Mexiko/ Lateinamerika	Spanisch	*Donde está el baño/ servicio/lavabo?*
Mongolei	Mongolisch	*Schorlon chaana baina?*
Myanmar	Burmesisch	*Ainda bähma schi lä?*

Nigeria	Hausa	*Inaa soo in jee baayan giida.*
	Yoruba	*No fe lo to.*
Pakistan	Urdu	*Taylet/Ghusalchana kahan hai?*
Philippinen	Cebuano	*Asa nanang C.R. (comfort room) dinni?*
	Tagalog	*Nasaán ho ang inyong kubeta?*
Rwanda	Kinyarwanda	*Umusarami uli hehe?*
Senegal	Wolof	*Ana wanag wi?*
Sri Lanka	Singhalesisch	*Praside wesikiliye kö?*
	Tamil	*Kakkuus enkee?*
Südafrika	Afrikaans	*War is het badkamer/ toilet?*
	Xhosa	*Iphi Indeu yangasese(-toilet)?*
	Zulu	*Likuphi itholethe?*
Thailand	Thailändisch	*hong-náám juu thii-nai?*
Trinidad und Tobago	Kreol	*Whe di toilet den?*
Türkei	Kurdisch	*Tuwalet/avdestxane leku ye?*
	Türkisch	*Tuvalet nerede?*
USA	Amerikanisch	*Where is the washroom/ bathroom/ restroom?*

	Hawaiianisch	*Aia i hea ka lua?*
Vietnam	Vietnamesisch	*Nha ve-sinh o dau?*

Wenn ›der Genitiv dem Dativ sein Tod‹ ist, dann ist ›das Bild der Sprache ihr Tod‹...

Die zunehmende Mobilität unserer Gesellschaft, das überproportionale Wachstum der weltlichen Bevölkerung und unzählige technische Errungenschaften haben einen immensen Einfluss auf Veränderungen in der Toilettenkultur. Wir sind viel unterwegs, müssen auf unser Zuhause oft verzichten und wollen uns deshalb an anderen Orten auch wie zu Hause fühlen können.

Ein Zwiespalt unserer menschlichen Zivilisation ist, immer genau das haben zu wollen, was man gerade nicht hat – und das am besten so bequem und schnell wie möglich. Ob auf Flughäfen, Bahnhöfen, Busstationen, Schiffen, in Zügen oder Museen – wir wünschen uns überall eindeutige Wegweiser, die uns zeigen, wo es auf möglichst kurzem Weg langgeht. Besonders dann, wenn das ersehnte Ziel ›Toilette‹ heißt. Dort endlich angelangt, verzehren wir uns, nach Hektik und Lärm, nach deren Gegenpol – Ruhe und Entspannung –, obwohl sie nur von kurzer Dauer sein werden. Die veränderten Bedürfnisse unserer Gesellschaft werden hier nur zu deutlich.

Toilettenzeichen sind mit Sicherheit die bekanntesten Bildzeichen; Symbole, die uns sprachlos die Orientierung erleichtern. Durch die Verkörperung des Menschen wird das Zeichen genauso interessant wie angreifbar – mit menschlichen Darstellungen können sich alle identifizieren.

Viele Menschen sprechen unterschiedliche Sprachen. Ein Bild sagt mehr als tausend oder auch weniger Worte. Bildsymbole verändern, ergänzen und erleichtern die Kommunikation.

Der international gebräuchliche Hinweis auf Toiletten zeigt weder Klo- oder Waschbecken noch Urinale. Derartige Abbildungen sind in vielen Kulturen unbekannt oder gar tabu. Stattdessen sehen wir eine menschliche Figur in Form eines Dreiecks, entweder mit Spitze nach oben für die breiten Hüften der Frau oder mit Spitze nach unten für die breiten Schultern des Mannes, und mit Kopf und Beinen.

In privaten Haushalten finden wir eventuell das auf einem Nachttopf sitzende Mädchen oder den kindlichen Stehpinkler, der an das Brüsseler ›Manneken Pis‹ erinnert. Wir haben gelernt: Piktogramme sind grafische Bildsymbole mit international festgelegter Bedeutung. Sie ersetzen zum Beispiel die Bezeichnungen ›Damen‹, ›Ladies‹, ›Mesdames‹ oder ›Herren‹, ›Gentlemen‹, ›Messieurs‹ als Wegweiser. Das funktioniert auch in Ländern, wo Frauen die Hosen anhaben oder Männer Röcke tragen. Bei der Kommunikation beruht die Verständlichkeit der Bildzeichen nur teilweise auf formalen Werten und hauptsächlich auf kulturellem Verständnis.

Piktogramme sind die visuelle Kurzform einer eindeutigen Bildsprache. Sie können umständliche Mitteilungen unkompliziert darstellen und Schriftliches verstärkend ergänzen.

Chinesen und Japaner haben eine Bilderschrift. Sie benötigen mindestens dreihundert unterschiedliche Zeichen, um sich einigermaßen verständlich auszudrücken. Der gesamte Bildbeziehungsweise Wortschatz umfasst achttausend Zeichen. Als Zeichen für die nach Geschlechtern getrennte öffentliche Bedürfnisanstalt steht in China gelegentlich ein Damenschuh für die Damentoilette und eine Pfeife für die Herrentoilette – sie sind als Sinnbilder aber nicht mehr zeitgemäß. Piktogramme ersparen im internationalen Umgang das Aufzählen gleicher Inhalte in mehreren Sprachen, sind manchmal aber auch doppeldeutig. Ein eindeutiges Abbild kann in einem solchen Fall für einen völlig anderen Inhalt stehen.

Die etwas andere Art der Erleichterung in Kuwait und Bahrain

Mehrere Wochen reise ich auf eigene Faust durch die Länder am Persischen Golf. Die Reise beginnt in Kuwait in meinem 123. Land im Fastenmonat Ramadan. Ich bin bei einem englischen Ehepaar eingeladen und habe sie, wie schon so oft in anderen Ländern, über die Hash House Harriers kontaktiert, den internationalen Laufclub, den es seit Ende 1938 gibt. Die beiden gastfreundlichen Engländer bieten mir neben einem Zimmer mit gemütlichem Bett auch Anschluss an ihre Feierabendaktivitäten an. Tagsüber bin ich also allein auf Tour.

Alle Autos in Kuwait sind blitzblank geputzt und sehen aus wie geleckt. Das gehört zur Gepflogenheit des Landes, dreckige Autos dürfen tatsächlich nicht herumfahren, der Besitzer bekommt sonst eine saftige Geldstrafe aufgebrummt. Der Wüstensand lässt sich selbstverständlich überall in der Stadt als feine Staubschicht nieder, was bedeutet, dass extrem viel Wasser für das ständige Autowaschen verbraucht wird, wobei der Wagen minutenlang mit einem Gartenschlauch vom Sand befreit wird.

Während des Fastenmonats, der sich nach dem Mondkalender richtet, haben tagsüber sämtliche Restaurants, Cafés und Geschäfte geschlossen. Die Straßen sind wie ausgestorben, aber immerhin fahren die Busse. Im Bus gibt es im vorderen Bereich Plätze, die nur für Frauen bestimmt sind, damit sie nicht neben fremden Männern sitzen müssen. Von der Privatunterkunft komme ich problemlos in die Stadt. Die Straße führt dreispurig ins Zentrum, die Innenstadt habe ich praktisch für mich allein. Touristen sehe ich nicht. Die Kuwaiter sind natürlich nicht so verrückt wie ich, bei über dreißig Grad durch die Stadt zu flanieren, erst recht nicht während des Ramadans. Das spontane Fragen nach dem Weg gestaltet sich dementsprechend als etwas schwierig. Ich würde es ja sogar auf Arabisch hinkriegen, nur ist hier keiner, den ich ansprechen könnte.

Essen und Trinken zwischen Sonnenaufgang und Sonnenuntergang sind während des Ramadans streng verboten. Und zwar gilt das für alle. Ich werde informiert: »Wer tagsüber beim Essen oder Trinken erwischt wird, dem drohen Strafen bis hin zum Gefängnis.« Zumindest öffentlich passe ich mich also den Regeln an, sonst ginge ich ein Risiko ein, zu dem ich als Frau nicht bereit bin.

Bei der Hitze, verbunden mit der enorm hohen Luftfeuchtigkeit, verzichte ich gern aufs Essen. So ganz ohne Wasser, wenn ich den ganzen Tag hier herumlaufe, geht es aber nicht. Wahrscheinlich würde ich umfallen, weshalb ich mir stattdessen lieber etwas einfallen lasse. Mindestens eine große Flasche Wasser habe ich grundsätzlich immer im Tagesrucksack dabei.

Und wie stelle ich das mit dem Trinken jetzt an? Ich verschwinde mal kurz aus der Öffentlichkeit und trinke zum ersten Mal heimlich an einer Stelle, wo mich keiner sehen kann. Sobald ich ein größeres Hotel entdecke, gehe ich wie selbstverständlich mit freundlichem »Salam alaikum!« an der Rezeption vorbei und verschwinde in den sauberen, noblen Toilettenräumlichkeiten. Um auf Nummer 00 sicher zu gehen, schließe ich mich in die Kabine ein. Ich lausche, um herauszufinden, ob noch jemand da ist oder die Räumlichkeiten nach mir betritt, während ich die Wasserflasche ansetze. Für ein paar Sekunden sind nur das Glucksen des Wassers und mein gieriges Schlucken zu vernehmen – durchaus untypische Klogeräusche. Ah, das tut gut! Wasser, Lebenselixier Nummer eins – welch wahre Worte. Anschließend schaue ich mich mit erleichtertem Lächeln in der pompösen, klimatisierten Hotellobby um und gehe entspannt zurück auf die sonnige Straße. Es kann mit den Besichtigungen weitergehen.

Erst wenn die Sonne am Horizont verschwunden ist, wird durch blechern klingende Lautsprecher von jeder Moschee der Stadt zum Gebet gerufen. Danach darf nach Herzenslust gespeist und getrunken werden – kein Schwein, kein Alkohol! Abends öffnen dann auch die Geschäfte und die Straßen füllen sich mit Menschen und noch mehr Autos.

Wegen eines interessanten Wochenendes mit den Hashern auf der Insel Failaka in Kuwait fliege ich erst nach zehn Tagen mit Gulf Air weiter nach Bahrain. Der Staat besteht aus 33 Inseln. Auch hier bin ich wieder bei Hashern eingeladen, denen ich weltweit tolle Erlebnisse und schöne Zeiten an den wundervollsten Orten der Welt zu verdanken habe. In diesem Fall darf ich im Haus eines finnisch-englischen Paares wohnen. Wir hatten vorher per E-Mail korrespondiert. Normalerweise bleibe ich selten länger als vier Nächte, da ich lieber unabhängig bin und keine Belastung für die Gastgeber sein möchte. Sie sollen sich gern an mich erinnern, wie ich mich an sie. Zu gemütlich darf es nicht werden. Bloß nicht auf die Idee kommen, bleiben zu wollen – wo die Welt so viel mehr zu bieten hat…

Am späten Vormittag werde ich von Ali am Flughafen abgeholt. Er ist gebürtiger Bahrainer, aufgewachsen in einem Dorf südlich der wuchernden Hauptstadt Manama, und nimmt sich Zeit, mir seine Insel zu zeigen. Weit hat er es nie. Die Hauptinsel ist nur 16 Kilometer breit und 48 Kilometer lang. Er fährt mich durch verschiedene Dörfer, von denen eins aussieht wie das andere – überall weiße Mauern um weiße Häuser –, in eine typische Töpferei und später ins Nationalmuseum. Hier bin ich ein paar Stunden allein. Er muss etwas erledigen und kommt später wieder.

Am frühen Abend bringt er mich dann zu meinen Gastgebern, die er gut kennt. Ich freue mich wie immer sehr über die Einladung und gebe dies auch kund. Ich staune, weil das Haus im Erdgeschoss zwei Bäder hat. Das eine ist für Frauen, das andere für Männer. Beim ersten Klogang verstehe ich auch, warum. Als ich den Raum betrete und das Licht anschalte, lächeln mich von allen Seiten gut gebaute, splitternackte Männer an. Ein Poster reiht sich an das nächste. Die Wände sind regelrecht mit ihnen tapeziert. Ich finde es herrlich und schaue mir so manchen Strahlemann aus der Nähe an – die Gesichter natürlich! Paradox daran ist ja irgendwie schon, sie ausgerechnet in einem Land vorzufinden – oder gerade deswegen? –, in dem Nacktheit ein Tabu ist und sich einheimische Frauen von Kopf bis Fuß verhüllen.

Während ich also so auf dem Klo sitze, konzentriere ich mich voll auf diese Ansichten. Total in meine Gedanken vertieft ziehe ich an der Rolle Toilettenpapier. Vor Schreck falle ich fast von der Kloschüssel, denn aus der Rolle ertönt ein lauter Furz! Ich ziehe erneut daran – abermals ein Furz! Und noch mal gezogen, und wieder und... macht das Spaß! Und er stinkt nicht! Hier bin ich wie ein Kind, hier darf ich's noch mal sein. Aber irgendwann ist genug gefurzt und die wassersparende Klospülung ist dran.

Sofort muss ich das andere Bad begutachten. Natürlich hängen hier lauter nackte Frauen. Was für ein einfacher, aber witziger Wandschmuck. Ähnliche Bäder und Toiletten habe ich nie mehr erlebt.

Logus, locus et iocus

Das Wort ›iocus‹ stammt aus dem Lateinischen und bedeutet übersetzt ›Witz‹. Genauso sollten Sie direkt nach einem Lateinwörterbuch greifen, bevor Sie etwa in einem deutschen Wörterbuch nach dem Wort ›logus‹ suchen. Unter ›logus‹ lesen Sie dort: ›logus und logos, i m. (griechisches Fremdwort); 1. Wort; pl. leere Worte, dummes Zeug; 2. Scherzrede, Wortspiel‹ ... Womit wir auch schon fast beim Thema wären.

Übrigens drückt das ›logus‹ ›locus‹ nicht nur Ort, Platz, Stelle, Ortschaft, Gelände, Boden, Acker und Feld, sondern auch Herkunft, Geburt, Rang, Stellung, Zeitraum, Punkt, Gelegenheit, Möglichkeit, Lage, Beziehung, Umstand und Zustand aus und war anscheinend das Lieblingswort für alles Mögliche, was das Herz der Römer begehrte. Inzwischen haben wir daraus ein verschwiegenes (W)Örtchen gemacht. Interessant, was nur ein Buchstabe Unterschied zwischen ›logus‹ und ›locus‹, also zwischen Wort und Ort, so alles für uns Menschen ausmachen oder ausdrücken kann.

Folgende Art von Humor bezieht sich entweder auf Toiletten selbst oder auf die entsprechenden körperlichen Ausscheidungsfunktionen, was nicht selten in sexuellen Humor ausartet aufgrund der typischen Mehrzweckfunktionen bestimmter Körperteile.

In einigen Kulturen sind öffentliche Referenzen zu Körperteilen tabu, während sie in anderen Kulturen oder kulturellen

Kreisen eher clever euphemistisch paraphrasiert oder klug beschönigend umschrieben werden. In der Tat nimmt die deutsche Sprache in vielerlei Hinsicht kein Blatt vor den Mund, auch nicht, wenn es um die Wurst geht, egal welche. Letztendlich ist am Mief auf der Toilette selten das Klo Schuld, sondern immer der Benutzer.

Witze

Drei Programmierer stehen in der Toilette am Pissoir: Der erste ist fertig und geht zum Waschbecken, um seine Hände zu waschen. Dann trocknet er sich äußerst sorgfältig Tropfen für Tropfen die Hände und sagt zu den anderen beiden: »Bei Microsoft werden wir zu sehr genauer Arbeit geschult.«

Der zweite Programmierer wäscht sich nach dem kleinen Geschäft ebenfalls die Hände und nutzt zum Abtrocknen jede Ecke des Papiertuchs aus. Er dreht sich um und meint: »Bei Intel werden wir nicht nur zu extremer Genauigkeit, sondern auch zu Effizienz trainiert.«

Der dritte Programmierer ist auch fertig, geht direkt zur Tür und ruft über die Schulter: »Bei Sun pissen wir eben nicht über unsere Hände.«

*

Ein Junge krümmt sich auf dem Schulhof vor Bauchschmerzen.

»Du musst sicher auf die Toilette«, meint der Lehrer.

»Doch nicht in der Pause«, antwortet der Schüler entsetzt.

*

Im Staat Oregon gab es zur selben Zeit sowohl einen Kongress von Rechtsanwälten als auch von Klempnern. Eher zufällig nahmen eine Gruppe von drei Klempnern und eine Gruppe von drei Rechtsanwälten den Zug von Kalifornien nach Oregon.

Als sie alle gemeinsam in der Warteschlange vor dem Fahrscheinautomaten standen, bemerkten die Rechtsanwälte, dass die Klempner nur einen Fahrschein kauften. Die Rechtsanwälte kauften drei Fahrscheine, beobachteten jedoch genau die Klempner, wie sie mit nur einem Fahrschein zurechtkamen.

Nachdem die drei Klempner in den Zug eingestiegen waren, quetschten sie sich zu dritt in eine Zugtoilette. Der Kontrolleur kam vorbei, klopfte an die Tür und rief: »Den Fahrschein bitte!« Die Tür öffnete sich einen Spalt breit und man reichte ihm den Fahrschein.

Nach dem Kongress entschlossen sich die Rechtsanwälte, das Gleiche zu tun, und kauften dieses Mal auch nur einen Fahrschein. Erstaunt bemerkten sie, dass die Klempner gar keinen Fahrschein kauften. Sie machten sich keine weiteren Gedanken, denn sie sparten ja Geld, richtig?

Nachdem die drei Rechtsanwälte in den Zug gestiegen waren, quetschten sie sich zu dritt in die Zugtoilette. Wenige Minuten später, als sich der Zug schon in Bewegung gesetzt hatte, kam einer der Klempner vorbei, klopfte an die Tür und rief: »Den Fahrschein bitte!«

*

Sitzt ein Mann auf der Toilette einer öffentlichen Bedürfnisanstalt und singt laut: »Es geht alles vorüber, es geht alles vorbei.«

Sagt einer vom Nachbarklo: »Dann setzen Sie sich richtig hin, Sie Ferkel!«

*

Ein Mann sitzt im Flugzeug nach Japan und verspürt ein ganz dringendes Bedürfnis. Er begibt sich zur Herrentoilette, doch die ist kaputt. Die Stewardess erlaubt dem verzweifelten Mann, die Damentoilette zu benutzen, und weist ihn darauf hin, auf keinen

Fall die Knöpfe mit den Buchstaben ›W‹, ›F‹, ›P‹ und ›ATE‹ zu drücken.

Der Mann eilt zur Damentoilette und nachdem er sein Geschäft verrichtet hat, ist er neugierig herauszufinden, was denn die Knöpfe bedeuten.

Er drückt den ersten Knopf, ›W‹. Ein warmer Wasserstrahl umspült von unten seinen Allerwertesten. »Wie angenehm«, denkt er und betätigt den zweiten Knopf, ›F‹. Sein Hinterteil wird jetzt mit einem warmen Föhnwind getrocknet. Er kann seine Neugierde nicht bremsen und drückt auf den Knopf ›P‹. Sein Hintern wird nun gepudert und er denkt: »Ach, das ist ja so klasse, da kann ich auch noch den letzten Knopf drücken!« Er drückt ›ATE‹ und es wird schwarz um ihn.

Als er wieder aufwacht, blickt er in das lächelnde Gesicht einer Krankenschwester. Erschrocken fragt er: »Wo bin ich? Ist das Flugzeug abgestürzt?« »Nein«, sagt sie grinsend, »aber die Stewardess an Bord hat Ihnen doch ausdrücklich gesagt, Sie sollen die Knöpfe nicht drücken!«

»Ja, jetzt erinnere ich mich«, sagt der Mann.

Darauf antwortet die Schwester: »Sie hätten besser nicht ›ATE‹ gedrückt, denn das war der automatische Tampon-Entferner!«

*

Börsenbesucher: »Wo sind hier die Toiletten?«
Broker: »Gibt es nicht, hier bescheißt jeder jeden.«

*

Ein Wanderer ist beim Einkauf für seine Reise nach Sibirien. Der Verkäufer empfiehlt dem Mann ein sibirisches Wanderklo. Der Mann fragt neugierig: »Was ist denn das?« Der Verkäufer zeigt ihm zwei Holzstäbe. »Wie soll denn das funktionieren?«, will der Wanderer wissen.

Der Verkäufer antwortet lächelnd: »Ganz einfach. Den einen Stock stecken sie in die Erde und halten sich daran fest.« »Ja, und den zweiten Stock, was mache ich mit dem?«, fragt der Wandersmann erstaunt.

»Mit dem verscheuchen Sie die Wölfe«, erklärt der Verkäufer freundlich.

*

Kommt eine Blondine zum Arzt: »Herr Doktor, vor einigen Tagen habe ich einen Zehneuroschein verschluckt, aber in der Toilette finde ich immer nur Kleingeld!« Antwortet der Arzt: »Das ist ganz normal, Sie sind in den Wechseljahren!«

*

Eine Blondine bestellt in einer Kneipe einen Gin, mit dem sie auf die Toilette verschwindet. Nach einer Minute kommt sie wieder heraus und bestellt noch einen. Mit dem geht sie wieder aufs Klo, kommt nach einer Minute wieder heraus und bestellt noch einen. Das Ganze geht so sechsmal.

Dann wird sie von einer Frau angesprochen, die dieses Treiben schon eine Weile beobachtet hat: »Ja, sag doch mal, warum gehst du mit deinem Gin immer aufs Klo?« Darauf antwortet die Blondine: »Meine Freundin hat gesagt, dass ich mir nach dem Stress mit Otto erst mal einen hinter die Binde kippen soll!«

*

Hans stürmt mit gespreizten und heftig wedelnden Händen in die Herrentoilette und bittet den dort anwesenden Herrn, ihm doch bitte bei seinem kleinen Geschäft zur Hand zu gehen. Der nette Herr, der ihm tatsächlich hilft, will nach der Verrichtung wissen, welches Leiden Hans denn plage: »Hach Gottchen, dieser dumme Nagellack will einfach nicht trocknen!«

*

Eines Nachts in einem alten schottischen Schloss. Ein Gast, der durch die Korridore irrt, begegnet einem Gespenst, das ihm traurig berichtet: »Ach, ich bin schon seit über dreihundert Jahren hier.« Entgegnet der Gast: »Das trifft sich gut, dann wissen Sie doch sicher, wo hier die Toiletten sind...«

*

Heinz und Karl treffen sich wie üblich am Montagabend, um über ihre Schandtaten vom Wochenende zu reden. Meint Heinz: »Ich war am Wochenende auf einer so tollen Party, die Gastgeber hatten sogar ein goldenes Klo!« Darauf erwidert Karl: »Ne, das glaub ich dir nicht, ein goldenes Klo...?«

Nach einigem Hin und Her einigen sich die beiden darauf, zu den Leuten zu gehen, die die Party gegeben haben, um nachzusehen, ob das mit dem goldenen Klo denn auch stimme. Gesagt, getan – sie ziehen los und eine Weile später klingeln sie an der Tür der Gastgeber.

Eine nicht mehr ganz junge Frau öffnet die Tür und blickt die beiden fragend an: »Kann ich Ihnen helfen?« Klaus: »Ja, gnädige Frau, ich war am Wochenende bei Ihnen auf der Party und mein Freund Heinz hier will mir nicht glauben, dass Sie im Haus ein goldenes Klo haben.«

Die Frau schaut die beiden an, dreht sich um und ruft ganz laut durch den Flur: »Johannes, hier ist das Schwein, das in deine Posaune geschissen hat!«

*

Golfer eins: »Ich weiß nicht, der neue Pro ist mir nicht geheuer.« – Golfer zwei: »Warum?« – Golfer eins: »Er hat versucht, meinen Stand zu korrigieren.« – Golfer zwei: »Das ist doch nicht ungewöhnlich. Er will nur dein Spiel verbessern.« – Golfer eins: »Ja, das ist mir schon klar, aber ich stand am Urinal.«

*

Nachdem Gott die Welt erschuf, stellte er fest, dass es noch zwei Dinge gab, die er zwischen Adam und Eva aufteilen musste. Das eine, erklärte er, erlaube seinem Besitzer im Stehen zu pinkeln. Adam war begeistert und bettelte inständig um das Ding. Eva lächelte großzügig und sprach zu Gott: »Wenn Adam diese Gabe so gern besitzen will, dann soll er sie haben.«

So verlieh Gott Adam die Gabe und dieser ging sofort los, pinkelte aufgeregt gegen einen Busch und dann ein Muster in den Sand. Und Gott sah, dass es gut war.

Dann wandte sich Gott an Eva: »Nun, hier ist das andere, du kannst es haben«, sagte er. »Danke«, antwortete Eva gerührt lächelnd und fragte schüchtern: »Wie nennt man es?« Gott lächelte zurück und antwortete: »Multipler Orgasmus.«

*

Zwei Mädchen vor der Toilette: »Ich geh da nich' rein, da in der Ecke steht'n Igel!« – »Das ist doch kein Igel, das ist eine Klobürste!« – »Wir ham' so was nich', wir nehm' Papier...«

*

Ein Mann ist auf der Autobahn unterwegs und entschließt sich, kurz anzuhalten, um auf die Toilette zu gehen. Da die erste besetzt war, geht er in die zweite...

Kaum sitzt er, sagt eine Stimme aus dem anderen WC: »Hallo, wie geht es dir?« Der Mann ist von Autobahn-WC-Bekanntschaften nicht gerade begeistert, antwortet aber trotzdem: »Na ja, geht so...«

Der andere erwidert: »Und was machst du Schönes?«

Seltsam, denkt der Gefragte und antwortet: »Na, was auch du hier machst...«

Dann hört er den Typen irritiert sagen: »Hör mal, mein Schatz, ich ruf dich später wieder an, so ein Depp nebenan antwortet auf all meine Fragen!«

*

Ein Professor und ein Student stehen zufällig nebeneinander auf der Toilette. Sagt der Student: »Es ist aber schön, dass wir hier mal nicht als Professor und Student, sondern als zwei Männer stehen.«

Antwortet der Professor: »Ja, wie ich sehe, haben Sie aber auch diesmal wieder den Kürzeren gezogen.«

*

Ein Chinese, ein Deutscher und ein Engländer gehen eine Wette ein: Wer es am längsten aushält, nicht auf das Klo zu gehen, gewinnt. Der Engländer hält es fünf Stunden aus und rennt dann schnell aufs Klo. Der Deutsche steht die Tortur ganze zehn Stunden durch.

Nach drei Tagen ist der Chinese noch immer nicht aufs Klo gegangen ... Da fragt der Deutsche ihn: »Wie schaffst du das nur?« Der Chinese grinst breit und sagt: »Chinese nicht dumm, Chinese haben Pampers um.«

*

Ein Betrunkener steht vom Barhocker auf und begibt sich auf die Toilette. Wenige Minuten später erschüttert ein lauter Schrei aus dem Toilettenraum die Kneipe. Einige weitere Minuten später wiederholt sich dies.

Der Barkeeper hechtet in die Toilette, um zu sehen, weshalb der Betrunkene so laut schreit, und fragt: »Warum schreist du so laut hier drinnen rum? Du verschreckst mir noch alle Gäste!«

Der Betrunkene antwortet jammernd: »Ich sitze hier auf dem Klo und jedes Mal, wenn ich spüle, kommt etwas hoch und quetscht mir fast die Eier ab!« Der Barkeeper öffnet die Tür, schaut und sagt: »Du Idiot, du sitzt auf dem Eimer für den Wischmopp!«

*

Ein Wagen hat kaum auf dem Campingplatz angehalten, da stürmen schon die vier Kinder heraus, entladen das Gefährt mit ihrer Mutter, bauen die Zelte auf und bereiten das Essen vor. Ein Mann in der Nähe staunt nur über die Betriebsamkeit der Jugendlichen und sagt zum Vater: »Das ist Teamwork, wie eifrig Ihre Kinder doch sind!« Der Vater antwortet: »Ich habe ein System; niemand geht auf die Toilette, bevor nicht alles fertig aufgestellt ist!«

*

Es war einmal ein blinder Mann, der nach Texas reiste. Schon im Flugzeug kann er fühlen, wie groß die Sitze sind, und sagt: »Toll, sind die Sitze groß!« Der Nachbar antwortet: »Alles ist groß in Texas!«

Der Blinde, endlich in Texas angekommen, sucht eine Bar auf. Er bestellt ein Bier und bekommt einen großen Bierkrug in die Hände gedrückt und sagt: »Toll, sind die Bierkrüge groß!« Der Barkeeper antwortet: »Alles ist groß in Texas!«

Nach ein paar Bier fragt der Blinde den Barkeeper, wo die Toiletten sind. »Zweite Tür rechts«, antwortet der Barkeeper.

Auf dem Weg zur Toilette rutscht der blinde Mann aus, lässt dadurch versehentlich die zweite Tür aus und öffnet stattdessen die dritte Tür, die zum Schwimmbad führt. Er fällt in den Pool und schreit zu Tode erschrocken: »Nicht spülen! Bitte nicht spülen!«

*

Rotkäppchen zum bösen Wolf: »Was hast du so große Augen?« Der böse Wolf zum Rotkäppchen: »Geh weg, ich muss kacken!«

*

Ein Mann sitzt an der Bar, verspürt nach ein paar Bier ein dringendes Bedürfnis und muss zur Toilette. Da es ihm schon oft passiert war, dass sein Bier nach dem Toilettengang von einem anderen leer getrunken worden war, schreibt er schnell auf den Bierdeckel: »Ich habe in das Bier gespuckt!«

Von dem Klogang wieder zurück stellt er erleichtert fest, dass sein Bier noch an Örtchen und Stelle steht, wo er es wenige Minuten zuvor zurückgelassen hatte. Als er gerade das Glas zum Mund führen will, um sich einen kräftigen Schluck daraus zu genehmigen, wandert sein Blick zufällig auf den Bierdeckel. Unter seinem Satz steht geschrieben: »Ich auch!«

*

Klein Erna sitzt auf dem Klo. Ernst steht daneben und muss ganz dringend. Erna schaut an Ernst hinab, der schon die Hose heruntergelassen hat, und fragt: »Was hast du denn da zwischen den Beinen?« Ernst antwortet voller Stolz: »Das ist mein Schniedelwutz.« Erna fragt neugierig: »Toll, darf ich den mal anfassen?« Ernst springt entsetzt zur Seite und schreit: »Nein, du hast deinen ja schon kaputtgemacht!«

Toiletten-Ernst- und Scherzfragen

Was bedeutet es, wenn jemand auf Kasse 8 zu erreichen ist?
Kasse 8 ist unter Bankschalterangestellten umgangssprachlich das Codewort für die Toilette, denn es gibt keine Bank mit acht Kassenschaltern.

*

Was bedeutet das Kennwort ›700‹?
Die ›700‹ ist das Kürzel für den unplanmäßigen WC-Besuch von Bus-, Straßen- und U-Bahnfahrern nach Rücksprache mit der Leitstelle.

*

Warum nehmen Blondinen vor dem Gang auf die Toilette immer die Tür aus den Angeln?
Damit keiner durchs Schlüsselloch schauen kann!

*

Wie fängt man Blondinen?
Beim Wassertrinken. Man schlägt einfach den Klodeckel zu!

Warum nehmen Blondinen immer ihre Handtasche mit auf die Toilette?
Damit sie auch mal was in der Hand haben.

*

Warum nehmen Blondinen Brot mit auf die Toilette?
Um die WC-Ente zu füttern.

*

Wie viele Männer braucht es, um eine Rolle Toilettenpapier zu wechseln?
Wir wissen es nicht – es ist noch nie passiert.

*

Was ist der Unterschied zwischen einem Arzt und einem Klempner?
Der Arzt wäscht sich die Hände, nachdem er auf dem Klo war.
Der Klempner wäscht sich die Hände, bevor er zum Klo geht.

*

Warum gehen Frauen lieber zu zweit auf die Toilette?
Weil es sich am rauschenden Bach so schön plappert.

*

Was sagt der Klempner nach einem Griff ins Klo?
Eine Hand wäscht die andere.

*

Wann wird die Knackwurst ungenießbar?
Wenn man das ›N‹ herausnimmt.

*

Was ist die Steigerung von ›imposant‹?
Im Hintern Steine – im Arsch Geröll.

*

Wie nennt man intelligente Toilettenbenutzer?
Klugscheißer.

*

Was ist ein Furz?
Der verzweifelte Versuch, den Arsch zum Reden zu bringen.

*

Sagen Sie mal ganz schnell hintereinander: »Hirsch heiß ich.«

Stiller als die stillen Örtchen – nicht nur in Frankfurt

Sie sind die Adern und das Herz einer Stadt. Ohne Kanalisation und Kläranlage wäre heute keine Großstadt mehr lebensfähig. Hinter einer gut funktionierenden Stadtentwässerung stehen viel Aufwand und zahlreiche Menschen. Zur Niederräder Kläranlage habe ich einen besonderen Bezug. Täglich fahre ich auf dem Weg zur Arbeit mit dem Fahrrad an der historischen Kläranlage vorbei. Das hübsche, alte Gebäude steht unter Denkmalschutz und sieht mit dem eckigen Turm aus wie ein Schlösschen. Es dient heute sogar gern als Filmkulisse. Jahrelang blicke ich von meinem Arbeitsplatz im Büro auf die beeindruckende, moderne Kläranlage – im Hintergrund der Feldberg im grünen Taunus.

Vor fast 150 Jahren wird 1867 in Frankfurt bei einem Einwohnerstand von achtzigtausend Menschen mit dem Bau der Kanalisation begonnen, während das Abwasser zu dem Zeitpunkt noch oberirdisch in den Main gelangt. Vier Jahre später werden erste Toiletten mit Wasserspülung zugelassen. 1880 zählt die Stadt bereits 132.000 Einwohner.

Der Bau der Kläranlage beginnt ab 1883 unter der Leitung des Stadtbaurats W. H. Lindley und geht 1887 am Schwanheimer Ufer in Betrieb. Alle vier bis acht Tage müssen die Kammern unter heute unzumutbaren Arbeitsbedingungen von Hand gereinigt werden, bis die Anlage zwischen 1902 und 1904 modernisiert und erweitert wird. Der Schlamm aus 14 Kammern sammelt sich nun am Ende der Becken in Trichtern, wo er durch eine Vakuumkesselanlage abgesaugt wird. Durch die Eingemeindung von 14 Vororten wächst Frankfurt bis 1910 auf 415.000 und bis 1933 auf 546.000 Einwohner an. Die alte Kläranlage wird bis 1960 als solche betrieben, bis die neue Anlage daneben zum Einsatz kommt. 1963 erreicht das Kanalnetz eine Länge von rund tausend Kilometern.

Heute gibt es 33.000 Schächte, 81.000 Haushaltsanschlüsse – Frankfurts Vororte und Offenbach mit eingeschlossen – und über 1.600 Kilometer Kanäle, durch die täglich rund dreihunderttausend Kubikmeter Abwasser, das entspräche etwa dem Fassungsvermögen von 15.000 Tanklastzügen, Richtung Niederrad fließen.

Zum ersten Tag der offenen Tür der Frankfurter Stadtentwässerung im August 2002 unter dem Motto ›Abwasser – wir erklären's‹ bin ich nicht im Lande. Erst Jahre später erlebe ich diesen Tag, weil ich eher zufällig davon erfahre. Ich trage ihn in meinen Kalender ein und vergesse ihn so nicht. Bei trockenem Wetter stürze ich mich in das Abenteuer Kläranlage und Kanalisation. Die Führung durch die älteste Kläranlage auf dem europäischen Kontinent ist für mich eine Premiere; endlich sehe ich sie mal von innen. Im Eingangsbereich hängen informative, bebilderte Schilder zur historischen Anlage, die die Entwicklung der Stadt zeigen. Die Becken sind im Vergleich zu den Becken moderner Kläranlagen eher schmal. Sie sind mit Regenwasser gefüllt, in dem sich das Deckengewölbe aus Ziegelstein spiegelt. Der Raum wirkt dadurch noch größer. Der Boden ist so sauber, dass man von ihm essen könnte. Ich schaue mir auch die moderne Anlage und die Außenbecken an, aber noch neugieriger bin ich auf den Ausflug in die Unterwelt. Dafür radle ich ein paar Kilometer weiter am Main entlang, überquere den Holbeinsteg und gelange in die Taunusanlage. Aus der Ferne entdecke ich ein stehendes Grüppchen auf dem Rasen vor den Büschen. Hier gibt es einen Eingang in die Kanalisation, die heute für die zahlreichen Besucher geöffnet ist. Wir steigen gemeinsam die Treppe in die Unterwelt hinab in einen der ältesten Kanäle der Stadt. Der Kanal ist ein Tunnel aus Ziegelsteinen mit leuchtender Neonröhre an der Decke, durch den man bequem aufrecht gehen kann. Er sieht aus wie neu. Ich trage Turnschuhe, da es die Tage zuvor nicht geregnet hat – sonst wären Gummistiefel angebracht. In der Nähe finden wir einen Kanalknotenpunkt ein paar Treppenstufen höher, von dem weitere Kanäle abzweigen. Unter uns sehen wir durch eine umzäunte, kreisrunde Öffnung das Abwasser schnell vorbeifließen. Das Klima ist so feuchtwarm wie am windstillen Meer. Vor allem aber riecht es hier weniger intensiv als erwartet und besser als so manche Toiletten dieser Welt. Wenn wir nicht da wären, wäre es hier noch stiller als auf dem stillen Örtchen.

Koprolalie, Skatologie und die deutsche Sprache

Dieses Kapitel, in dem es umgangssprachlich ausgedrückt so richtig zur Sache und unter die Gürtellinie geht, stellt tatsächlich eine Hommage an die deutsche Sprache dar. Ein Wortschatz, der vor der vorletzten Jahrhundertwende weitverbreitet war, inzwischen fast aus dem Volksmund der deutschen Sprache verschwunden oder gänzlich unbekannt ist, wird hier wiederbelebt und geehrt. Vielleicht kann dies zum Überleben der deutschsprachigen Vielfalt beitragen.

Die ersten beiden Wörter der Kapitelüberschrift haben ihren Ursprung in der griechischen Sprache: ›Kopro-‹ als Vorsilbe hat fast immer mit Kot zu tun, ausgenommen das Wort ›Koproduktion‹. ›Koprolalie‹ drückt die Neigung einer Person zu obszönem Gebrauch eines ›skatologischen‹ Wortschatzes aus. ›Skatologie‹ ist nicht die Lehre vom Skat spielen, sondern ›Skatol‹ ist eine durch Fäulnis im Darm entstehende übel riechende, chemische Verbindung, die die gleiche Bedeutung wie ›Kopro-‹ hat und ein wichtiges Verdauungsendprodukt darstellt. ›Skatos‹ bedeutet dementsprechend in der griechischen Sprache genauso viel wie Schmutz oder Kot.

Die deutsche Sprache ist zum einen unglaublich reich an Vokabeln, die den Gang zur Toilette und das darauf folgende kleine oder große Geschäft entweder vulgär oder verniedlichend umschreiben. Zum anderen gibt es in keiner anderen europäi-

schen Sprache so viele asexuelle Begriffe, die ›analisiert‹ werden. Deutschsprachler und Deutschsprachlerinnen ziehen definitiv anale Anspielungen den genitalen vor.

Bereits Till Eulenspiegel benutzte eigene oder anderer Menschen Exkremente als Waffe zur Provokation oder Rache. Auch eine fäkaliengesättigte Sprache ist als Ausdruck eines mit Leib und Seele geführten, schmerzhaften Kampfes gegen das Böse, den Teufel als Widersacher von Leib und Seele, zu sehen und ein Instrument, um den ›einfachen Mann‹ zu erreichen.

Kein anderes Land kann sich hinsichtlich der banalen ›Analität‹ mit der deutschsprachigen Analkultur messen. Die Sprengkraft der Exkremente im deutschen Volksmund ist enorm – oder war es zumindest noch Ende des 19. Jahrhunderts. Sie bieten immer wieder Stoff für Zoff und sind ideal für sprachliche Provokation.

Die Anzahl analerotischer Vokabeln in der deutschen Umgangssprache ist zwar gewaltig, doch mit der Veränderung der Sprache und deren Benutzern, die heute eher User sind, verschwinden viele Wörter aus dem alltäglichen Gebrauch und sind nur noch in ganz besonderen Büchern zu finden. Der Benutzer reduziert seinen Wortschatz auf wenige Vokabeln und Ausdrücke, die meist regelmäßig zum Einsatz kommen und die jeder verstehen kann.

Dieses Kapitel übt sicherlich einen besonderen Reiz auf pubertierende Teenager aus, aber gewiss nicht auf diejenigen, die sich in irgendeiner Weise persönlich angegriffen fühlen könnten. Doch niemand sollte sich wegen seiner Muttersprache schämen müssen, wenn es ums Müssen und das deutsche populäre Vokabular von damals geht.

Der berühmte irische Schriftsteller George Bernard Shaw hatte bereits erkannt, dass Vulgarität nicht schadet, wenn man nur lacht. Sie sollte unbedingt zum Grundstock eines Autors gehören.

All diejenigen, die sich dieser These nicht anschließen wollen oder denen der reichhaltige deutsche Volksmund des einfachen Mannes und der einfachen Frau doch zu ergiebig, frech und unkultiviert scheinen mag, sollten an dieser Stelle besser nicht weiterlesen und ebenfalls – je nach Geschlecht – die beiden Kapitel ›Opus vom Damenlokus‹ und ›Opus vom Herrenlokus‹ überspringen. Es soll sich niemand nach der Lektüre dieses Kapitels so fühlen müssen, als sei er oder sie gerade durchs Klo gezogen worden. Aber vergessen Sie dabei nicht: Kein Kind ekelt sich vor seinen Ausscheidungen, ist es doch das, wodurch es gesteigerte Aufmerksamkeit durch die Mutter bekommt.

Im Folgenden wird es unterhalb der Gürtellinie ordentlich zur Sache gehen und manchen Berufsgruppen an die Wäsche und jeder wird – wenn auch nur mental – dem Innersten so richtig freien Lauf lassen können. Aber lassen Sie mich erst mal harmlos anfangen:

Kleine Mädchen und Jungs, die gerade den Windeln entwachsen und die deutsche Sprache allmählich erlernen, sprechen anfangs von Aa und Pipi machen, wenn sie aufs Töpfchen müssen, erst später sagen sie, dass sie mal klein oder groß müssen, was die Erwachsenen als kleines oder großes Geschäft bezeichnen, die wiederum aber stattdessen oftmals für kleine Mädchen und kleine Jungs gehen! Schon mit einem einzigen Satz wird hier nicht nur sprachlich ein Kreislauf deutlich.

Erwachsenen sind hierbei gegenüber Kindern durch Anstand, Erziehung und damit verbundener Tabuisierung der Thematik sprachliche Grenzen gesetzt.

Der moderne Mensch begibt sich heute kaum noch aufs Abé, zum Brunzwinkel, Aktenraum, verachteten Kämmerlein, zur Eckloge, Gewürzinsel, ins Erleichterungsbüro, Etikettenzimmer, Kakteenzimmer oder gar zur Hauskapelle, heiligen Halle und erst recht nicht ins Kloster zum Darmspülen, Ausbüxen, Entlüften und Entmisten.

Der moderne Zeitgenosse muss mal wohin oder irgendwohin, selten zum Entschlacken und noch seltener zum Kacken. Es darf auch die Porzellanabteilung sein, wo alle hoffentlich zu Potte kommen. Manche verschwinden aufs Töchen, die To, die Tö, die Toi oder ganz einfach auf die Toilette, und alle, die das Quiz im hinteren Teil des Buches bereits gemacht haben, wissen spätestens jetzt, wo das Wörtchen unseres alltäglichen Sprachgebrauchs – die Toilette – seinen Ursprung hat.

Interessant wird es für die Königstiger und Königstigerinnen oder – noch besser – Königintigerinnen, wenn sie sich mit diesem Buch zum Dung abladen, Losung loswerden oder Mist machen in den Schmettersalon, Sitzungssaal oder das Lesezimmer zurückziehen.

Alle kennen die Refugien, die sogar gekrönte Häupter allein zu Fuß aufsuchen, wo man auf dem Thrönchen ein Tönchen von sich gibt oder auf dem Thron eine Stange Wasser in die Ecke stellt, den Strumpf auswringt, ein Ei legt oder pflanzt, einem Hamburger die Kehrseite zeigt oder einem Frankfurter (Würstchen) beim Abseilen hilft...

Und egal, ob wir heute von einem kleinen oder großen Geschäft sprechen, wir haben es den Römern zu verdanken. Im Römischen Reich nämlich wurden die Prachtlatrinen rege von Kaufleuten, hohen Beamten, Generälen und sonstigen reichen Zeitgenossen frequentiert. Manchmal saßen bis zu sechzig Männer und mehr dicht an dicht in geselliger Runde beim Stuhlgang beieinander und wickelten dabei auch reale Geschäfte ab. Da es damals weniger Fast Food zu essen gab, dauerte der Ausscheidungsprozess zum großen Geschäft auch entsprechend länger.

Im heutigen Zeitalter scheint in der westlichen Welt das Schamgefühl schier grenzenlos zu sein und der mobile westliche Mensch erfindet immer wieder etwas, um sich und sein Tun zu umschreiben. In der Mecklenburger Umgangssprache ist man gleich wieder da und muss nur mal nach dem Pier gucken. Angestellte in den Kaufhäusern begeben sich auf keinen Fall zum Rumpfkabinett, Rauchsalon, Ruhrort oder gar aufs Klo, die Toilette oder mal eben schnell auf die 00. Sie machen ihre Sache auf 17. Alle anderen Worte wurden in ihrer Benutzung vor dem kauffreudigen Publikum von vornherein aus dem Verkehr gezogen und gar nicht erst von den Angestellten in den Mund genommen. Die verschwörerische Zahl 17 war nur den Insidern bekannt, wenngleich sich jetzt auch alle ›Outsider‹, die das hier gelesen haben, vorstellen können, was auf 17 so los ist.

Ganz allgemein im Volksmund gesprochen gehen Frauen, das angeblich schwache Geschlecht, denen es mal wieder pressiert und die nicht mehr an sich halten können, zum Blümchen pflücken, Erbsen dreschen oder für kleine Mädchen auf den Frauenabort, in die Malerwerkstatt, ins Marzipankloster oder ganz einfach zu Tante Anna oder wahlweise auch Tante Meier. Und Dank der deutschen Muttersprache verstehen Männer, das vermeintlich starke Geschlecht, die mal wieder unter Druck stehen oder ihre Triebabfuhr regulieren wollen, etwas vom freien, ungezähmten, wilden Strullen, Pinkeln, Urinieren und wissen, dass wo ein Wille auch ein Busch, ein Baum oder eine Mauer ist, und ansonsten gehen sie eben für kleine Jungs ins Bubidet, Bullenkloster oder auch ganz einfach zu Onkel Otto oder wahlweise auch Onkel Meier.

Auf der Universität begeben sich Studentinnen und Studenten gern in das Abtrittorium, Brunzelanium, Knökophon, Laboratorium, Ministerium, optische Institut, Schissoir, zum Orkus, Hades oder suchen einfach den Ort des geringsten Widerstandes auf, um einen Kaktus zu pflanzen.

Und der mobile Mensch, der, gerade unterwegs, in einer öffentlichen Bedürfnisanstalt verschwinden muss, darf auch von einem Bedürfniskiosk, Café Achteck, Café Wellblech, Groschenhaus, Häuschen, Häusl, Kackhaus, Machhäusen, Null-Null-Haus, Notstandspavillon, Ruheraum oder sogar von einer Knökbude, Befreiungshalle, Würstchenbude oder Teurobude sprechen.

Wegen der hohen Kosten findet sich in der öffentlichen Anstalt nur noch selten eine Abortwärterin, Abétante, Frau im Winkel, Frau Kanalrat, Frau Wischmeier, geheime Kabinetträtin, Klosterfrau, Klotante, Labormieze, Nonne, Patronesse, Rotundenfrau, Rotundelein, Schokoladenfrau, Tante Wischmeier, Tempelfee, Tempelhüterin, Toiletta, Toilettenwassernixe, Würstchenfrau, Klostergeist oder ein – ganz liebevoll genannt – Kloakenschmetterling.

Noch seltener und fast vom Aussterben bedroht ist der Abortwärter, Arschputzer, Bärenstecher, Brillenaugust, Brillenputzer, Brillenverwalter, Furzriecher, Groschensammler, Häuselmann, Herr Wischmeier, Heymlichkeitsfeger, Huselfeger, Kabinettsrat, Kackhäusler, Kloakenfriedrich, Kloakerich, Klosteraner, Klosterbruder, Kustos, Logenschließer, Mann im Winkel, Meister vom Stuhl, Mistbauer, Nachtkönig, Nachtwächter, Null-Null-Sieben, Prior, Scheißhausgeneral, Scheißkutenindianer, Schokoladenmann, Stoffwechselassistent, Tropfenfänger oder Wurstmaxe.

Die Gebühr für die Nutzung der öffentlichen oder halböffentlichen Lokalität war ehemals der Heckpfennig, die Hockersteuer, die Lotsengage oder die Lotsendankspende und wer heute seinen Pinkelgroschen, Piss- oder Stuhlcent nicht zahlt, ist ein echter Schwarzkacker oder Schwarzpisser.

Auch heute noch gibt es vereinzelt Häuser, die nicht an ein Abwassersystem angeschlossen sind, sondern eine unterirdische, betonierte Grube neben dem Haus haben, die regelmäßig vom Latrinenfahrer, Bouillonchauffeur, Brühfahrer, Kaffeefahrer, Kakaochauffeur, Nachtfahrer oder Odeurkutscher abgepumpt wird und deren Inhalt in der Folge mit dem Latrinenwagen, Tankwagen, Bouillonbomber, Kakaowagen, der Bouillonfuhre, Brühfuhre, Miefchaise, Nachtkutsche, Odeurkutsche oder Stinkdroschke in die Kläranlage abtransportiert wird.

Wenn einmal die Natur ruft, findet man hoffentlich zum Düngen des Waldes, um die Geographie zu bereichern oder um sich schlichtweg zu verewigen, einen Abort mit Luftspülung, ein Natur-C, Bumsklo, Plumpsabé, Plumpsdingsbums, eine Fallgrube, Klatschkute, Plumpskabüse oder vielleicht sogar einen Senfpott im Freien. Natürlich kann man sich jedoch alternativ auch auf dem Donnerbalken, Kackbalken, Wonnebalken, Klatschbalken, Knatterbalken, Balkon de knattre, Scheißholz oder auf die Balkenloge, Zwitscherstange, Hühnerstange oder Schmelzkante zum Kakteenpflanzen niederlassen.

Endlich wieder zu Hause im trauten Heim angekommen, findet der mobile, weit gereiste Mensch sein eigenes sauberes, weißes Klo vor, das das gemeine Volk auch Brunzkachel, Butterdose, Dampfkessel, Daniel, Donnerstuhl, Gesundheitsporzellan, Gewürzkasten, Hansi, Hochsitz, Kacksessel, Kakaobüchse, Klostergewölbe, Krachgeschirr, Lehmkübel, Mostrichpott, Protz- und Prunkkachel, Schmelzkessel, Sorgensitz, Stammsitz oder Trichter nennt, auf dem hoffentlich eine Klobrille, Hockbrille, Hornbrille, Intelligenzbrille, Lokusbrille oder ein Gonokokkenfänger liegt.

Hier darf jeder nach Lust und Laune laut furzen, pupsen, gasen, aus dem falschen Loch reden, die Weiche falsch stellen, falschrum beziehungsweise verkehrt atmen, qualmen, aus Darmstadt grüßen, nicht dicht sein, seinem Herzen Luft machen, einen oder gleich mehrere gehen, streichen, fahren, fliegen oder Duftwolken lassen, Gas geben, aus dem letzten Loch pfeifen, Naturfagott spielen oder von Liebe sprechen.

Es fällt mittlerweile kaum noch auf, dass die deutsche Sprache Kleidungsstücke, Einrichtungsgegenstände und sogar Berufe ›analisiert‹, weil diese Ausdrücke fast komplett aus dem alltäglichen, umgangssprachlichen Gebrauch verschwunden und ebenfalls vom Aussterben bedroht sind.

Wenn Frauen und Männer eine kurze Jacke oder einen kurzen Mantel tragen, ist dies gleichzeitig ein Arschkühler – und eine Hose mit Loch ein Furzverteiler mit einem Arschfenster. Die Arschrobe ist das Kleid mit dem Rückendekolleté und der Rock gilt auch als Furzfänger oder Furzglocke.

Das gemütliche Bett bezeichnet der Volksmund auch als Furzmulde oder Furzmolle. Wir sitzen täglich auf den Arschstützen, besser als Stühle bekannt. Im Winter zieht der ganze Rauch durch den Hohl- beziehungsweise Schwarzarsch oder doch eher durch den Schornstein.

Die Plebs, das gemeine Volk, hat nicht nur Arschkriecher, Korinthenkacker und Bescheißer, sondern auch jede Menge Aktenkacker, Aktenscheißer, Glanzpopos, Halbfurzer, Kissenpupser, Sesselfurzer, Schwielenärsche, Staatshämorrhoidenreferendare, Steißarbeiter und Zivilfurzer – sprich: Beamte –, mit denen wohl jeder schon mal zu tun hatte.

Aber auf den Kontakt mit einem Abführmittel, Afterschnüffler, Furzschnüffler oder Arschfahnder – also mit einem Polizisten –, kann jeder gut verzichten.

In der Kaserne laufen jede Menge Bleiärsche, Brikettscheißer, Dienstscheißer, Kasernenfurze, Senfbüchsen und Staudenscheißer – auch Soldaten genannt – herum.

Und jeder Jäger ist ein Heckenscheißer.

Die Kinder müssen sich in der Schule mit den Arschpaukern – sogenannten Lehrern – herumschlagen. Manchmal braucht man einen Paragrafenkacker – Rechtsanwalt – und öfter einen Arscheologen beziehungsweise Arschrat – besser als Arzt bekannt.

Im Krankenhaus gibt es viele Klistierfunzen – sprich: Krankenschwestern.

Wer ein Haus bauen möchte, braucht unter anderem einen Betonscheißer, Maurer und auf jeden Fall einen Kackwühler – also einen Klempner.

Die Brötchen werden morgens beim Semmelscheißer – Bäcker – geholt.

Gemüse bekommt man auch direkt beim Furchenscheißer, Kuhfladendirektor, Mistfink oder Rossäpfelschüttler – also selbstredend beim Bauern.

Und last but not least bin ich wohlgemerkt gern eine Tintenpisserin und Blattscheißerin – eine Schriftstellerin.

Manche Leute sind – das muss man abschließend an dieser Stelle mal ganz offen so sagen – einfach so blöd wie Schifferkacke und haben nur Scheiße im Hirn. Sie sind so ungeschickt, dass sie mit den Kackstelzen und dem Hintern alles einreißen, was sie mit den Gichtgriffeln gebaut haben, sodass dann im Endeffekt einfach alles im Arsch ist. Da fühlt man sich beschissen und verarscht, dass einem die Arschbacken wehtun.

Andere tragen wiederum scheißfreundlich oder scheißfein Mist unters Volk und machen so ein Geschiss, wenn sie sich gerade mal wieder langwierig auskacken. Klugscheißer scheißen gern andere zusammen, kacken ihnen vor den Koffer, schärfen anderen den Arsch an und ziehen sie durch die Scheiße. Für die einen ist es im Arsch duster und andere wundern sich, wie die Kuhscheiße am Arsch der Welt aufs Dach kommt ... So viel zum einstigen deutschen Volksmund.

Wo oder was wären wir alle ohne die Nummer null, die 00, das heimliche, stille, verschwiegene Örtchen, den Tempel oder die Tonhalle, das WC unserer Zeit, und natürlich, nicht zu vergessen, ohne unsere Muttersprache, durch die wir alle manchmal so herrlich unbedeutend und doch so gewöhnungsbedürftig frech miteinander kommunizieren können und die uns schier unendliche Informationen und ein immenses Wissen vermitteln kann? Immerhin ist sowohl der Muttersprache als auch der Toilette weltweit wenigstens ein Tag im Jahr gewidmet, der in verschiedenen Ländern mehr oder weniger zelebriert wird: Der weltweite Tag der Muttersprache ist am 21. Februar, der weltweite Tag der Toilette ist am: siehe kniffliges ›Klokus‹-Quiz.

Usbekistan – du armer Hund!

Ich bin auf eigene Faust in den Ländern Zentralasiens unterwegs. Nur nach Turkmenistan wollen sie mich nicht reinlassen. Ich benötige einen Einladungsbrief, der von der Regierung genehmigt werden muss, den ich wiederum nur durch einen einheimischen Reiseveranstalter bekomme. Turkmenistan rückt als Reiseziel weiter in die Ferne, obwohl es näher liegt denn je mit seiner Grenze zu Usbekistan – mein Land Nummer 115 in der Reihe von Ländern, die ich bereits besucht habe.

Der Flieger landet kurz vor Mitternacht in der Hauptstadt Taschkent. Ich fühle mich nie wohl dabei, wenn ich mitten in der Nacht oder generell bei Dunkelheit außerhalb von Europa in einer fremden Stadt ankomme. Das passiert zwar nicht oft, aber immerhin gelegentlich. Ich suche mir lieber bei Tageslicht in Ruhe eine günstige Unterkunft. Es geschieht höchst selten, dass ich vorher bereits ein Hotel reserviert habe – eigentlich nur dann, wenn die Buchung einer Unterkunft für das Visum ausdrücklich verlangt wird. Ein reserviertes Hotelzimmer gäbe mir ein täuschendes Gefühl von Sicherheit, denn auch das kann überbucht sein, wie ich schon erlebt habe, und dann steht man letzten Endes doch ohne Zimmer da. Außerdem meide ich teure Taxis, wo es nur geht. Zu oft sind Taxifahrer mit mir schon sonst wo herumgekurvt, weil sie die genannte Adresse nicht auf direktem Weg finden konnten – oder wollten? Öffentliche Verkehrsmittel sind für mich viel interessanter, denn dort kann ich Leuten begegnen und ihren Sprachen lauschen. Obwohl ich die meisten Sprachen nicht verstehe, kann ich dennoch viele auseinanderhalten und kann so einschätzen, woher die Menschen kommen. Metro, Tram und Bus stehen als Programmpunkt normalerweise in jedem Land auf meiner Liste.

Nachdem die Einreiseformalitäten am Flughafen Taschkents erledigt sind, entdecke ich eine Touristeninformation. Erstaunlicherweise ist sie um diese späte Uhrzeit noch geöffnet. Ich frage nach einem Hotel, das mein ständiger Begleiter, der gute Reiseführer in Buchform, als gut und günstig empfiehlt. Der Angestellte will von dieser Empfehlung gar nichts hören. Es sei definitiv nicht gut genug für mich und würde sowieso gerade umgebaut werden. Soll ich ihm glauben? Ich glaube ihm nicht. Aber ich bin von den letzten Tagen und dem gerade hinter mich gebrachten Fieber aufgrund einer Hammelfleischvergiftung so erschöpft, dass ich keine Nerven für eine längere Diskussion habe. Ich will einfach nur noch in ein sauberes Bett und schlafen. Mein Gegenüber überredet mich zu einer besonders günstigen Privatunterkunft. Sogar der Taxifahrer scheint genau zu wissen, wo es langgeht. Zum einen bin ich zwar beruhigt, gleich ein Dach für den Rest der Nacht über dem Kopf zu haben, zum anderen ist es mir aber ziemlich unangenehm, die Vermieter deswegen aus den Träumen zu klingeln. Wir halten vor einem vierstöckigen Plattenbau, steigen aus und ich suche neben der Eingangstür vergeblich die Klingeln. Es gibt keine, dafür ist die Haustür sperrangelweit offen. Der freundliche Fahrer weiß offenkundig Bescheid und begleitet mich bis zur Wohnungstür im dritten Stock. Hier gibt es eine Klingel, die er drückt. Es schellt. Fast gleichzeitig ertönt aus der Wohnung lautes Gebell. Bei solchem Lärm müssen doch die Nachbarn aufwachen! Die Ankunft zu dermaßen später Stunde ist mir richtig unangenehm. Nach einer Weile öffnet sich die Wohnungstür. Die blondierte Dame wechselt mit dem Taxifahrer ein paar Worte. Ich bezahle für die Fahrt mit einem großzügigen Trinkgeld, auch für seine Bemühungen. Der Rucksack auf meinen Schultern ist eine drückende Last. Die Dame im Türrahmen spricht nur Russisch und bittet mich endlich herein. Rechts und links neben ihr stehen zwei immer noch laut bellende Dobermänner. Ich mag Hunde und lächle, obwohl mir die beiden doch einen gewissen Respekt einflößen. Der eine von den beiden beschnüffelt mich schwanzwedelnd: Es scheint, als sei ich akzeptiert.

Der andere rührt sich allerdings nicht vom Fleck. Er bellt jetzt nicht mehr, steht aber im Weg. Ohne ihn anzurempeln, käme ich nicht an ihm vorbei. Was tun? Unschlüssig stehe ich immer noch zwischen Tür und Angel. Will er mich nicht reinlassen? Ich warte geduldig einen Moment ab und beobachte ihn jetzt genau. Plötzlich macht der Rüde seine Hinterbeine breit, stemmt sie in den Boden und senkt den Rücken. Welch merkwürdiger Hund! Was für eine seltsame Begrüßungszeremonie soll das jetzt werden? Wie auf Kommando kickt nun meine Vermieterin mit ihrem Fuß ein rotes Eimerchen, das neben der Tür gestanden hat, unter den Hund. Ich kann in seinen geduldigen Augen die Erleichterung erkennen, als sein Blick sich nicht mehr auf mich konzentriert, sondern leer wird, und er mit einem tiefen Seufzer aus dem Inneren den Dingen seinen Lauf lässt. Gezielt pinkelt er das rote Eimerchen halb voll. Ich mag kaum glauben, was ich sehe und denke: Willkommen in Usbekistan! Der arme Hund – wie lange hat er den Harndrang vorher nur ausgehalten?

Müssen müssen und nicht müssen können oder dürfen ... Diesen Schmerz kann wohl jeder nachvollziehen. Mein Mitgefühl für den Vierbeiner ist so groß, dass ich gar nicht auf die Idee komme, in diesem Augenblick über die Situation zu lachen.

Erst nachdem der allerletzte Tropfen gefallen ist, beschnüffelt mich der Dobermann schwanzwedelnd, wie es auch schon sein Kamerad zuvor getan hat. Ich kann endlich ungehindert die Wohnung betreten, den drückenden Rucksack absetzen und wenige Minuten später ins heiß ersehnte, kuschelige Bett fallen. Reisen ist immer abwechslungsreich, aber auch anstrengend.

Tiere ohne Worte aller Orte?

Ein Bedürfnis nach Reinlichkeit und Ordnung ist Mensch und höher organisierten Tieren, die einen durchgängigen, unterschiedlich gegliederten Darm haben, angeboren.

Während Einzeller nur eine Verdauungsorganelle in Form einer Nahrungsvakuole, Schwämme keine eigentlichen Verdauungsorgane besitzen und Hohltiere einen afterlosen Körperhohlraum im Anschluss an die Mundöffnung haben, scheißen Staubmilben überall hin – das müssen Stauballergiker zu ihrem Leidwesen immer wieder feststellen.

Ameisen und Bienen setzen den Kot außerhalb ihres Baus ab. Junge Vögel strecken zur Entleerung des Darminhaltes den Steiß über den Nestrand. Höhlennester werden von den Eltern sauber gehalten – sie tragen den Kot der Jungen vom Nest weg. Fuchs und Wiesel dulden in ihren Behausungen keine Verunreinigungen. Versuchsmäuse setzen ihren Kot auf einen besonderen Ort des Käfigs ab. Pferde fressen an Stellen, wo sie geäppelt haben, kein Gras mehr.

Seit dem Einzug der Tiere in Haus und Wohnung lässt sich der Mensch nicht nur dort Dinge einfallen, seinen Stubentigern, Anstandswauwaus und sogar den sanften Dickhäutern den Gang zum Klo so angenehm und hygienisch wie möglich zu gestalten. Die geliebten Tiere werden dabei oft zu Opfern vermenschlichter Kreationen und peinlich genauer Reinlichkeitsriten, die an manchen Örtchen und Stellen völlig fehl am

Platz sind, während sie anderorts notwendig wären. Hunde und Katzen zum Beispiel können leicht in die Toilette fallen und sich verletzen.

In den USA und Großbritannien sind Bücher zum Thema Haustiere und Feng Shui der Renner: Hundefutterplätze sollen nach Osten, Süden oder Südosten liegen, das Katzenklo zum Wohl des Stubentigers aber nach Norden oder Westen ausgerichtet sein und keinesfalls neben, hinter oder über dem Hauseingang in einem anderen Stockwerk stehen.

In Japan hingegen wurde Spezialfutter für Hunde entwickelt: Die Nahrung wird fast vollständig vom Körper aufgenommen und Ausscheidungen werden so auf ein Minimum reduziert.

Hunde ohne Worte

Rücksichtnahme, in ihrer Nichtexistenz ein zunehmendes Problem nicht nur in Großstädten, tut der Hundenotdurft not. Wurst, Zamperl und Strümmerl dürfen Frauchen wie Herrchen nicht Wurst sein und zur Bürgersteigdeko werden. Hinterlassenschaften von Vierbeinern haben auf Straßen, Spielplätzen, Liegewiesen, Viehweiden, auf Feldern, in Nachbars Garten und an vielen anderen Orten nichts verloren. Sie sollten sofort entfernt werden, da sie einen ständigen Gefahrenherd besonders für Kinder, in der Gesamtheit aber für alle menschlichen Zweibeiner und Vierbeiner darstellen. Kühe, Pferde, Schafe und etliche andere Tiere, die verkotetes Gras fressen, werden krank. Das Erntegut auf Feldern wird zunehmend durch Hundekot belastet. Landwirte bitten die Besitzer, das Geschäft ihrer Hunde nicht auf neu bepflanzten Äckern zu verrichten. Nur so bleiben Nahrungsmittel für alle Bürger frisch.

Etwa zwanzig Prozent aller Hunde sind von Spülwürmern befallen, bei Jungtieren sind es sogar neunzig Prozent. Die Eier der Parasiten bleiben jahrelang in der Erde lebensfähig und führen bei Menschen zu Erbrechen, Fieber und Durchfall bis hin zur Gelbsucht und Lebererkrankungen.

Es könnte sein, dass eine Fliege, wenn sie auf unserem Haufen Essen landet, zuvor schon auf einem anderen Haufen gesessen hat – so werden rasch Keime übertragen.

Für Hundehalter, die es in ihren Händen haben, sollten ein paar Handgriffe zur Beseitigung des Kots ihrer Tiere statt unhygienischer Bequemlichkeit selbstverständlich sein. Lieber ein Haufen Hunde als ein Hundehaufen. Zicke Zacke, weg mit der Kacke!

*

In Erfurt war eine Frau mit einem Messer in der Hand vom Dach einer psychiatrischen Klinik in eine Toilette geflüchtet; sie schloss sich ein und drohte mit Selbstmord. Die Polizei konnte sie nicht beruhigen, weshalb der Einsatzleiter den Einfall hatte, aus dem nahen Tierheim einen Hund zur Hilfe zu holen. ›Purzel‹, der Dackel, kam, sah und siegte. Er kroch durch den Spalt unter der Kabinentür zu der verzweifelten Frau, die daraufhin ihr Messer aus der Hand purzeln ließ, um den kleinen Retter an sich zu drücken.

Ein Rentnerehepaar aus Hessen, das von der Geschichte erfuhr, nahm Purzel wenig später bei sich auf.

*

Auf dem Flughafen von Kopenhagen haben die Dackel der dänischen Königsfamilie ihr eigenes Klo auf dem sieben Meter langen und fünfzig Zentimeter breiten Grasstreifen. Seitdem der Labrador eines Drogenfahnders von den hoheitlichen Grashalmen gescheucht werden musste, steht dort nun ein Messingschild mit Dackel und Krone.

*

Großes Glück hatten neun englische Dobermannwelpen. Ein dreijähriges Mädchen spielte mit den Welpen, setzte diese zum Spaß ins Klo und spülte. Der Vater des Mädchens konnte sechs von ihnen selbst befreien. Die anderen wurden von Feuerwehrleuten gerettet, die das Abflussrohr kräftig durchspülten. Die Welpen waren zwar etwas aufgeweicht und rochen nicht unbedingt nach Flieder, aber es ging ihnen gut.

Katzen ohne Worte
Claudius Aelianus, ein römischer Schriftsteller, schrieb schon um 130 n. Chr., dass sich Katzen vor ihrem Kot ekeln und ihn deshalb in der Erde vergraben würden.

*

Eine Katze benutzt das Katzenklo schon ab der vierten Lebenswoche, wenn sie von der Mutter hingeführt wird. Mit neun bis zehn Wochen ist sie stubenrein, sofern sie keine schlechten Erfahrungen auf dem Klo gemacht hat, das übrigens weder nach Exkrementen noch nach Reinigungsmittel riechen und an einem stillen Ort aufgestellt sein sollte. Ein Jungtier ohne Mutter wird stubenrein, indem es rasch aufs Katzenklo gesetzt wird, sobald es im Wohnbereich eine Stelle sucht.

Das Katzenklo sollte zwei bis drei Zentimeter hoch mit Sand, Torf oder Katzenstreu gefüllt sein und darf nicht wackeln. Katzenkot muss täglich mit einem Katzenstreulöffel entfernt werden und jeden zweiten Tag sollte die Einlage gewechselt und mit Desinfektionsmittel und heißem Wasser ausgewaschen werden, wobei der Mensch besser Gummihandschuhe tragen sollte. Die benutzte Streu gehört aufgrund seiner ätzenden Wirkstoffe in den Hausmüll und nicht ins WC. Besteht es aus Seegras, kann es kompostiert oder in der Biotonne entsorgt werden.

Unsaubere Miezen sollten wiederholt ins Katzenklo gesetzt und nach ihrem Geschäft belohnt werden, wobei Futter- und Trinknapf jedoch nicht in der Nähe des Klos stehen sollten. Manche Samtpfoten mögen es überdacht mit genug Bewegungsfreiheit. Mehrere Schnurrbarthaarträger sollten auch mehrere

Klos haben. Und sie mögen den Duft von ein wenig modriger Blumenerde auf ihrem Klo.

Pinkelt der Stubentiger neben das Katzenklo oder auf den Teppich, möchte er Frauchen oder Herrchen etwas mitteilen. Strafen führen lediglich zu noch deutlicheren Marken, damit Mensch es endlich kapiert. Die Mieze kann ein organisches Problem wie eine Blasenentleerungsstörung nach Kastration oder eine chronische Infektion haben, was eine Urinprobe beim Tierarzt klären dürfte.

In der Wohnung verschmutzte Stellen sollten mit Essigwasser gereinigt und danach mit Plastik- oder Alufolie abgedeckt werden, denn auf glatten Materialien spritzt der Urin zurück, was die Schmusekatzen beim Pinkeln stört. So können sie davon abgehalten werden, wiederholt am falschen Örtchen ihre Notdurft zu verrichten.

Da Freunde der Stubentiger das Katzenklo eher neben dem eigenen Klo oder in einer dunklen Ecke positionieren, organisierte Biokat's einen Katzenklo-Designwettbewerb – die Preisverleihung fand im Stil einer Katzenklo-Vernissage statt. ›Miezi‹, die Demokatze, wurde von einem Klo aufs nächste gesetzt. Die Jury bestand aus einem Tierpsychologen und drei Designern. Den ersten Preis bekam ein Katzenklo, das aus Lastwagen-Abdeckplane hergestellt und an den Enden zusammengebunden wird. Es ist dekorativ, umweltfreundlich, lässt sich leicht reinigen und für die Reise einrollen. Den Spezialpreis für irdische Klofantasien ergatterte das originellste Model – ›Robocat‹ – mit Pömpelaufsatz, der sich am Hinterteil festsaugt und die Exkremente in einen Müllbeutel befördert. Ja, macht das die Katze froh?

*

In Waiblingen hatten zwei Diebe zwei Waffen entwendet und sie an ein Pärchen verkauft, das die Waffen unter der Bettdecke und die Munition im Katzenklo versteckt hielt.

In Euskirchen war aus einer Wohnung vermeintlicher Verwesungsgeruch gedrungen. Es stellte sich heraus, dass dieser von einem überfüllten Katzenklo und einer ausgehungerten Katze herrührte, deren 23-jähriger Besitzer verschwunden war.

*

Auf dem Waldparkplatz zwischen Langen und Dreieichenhain wurde ein Kater samt Korb und Klo ausgesetzt.

Schweine ohne Worte
Schweine scheißen viermal so viel wie Menschen. Schweinemist kann Metall zerfressen und elektrische Leitungen zerstören. Bei extremer Hitze wird in der Jauche Schwefelwasserstoff freigesetzt, der sogar das größte Schwein umhauen und auf der Stelle töten kann; bei Menschen kann er in hoher Konzentration zu Atemlähmung und Bewusstlosigkeit führen, weil er den Geruchsinn außer Kraft setzt und die Gefahr, die davon ausgeht, meist unterschätzt wird.

*

In Wachtberg-Pech wurde ein junges Wildschweinweibchen von einer Landwirtsfamilie adoptiert. Es folgt der Dame des Hauses auf Schritt und Tritt, schläft in einer gemütlichen Kiste im Flur und geht allein aufs Katzenklo.

*

In Lavelanet in den französischen Pyrenäen flüchtete ein angeschossenes Wildschwein in eine Berufsschultoilette. Die arme Sau, achtzig Kilogramm schwer, durchbrach dabei die gläserne Eingangstür und versteckte sich daraufhin in der Toilette, in der sie am nächsten Tag entdeckt wurde.

Elefanten ohne Worte
Im Norden von Thailand müssen Elefanten auf die Toilette gehen. Ein Foto aus einem Elefantencamp zeigt einen Elefanten, der auf einer Riesentoilette aus Beton sitzt. Es soll so verhindert werden, dass Elefanten ihren Dung auf der Straße fallen lassen, wo er Touristen belästigen könnte.

Diese Idee und das Foto des traurig in die Welt blickenden Elefanten stellten sich als eine gute Werbung heraus, die das Touristenaufkommen und die Besucherzahlen steigen ließ.

Löwe ohne Worte
In der Township Nyamhunga in Simbabwe bekamen die Bewohner einen Schreck, als sie auf der öffentlichen Toilette einem ausgewachsenen Löwen begegneten. Ein Safariführer blockierte den Eingang mit einem Netz, bis der Tierarzt aus der 350 Kilometer entfernten Hauptstadt Harare eintraf. Die Raubkatze wurde betäubt, in den Busch transportiert und dort wieder in die Freiheit entlassen.

Frettchen ohne Worte
Frettchen – die kleinen Marder riechen sehr streng – sind verfressen und brauchen viel Sex. Früher wurden sie als Helfer für die Jagd gezähmt, seit Beginn der 1990er-Jahre avancieren sie vermehrt zum Haustier. Frettchen müssen kastriert werden, da sie sonst unter Sexmangel leiden und dadurch schnell aggressiv, bissig und cholerisch werden und aufgrund des gestörten Hormonhaushalts zugrunde gehen. Werden sie artgerecht in der Wohnung gehalten, sind sie zufriedene Tiere und gehen sogar aufs Katzenklo; es sollte allerdings in jedem Zimmer eins stehen, da Frettchen gern überall ihr Revier markieren.

Dachse ohne Worte
Ein 65-jähriger Wildbiologe aus Fulda zog regelmäßig verwaiste Dachse groß. Die räuberischen Waldtiere wurden sehr zutraulich und verrichteten nach drei Wochen ihre Notdurft sogar auf dem Katzenklo.

... und noch mehr Tiere ohne Worte auf den Örtchen vieler Wörtchen

Schlangen ohne Worte
In Mesa, Arizona, versuchte eine Frau, nachdem Reinigungsmittel versagt hatten, durch erneutes Spülen ihr Toilettenabflussrohr freizukriegen, als ihr plötzlich eine zwei Meter lange Boa Constrictor entgegenkam. Sie holte einen Reptilienfänger, der vermutete, dass die Boa ein entwischtes exotisches Haustier sei. Der Besitzer wurde daraufhin gesucht.

*

In London lebte eine Boa Constrictor eine Zeit lang im Abwassersystem und lugte gelegentlich aus den Toiletten eines Miethauses hervor. Wenn die Polizei kam, war die Schlange bei deren Eintreffen jedes Mal schon wieder weg – bis ein Bewohner sie fangen konnte. Vor dem Wohnungswechsel habe ein Sammler das Reptil im Klo ausgesetzt, was mit Exoten übrigens gar nicht so selten geschieht.

*

In Singapur entdeckte ein Bewohner im zehnten Stock eines Hochhauses innerhalb weniger Tage zum zweiten Mal eine Python, die zuerst zusammengerollt im Wohnzimmer gelegen hatte, dann aber verschwunden war. Das Reptil wurde von Polizisten in der Toilette gefangen und kam daraufhin in den Zoo.

*

Eine 72-jährige Malaysierin wurde nachts beim Gang zum Klo von einer Python angegriffen. Das Reptil erschien durch ein Loch im Badezimmerfußboden, packte die Frau am Fuß und versuchte, sie ins Loch zu ziehen, bevor es sie losließ. Die Frau kam mit einer großen Bisswunde davon.

*

Auch in Deutschland wurde in Stuttgart eine Gaststättenbesucherin von einer etwa fünfzig Zentimeter langen Tigerpython auf dem Boden der Toilettenräumlichkeiten erschreckt.

Wanderratten ohne Worte

Biomüll im Klo kann Wanderratten in die Wohnung oder ins Haus locken. Die schlauen Nager halten sich gern in der Kanalisation auf, sind anpassungsfähig, ausgezeichnete Schwimmer und Kletterer, die gut in alten Rohren Halt finden.

In Zagreb wurde ein Mann von einer Ratte gebissen, als er auf dem Klo saß. Laut Experten trieben Hitze und Abfall die Nagetiere in die Rohre des mehrstöckigen Gebäudes.

Schwarze Witwen ohne Worte

Statistiken der USA verzeichnen seit 1726 über tausend Menschen, die von schwarzen Witwen gebissen wurden. Da die Spinne vor allem feuchtwarme Toiletten aufsucht, gibt es dort besonders viele Bissunfälle.

Fledermaus ohne Worte

Polizisten wurden nacheinander auf dem stillen Örtchen der Polizeistation von einem ungewohnten Gast – einer Fledermaus – attackiert. Schließlich verkroch sich der erschöpfte Polizeischreck in eine Ecke, wo sie von einer Tierpflegerin aufgelesen wurde.

Nemo und Rodney ohne Worte
Nachdem sie den Film *Findet Nemo* gesehen hatten, wollten Kinder die Fische ihres Aquariums durch die Toilette in die Freiheit entlassen. Druck und Berührungen mit dem Rohr können jedoch empfindliche Sensorenorgane der Zierfische zerstören, wodurch sie die Orientierung verlieren. Tropenfische benötigen außerdem warmes Salzwasser. Und nicht zuletzt lauern oftmals Ratten in der Kanalisation. Sollte der Fisch dennoch bis zur Ankunft in der Kläranlage überleben, könnte er am Rechen hängen bleiben und würde spätestens im Klärschlamm verenden. Kindern sollte also besser beigebracht werden, dass durch die Toilette gespülte Fische dies nicht überleben.

Im Film *Doctor Dolittle* fällt das Meerschweinchen Rodney ins Klo und saust im Kreis herum, als die Spülung gedrückt wird. Auch das sollten Kinder wegen lebensbedrohlicher Folgen für die Nagetiere nicht nachmachen.

Und noch mehr Schiss und Dung...
Fäkalien sind für ein Zehntel der Weltbevölkerung die wichtigste Energiequelle. Die Fladen zweier Kühe liefern genügend Brennmaterial für eine sechsköpfige Familie in Nepal. In Tibet wird mit Yakdung gekocht, da auf dem Hochplateau kein brennbares Material zu finden ist. Die Afghanen kochen mit Kameldung, die Mongolen ziehen Pferdeäpfel vor.

Bei den Massai in Kenia sowie in ländlichen Gegenden von Bangladesch, Indien und Pakistan werden Fußböden und Wände mit Kuhdung bedeckt, der Fußpilz und bakterielle Infektionen verhindern und Insekten vertreiben soll. Der Geruch verschwindet beim Trocknen in der Sonne. Ist es heiß, wirkt der Dung angenehm kühl und bei Kälte hält er warm.

In Malawi wird Papier aus Elefantendung hergestellt. Der Erlös aus dem Verkauf wird für den Schutz grauer Dickhäuter eingesetzt, die in den Nationalparks von Wilderern dezimiert werden.

Pflanzen gedeihen prächtig auf kalium- und stickstoffreichem Dung pflanzenfressender Tiere. Superdung verschiedener Pflanzenfresser des Zoos in Chester lässt Rosen besonders üppig gedeihen. Wer diesen Spezialdung für seinen Garten haben möchte, muss allerdings selbst hinfahren – die Post will ihn nicht befördern.

Ein Zoowärter vom Dartmoor Zoological Park schwört auf die Wirkung von Tigerkot als Schutz vor ungebetenen Gästen. Darin sind Pheromone enthalten, die Füchsen, Mardern und Hauskätzchen suggerieren: Hier liegt eine 180 Kilogramm schwere Raubkatze auf der Lauer. Der Zoowärter legt den Tigermist zum Beispiel neben das Vogelhaus zum Fernhalten von Katzen. Tigerkot, in einem Netz im Garten aufgehängt, sollte alle vier Wochen ausgetauscht werden. Ob er auch Bären fernhält, wurde nicht getestet.

Tigerkot kann jedoch offenbar auch Alkoholismus heilen – erfolgreich bei einem Alkoholiker in Taiwan angewandt. Etwas pulverisierter Kot wird in Wein aufgelöst und dem Betroffenen verabreicht – sein Verlangen nach Alkohol soll dann angeblich verschwinden.

*

Nilpferde hüllen sich im Wasser in den eigenen Dung, der dann schwanzwedelnd in alle Richtungen verteilt wird. So markieren männliche Tiere ihr Revier. Von dem Kot leben Wasserpflanzen, die Nahrungsquelle für Krebse und Schnecken sind, die wiederum von Fischen gefressen werden. Ohne Hippo-Verdauungsendprodukte brächen also ganze Ökosysteme zusammen.

Termiten bauen aus zerkautem Holz, Speichel und ihren eigenen Exkrementen riesige Türme, die auf den menschlichen Maßstab übertragen mehrere Kilometer hoch wären.

Unter Druck ohne Unterdruck: Pinguine pressen ihre Exkremente wie ein Geschoss aus dem Hintern heraus. Ihr Druck im Darm ist viermal höher als bei Menschen. Die ätzenden Ausscheidungen fliegen bis zu vierzig Zentimeter weit – dadurch halten die Pinguine das eigene Nest sauber. Aus der Flugbahn und der Konsistenz des Kots berechneten Bremer Forscher den Darmdruck.

Im südafrikanischen Simon's Town im Restaurant Penguin Point gehen die neugierigen Tiere ein und aus. Bis zu zweimal die Woche hüpft ein Pinguin die Treppe zum Lokal hoch bis in den Gastraum, die Küche oder zur Toilette. Der ätzende Kot, den er dabei auf den Holzdielen hinterlässt, lässt sich kaum entfernen.

Auch Taubenschiss hat starke Korrosionskraft und kann Baudenkmäler, Holz und Autolack zersetzen. Die wässrigen Exkremente dringen sogar in Marmor ein und zerfressen ihn. Je feuchter die Umgebung, wie zum Beispiel in Venedig, desto höher ist auch der Schaden. Deshalb versucht man dort, die Zahl der Stadtvögel mit Anti-Täubchen-Pillen zu dezimieren.

Bartgeierkot kann gut als Schulkreide verwendet werden.

Kotfressende Insekten, Schmetterlinge, Käfer und Maden ernähren sich von den in Fäkalien enthaltenen Nährstoffen.

Wenn Elefanten, Hunde, Biber, Kaninchen, Meerschweinchen, Leguane und andere Tiere den eigenen Kot fressen, überziehen sie ihren Verdauungstrakt mit einer Flora, die Infektionen abwehrt und die Zersetzung der Nahrung unterstützt. Wird die Kotaufnahme unterbunden, können sie krank werden – Laborratten zeigten Symptome von Unterernährung und in Käfigen gehaltene Truthähne und Hühner, die den Mutterkot nicht fressen können, sind häufiger von Infektionen befallen als freilaufende Vögel.

*

In Oklahoma, USA, nutzten vor über hundert Jahren Siedler getrocknete Büffelfladen, die auf einem Karren gesammelt wurden, als Brennstoff. Daraus entstand ein Wettkampf, bei dem Sieger wurde, wer die meisten Fladen auf den Karren geworfen hatte, ohne dass dieser unter dem Gewicht zusammenbrach. In Beaver City in Oklahoma lebt der Wettkampf beim Kufladensch(m)eißwettbewerb ›Annual Cow Chip Throw‹ am dritten Samstag im April jedes Jahr wieder auf. Alle Teilnehmer erhalten je zwei Kuhfladen – wer am weitesten wirft, gewinnt. Manipulationen an der Form der Fladen sind verboten, sonst werden 25 Fuß (7,6 Meter) von der Wurfweite abgezogen. Ein flacher Fladen wird mit gestrecktem Arm oder im Frisbee-Style geworfen.

*

Das Luwak, ein Fleckenmusang, gehört zur Unterfamilie der Schleichkatzen und ist ein indonesischer, nachtaktiver Baumbewohner, der gern die saftigsten Früchte der Kaffeepflanze frisst. Die Hinterlassenschaften des Luwaks werden eingesammelt, da es lediglich das Fruchtfleisch verdaut und die Bohnen unversehrt wieder ausscheidet. Die Bohnen werden dem Kot entnommen, gewaschen und bei zweihundert Grad Celsius geröstet. Der besondere Fermentierungsprozess im Magen des Fleckenmusangs macht sie zu den kostspieligsten Kaffeebohnen. Seit Mitte der Neunziger ist Kopi Luwak mit einer Jahresproduktion von zweihundert Kilogramm der teuerste Kaffee der Welt und kostet etwa siebenhundert Euro pro Kilo.

Charmante Werbung in Spanien

Meine Jagd auf interessante Toiletten wird kein Ende nehmen, solange ich lebe.

Auf einer Reise durch Andalusien mache ich Halt in Jerez de la Frontera, der Stadt des bekannten Pferdefestivals und berühmten Sherrys. Ich schlendere durch die Straßen und gelange an einen Platz, der sich zum Verweilen anbietet. Ich setze mich auf eine der Bänke und lasse den Blick schweifen. In der Ferne entdecke ich ein dunkelgrünes, gusseisernes Toilettengebäude, das mich an die Form einer verschlankten Litfaßsäule erinnert und das eine pompöse Kuppel krönt.

Im Moment verspüre ich weder einen dringenden Nutzungswunsch noch Appetit, um für erneute Verdauung zu sorgen. Und trotzdem zieht mich das Örtchen magisch an. Ich muss es mir unbedingt aus der Nähe anschauen und ich bin erfreut: Nur zwanzig Cent kostet der Spaß! Das ist wirklich günstig! Ich krame in der Geldbörse und werde – nicht fündig; ich habe kein Kleingeld zum Reinschauen. Na ja, denke ich, das kann warten. So betrachte ich das auffällige Gebäude erst mal genauer von außen.

Auf der einen Seite der runden Säule, geschützt hinter durchsichtigem Plexiglas, hängen zwei Poster übereinander. Das obere Plakat zeigt eine sexy Blondine, deren Blick in die Ferne schweift; sie trägt ein modisches Outfit aus Pelz und Leder. Unter ihr lächelt mich, das bilde ich mir zumindest gern so ein, ein attraktiver Mann an. Er trägt keine tierischen Klamotten, sondern einen schicken Anzug. Eine animierende Modewerbung derselben Firma wie oben. Die Sonne wie auch die frische Fassade des alten Gebäudes gegenüber spiegeln sich in den beiden Models – schlecht also zum Fotografieren.

Was wohl die andere Seite der Toilettenrotunde zu bieten hat? Ich gehe einmal um die Toilette herum und frage mich dabei, was ich dort entdecken werde. Noch mehr Werbung für Klamotten in Größe 36 – in die ich nie reinpassen würde –, für Taschen, passende Accessoires oder Parfüm?

Halten Sie kurz inne und lesen Sie nicht so schnell weiter. Nur keine Hast. Überlegen Sie mal für sich selbst, was da noch für Poster hängen könnten... Wenn Sie es gleich erfahren werden, werden Sie genauso überrascht sein, wie ich es damals war, aber es könnte nicht besser passen. Von beiden Plakaten blickt mich ein und dasselbe liebenswerte Gesicht eines schwarzhaarigen unbekleideten Schimpansen vertrauensvoll an, mit einem Hinweis auf den zoologischen Garten. Und nicht zuletzt ist da ja noch die Tür zur Erleichterung, die uns allen gewissermaßen gleich ist – egal, ob Männlein, Weiblein oder Getier.

Mit Blick auf die automatische Schiebetür setze ich mich schräg gegenüber auf eine Bank. Ich mache mir gerade ein paar Notizen für die vorliegende Klolektüre und sehe, wie sich zwei Französinnen laut quatschend dem WC nähern. Als eine der beiden Damen in ihrem Portemonnaie nach Kleingeld kramt, springe ich schnell auf, bevor sie das Geld in den Schlitz steckt; ich möchte ja gern einen Blick in das Innere erhaschen. Ich murmle etwas wie, dass ich nur mal schauen wolle, und denke, Sesam öffne dich, und bin still. Wie von Geisterhand schiebt sich die Tür tatsächlich zur Seite und ein Schwall von Toilettengestank, vermengt mit dem Geruch von Desinfektionsmitteln, weht uns entgegen. Puh! Wie auf Kommando beginnen wir alle drei, etwas verlegen und irritiert zu lachen. Neben der unangenehmen

Witterung ist das Klosett auch nicht gerade strahlend weiß, sondern entspricht farblich eher einer Mischung von Eigelb und Urin.

Die Französin, die eigentlich ein recht dringendes Bedürfnis zu haben scheint, ist etwas gebremst und bevor sie sich zum Eintreten überwinden kann, schließt sich die Tür wieder. Sie lässt sich nicht mal durch mehrere Menschenhände aufhalten. Wir stehen erstaunt davor und schütteln im Einklang die Köpfe. Die beiden wohl doch nicht ganz so ›notdürftigen‹ Frauen haben offensichtlich genug und schlendern weiter.

Das Innenleben konnte ich leider nicht schnell genug fotografieren, so plötzlich schloss sich die Tür wieder. So bleibt es einzig bei dem stilvollen Exterieur mit der sympathischen Werbung, das ich fotografisch festhalten konnte.

Opus vom Damenlokus. Nur für Frauen!

Dieses Kapitel ist eindeutig zweideutig und das nur für Damen, Frauen und all diejenigen, die manchmal für kleine Mädchen müssen. Natürlich wäre es jedoch nicht verwunderlich, wenn gerade die Männer dieses Kapitel genauso neugierig interessiert aufschlügen, weil sie es eben einfach nicht lassen können ... Ertappt?

Erst zum Ende des vorletzten Jahrhunderts wurden den Frauen von großzügigen Männern vereinzelt eigene stille Örtchen zur Erleichterung in der Öffentlichkeit eingeräumt. Bürgerliche Damen waren im späten 19. Jahrhundert nur sehr selten ohne Begleitung auf der Straße anzutreffen und mussten ihren Harndrang in der Öffentlichkeit stets gesittet kontrollieren. Das einst weitverbreitete Tragen von spezieller Unterwäsche mit Schlitz, der Frauen das rasche Urinieren im Freien ermöglichte und unter einem langen Kleid verborgen war, änderte auch nichts am ewigen Toilettenproblem, dem Frauen seit jeher ausgesetzt sind.

Die Errichtung von Bedürfnisanstalten ist zum Teil Ausdruck der Emanzipationsbewegung, deren Mitglieder zu den vehementesten Befürwortern von öffentlichen Bedürfnisanstalten gehörten. Auch heute gibt es die Möglichkeit, kostenlos pinkeln zu dürfen, vielerorts jedoch in Form von Pissoirs lediglich für Männer. Damen müssen grundsätzlich immer zahlen. Toiletten erster Klasse von damals wurden zu 85 Prozent von Männern frequentiert, die Geld verdienten und es sich leisten konnten. Frauen besaßen selten genug Haushaltsgeld für die Toilettenbenutzung zweiter Klasse.

In Berlin befand sich 1882 – die Stadt zählte damals etwa eine Million Einwohner – nur ein einziges Klosett für Frauen unter den 65 öffentlichen Bedürfnisanstalten. 1905 hatte Berlin immerhin 26 öffentliche Bedürfnisanstalten für Frauen, aber Frankfurt zum Beispiel noch keine einzige. Die in manchen Städten kostenlosen Frauenpissoirs wurden wegen ständiger Verunreinigung, für die man Frauen unterer Bevölkerungsschichten verantwortlich machte, schnell wieder geschlossen.

Um die Jahrhundertwende wurden in London mehrere Bedürfnisanstalten für Frauen gebaut. Ein Teil der Anstalten wurde mit ›Urinettes‹ ausgestattet. Sie waren etwas schmaler als die üblichen WCs und in kleinen Kabinen mit Vorhang untergebracht; die Benutzung war sogar kostenlos. Zur selben Zeit sah es in anderen europäischen Ländern in Hinblick auf Toiletten für Frauen allerdings fatal aus.

Noch bis Mitte des 20. Jahrhunderts befanden sich zahlreiche kleine Häuschen außerhalb des Hauses im Hinterhof. Wenn eine Frau mal musste, nahm sie zu ihrer eigenen Sicherheit eine weitere Frau mit. Auch heute gehen Frauen gemeinsam auf die Toilette, um sich über Männer zu unterhalten und sich für diese schön zu schminken. Sie müssen durchschnittlich sechsmal am Tag aufs Klo und verbringen dort insgesamt um die zehn Minuten. Zum Pinkeln gehen benötigt Sie etwa 79 Sekunden.

Selbst in diesem Jahrtausend sind in vielen Entwicklungsländern Mädchen vom Unterricht ausgeschlossen, weil es in den Schulen für sie keine separaten Toiletten gibt.

Und Frau muss in unserem Zeitalter die Erfahrung machen, dass der Weg zur Toilette in sieben von zehn Fällen in Museen,

Behörden, Kinos oder Restaurants für sie länger ist als der für Männer. Oft muss sie am Herrenklo vorbei zur Damentoilette oder gar ein anderes Stockwerk aufsuchen. Ob es daran liegt, dass in alten öffentlichen Gebäuden vor über hundert Jahren nur Männer arbeiteten und das Damenklo aus diesem Grund erst später eingebaut wurde? Oder weil die meisten Architekten Männer waren, die gern zunächst mal nur an sich denken und beispielsweise in Hinblick auf Kneipen der Ansicht waren, dass diese sowieso hauptsächlich von ihrem eigenen Geschlecht frequentiert würde, und es deshalb dann bequemer wäre, es zum Müssen nicht so weit zu haben? Vielleicht liegt es aber auch daran, dass Frauen seltener einen über den Durst trinken, eine stärkere Blase haben und sie diesen Missstand eigentlich sowieso positiv sehen, da jeder Gang schlank macht.

Also wenn nicht durch die weitere Distanz, werden Frauen streng genommen dennoch durch das häufig vorkommende Schlange stehen und die langen Wartezeiten vor den Toiletten, bis sie endlich müssen dürfen, diskriminiert.

Zudem sind Urinale in öffentlichen und halböffentlichen Bedürfnisanstalten für Damen seltener als ein vom Aussterben bedrohtes Tier. Erst in den 1990er-Jahren wurden neue Frauenurinale entworfen, von denen zwei in Produktion gingen. Die ›Gewinner‹-Designerinnen kannten die Unzulänglichkeiten öffentlicher Toiletten, die bis in die Neunziger kaum ein Thema waren, worüber gesprochen oder gar gestaltet wurde.

Eine Umfrage unter Frauen zu deren Strategien hinsichtlich der Nutzung öffentlicher Toiletten ergab, dass 58 Prozent sie mieden, weil sie zu dreckig seien, und 48 Prozent der Schwangeren generell keine öffentliche Bedürfnisanstalt aufsuchten. Ein Großteil, etwa 69 Prozent, vermeidet jeglichen körperlichen Kontakt mit der Klobrille und nur 21,5 Prozent setzen sich gelegentlich auf die Brille. Dies gilt auch für das Benutzen der

Toiletten in Restaurants, Kneipen oder Discos, wo die Toiletten von einem breiten und unbekannten Publikum frequentiert werden. Außerdem werden Ausscheidungsvorgänge von Frau bewusst kontrolliert oder geplant – diese Harnretention kann jedoch zwanghaft werden. Möglichst wenig zu trinken ist zudem eine häufig angewandte und weitverbreitete Methode, die sich negativ auf die Gesundheit auswirkt.

Klobrillen legen Frauen oft mit Toilettenpapier aus, was aus hygienischer Perspektive allerdings rein gar nichts nützt; da müsste sie schon eine dickere Schicht hinlegen, was jedoch nicht besonders umweltfreundlich wäre.

Sich nach dem Toilettengang die Hände zu waschen ist essenziell, was ein Großteil der Damen (angeblich) auch tut. Die, die es nicht tun, können Magen- und Darmkrankheiten beim Händeschütteln übertragen oder selbst bekommen. Keime sind auf dem stillen Örtchen überall.

Graffiti von Frauen an Schulen, Universitäten, in Discos und Ähnlichem zeigen, dass Frauen generell dezenter schreiben, mehr Rücksicht auf vorherrschende gesellschaftlichen Normen nehmen und sich nur selten auf geschlechtsspezifische Merkmale und den Fortpflanzungstrieb reduzieren. Kommunikation und Sprüche in Damenklos sind meist weniger derb, was sie selbst und auch das andere Geschlecht betrifft. Die Anonymität beinhaltet den Reiz, keine Verantwortung für sich und andere übernehmen zu müssen, indem jede schreiben kann, was sie will. Die Freiheit des Ausdrucks wird nur von der Wand begrenzt.

Etwa 25 Prozent der Graffiti sind in erster Linie auf das Thema Liebe bezogen, während sich ungefähr zwölf Prozent entweder subtil oder auch konkreter und persönlicher mit Fragen, Antworten und Feststellungen zum Thema Sexualität befassen, wobei die Kommunikationsketten meist länger sind als bei den Männern. Es findet ein reger Austausch über sexuelle Bedürfnisse, Vorlieben und Fragen zur Virginität, Empfängnisverhütung, Abtreibung, Frauen in der Gesellschaft und Gewalt gegen die Frau statt. Dabei wird die Lust, die Frauen aufgrund ihrer Erziehung häufig eher verdrängen, deutlicher und unverfrorener ausgedrückt. Die Kommunikation an Toilettenwänden ist oftmals fragend gestaltet. Vulgärausdrücke, die für die Frau sexuell abwertend sind, werden vermieden, doch ist ein Anstieg von nicht-frauenfeindlichen Tabuwörtern zu registrieren. Frauen gehen auch in anonymer Kommunikation aufeinander ein, hören zu, entschuldigen sich und unterstützen ihre Kommunikationspartnerinnen. Es entsteht eine Beziehungssprache, die unter anderem in Selbstkritik verfangen ein Streben nach Gemeinschaft verdeutlicht.

Es folgen ›typisch‹ weibliche Sprüche von den Wänden der Neuzeit-Höhlen:

»Ich hasse Graffiti, ich hasse alle italienischen Gerichte!«
*
»Manchmal fühle ich mich wie eine Lampe, jeder Mann der vorbeigeht, versucht, mich anzumachen.«
*
»Irren ist männlich!«
*
»Ein Mann, kein Wort!«
*
»Als Gott den Mann schuf, übte sie nur!«
*
»An mancher Wand steht unverblümt, was sich eigentlich nicht geziemt!«
*

»Wehe, wehe! Wenn ich dein Ende sehe!«

*

»Weg mit allen Männern! Bis auf einen für den Zoo!«

*

»Wir sprühen es auf jedes Klo, neue Affen braucht der Zoo!«

*

»Lieber fettige Haare als einen schleimigen Charakter!«

*

»Ein Blick in dieses Album wirft auch das stärkste Kalb um!«

*

»Spieglein, Spieglein an der Wand: Wer ist das größte Schwein im ganzen Land?«

*

»Männer kriegen kein BSE, weil sie alle Schweine sind!«

*

»Die Schweine von heute sind die Schnitzel von morgen! Die Scheiße von heute ist das Schnitzel von gestern!«

*

»Steigt der Eber auf den Erpel, gibt's noch lange keine Ferkel!«

*

»Der Hansi ging einmal spazieren, um die kleinen Mädchen zu verführen. Da sprach die Anne: ›Das ist doch der Gipfel, du hast ja gar keinen Zipfel!‹«

*

»An meinem Busen sollst du rasten wie das Vieh am Futterkasten!«

*

»Ich habe mit der Pille aufgehört, ich nehme jetzt die Glücksspirale!«

*

»Wir Menschen haben einen großen Fehler. Wir investieren Gefühle, statt sie zu verschenken!«

*

»Die schwierigste Turnübung ist, sich selbst auf den Arm zu nehmen!«

*

»Ein Mann ist zu viel, mir genügen mehrere!«

*

»Lieber Henna statt Männer!«

*

»Es gibt viel zu packen, tun wir's ihnen an!«

*

»Manche Leute kaufen sich vom Geld, das sie nicht haben, Sachen, die sie nicht brauchen, um Leuten zu imponieren, die sie nicht mögen!«

*

»Ich weiß nicht, was ich will, aber ich weiß, wie ich es kriegen kann!«

*

»Warum haben viele Männer einen Bierbauch? Damit der arbeitslose Zwerg auch ein Dach über dem Kopf hat!«

*

»Gott gab dem Mann ein Hirn und einen Penis. Schade, dass er nicht beides gleichzeitig bedienen kann.«

*

»Lieber eine gesunde Verdorbenheit als eine verdorbene Gesundheit!«

*

»Braune Spuren auf dem Klo machen keine Hausfrau froh!«

*

»Lieber Farbe auf dem Klo als Scheiße im Malkasten!«

*

»Ein Bächlein rauscht, der Donner grollt, was darin steckt, ist kein Gold!«

*

»Nur die Engel können es sich durch die Rippen schwitzen!«

*

»Auch Dornröschen trug kein Höschen!«

*

»Das Leben ist eine Hühnerleiter, vor lauter Dreck kommt man nicht weiter, und wenn man endlich oben ist, steckt man drin im tiefsten Mist!«

*

»Sex ist einfach Wonne pur, sag, was macht die Nonne nur?«

*

»Lieber einen Mann als gar keinen Ärger!«

*

»Jeder Griff ins Klo ist Abschied des prallen Lebens!«

*

»Der Mann steht immer im Mittelpunkt, also allen im Weg!«

*

»Eine gute Stellung ist besser als der beste Job!«

*

»Erst hatte er 'nen, forschen Pimmel, jetzt hat er einen Porschefimmel!«

*

»Wer mit allen Wassern gewaschen ist, ist längst noch nicht sauber!«

*

»Von Flower-Power zum flauen Bauer!«

*

»Frauenpower macht Macker sauer!«

*

»Nichts Männliches ist mir zu fremd – aber manchmal ist es mir zu viel!«

*

»Die Macht der Schwänze hat ihre Grenze!«

*

»Alle reden über Verhütung! Nur Jutta wird Mutta!«

*

»Alle Frauen wollen einen Mann festnageln und wundern sich dann, wenn er nachher bekloppt ist!«

*

»Scheiße, auf dem Klo kann man sich gar nicht so richtig entfalten!«

*

»Ich denke, also bin ich hier falsch!«

*

»Jeder kann denken, aber vielen bleibt es erspart! – Besonders Blondinen!«

*

»Männerkörper sind so viel besser konstruiert als Männerhirne!«

*

»Herunter mit dem Männlichkeitswahn!«

*

»Alle Menschen sind klug, die einen vorher die anderen nachher!«

*

»Seid furchtbar und wehret euch!«

*

»Manche Männer haben ihre Problemzone von oben bis unten!«

*

»Frauen und Männer passen zusammen, aber nur in der Mitte!«

*

»Lieber für den Frieden bumsen als für die Liebe kämpfen!«

*

»Liebe geht durch den Magen, Karriere durch den Darm!«

*

»Das Leben ist wie eine Brille, man macht viel durch!«

*

»Wenn der Typ dir nicht liegt, oder wenn ihm keiner steht, dann lass ihn sitzen!«

*

»Heimlich schiebt die kleine Heide sich bunte Kreide in die Scheide. Dies ist zwar nicht gesund, doch es macht die Höschen bunt!«

*

»Lieber 'n Sechser im Lotto als 'ne Nacht mit Otto!«

*

»DbddhkPukM – Doof bleibt doof, da helfen keine Pillen und keine Medizin!«

*

»Lieber lesbisch vom Esstisch als locker vom Hocker!«

*

»Wir bleiben unserm Motto treu: Lesbisch, schön und arbeitsscheu!«

*

»Lieber lesbisch lebensfroh als verklemmt und hetero!«

*

»Wenn ein Mann hinterher der Dumme ist, kann er sicher sein, dass er es auch schon vorher war!«

*

»Bäume haben den Männern eins voraus, sie sind auch in Massen schön!«

*

»Wenn Männer weich werden, werden sie hart!«

*

»Die Männer, auf die Frauen fliegen, sind nicht dieselben, bei denen sie landen!«

*

»Der gute Ruf eines Mannes ist dem Schweigen mehrerer Frauen zu verdanken!«

*

»Es stimmt nicht, dass Männer nur an Sex denken! Nur, wenn sie denken, denken sie an Sex!«

*

»Der Mann steht meist über den Dingen. Nur keiner weiß genau über welchen!«

*

»Männer von heute beherrschen das ganze Alphabet der weiblichen Gefühle von A bis B!«

*

»Männer sind wie Toiletten: Entweder besetzt oder beschissen!«

*

»Männer sind wie Autos: Wenn man nicht aufpasst, liegt man drunter!«

*

»Männer sind wie Autoreifen: Immer aufgeblasen und ohne Profil!«

*

»Männer sind wie Fische: Mit Schuppen und leicht auszunehmen!«

*

»Männer sind wie Wale: Leben im Tran, haben eine große Schnauze und die meiste Kraft im Schwanz!«

*

»Männer sind wie Schneestürme: Man weiß nie, wann sie kommen, wie viele Zentimeter man kriegt und wie lange sie dauern.«

*

»Männer sind wie Lavalampen: Nett anzuschauen, aber nicht sehr hell.«

*

»Männer sind wie Hunde: Streichelt man sie, wedeln sie mit dem Schwanz!«

*

»Männer sind wie Tee: Manchmal muss man sie ziehen lassen!«

*

»Männer sind wie Milch: Lässt man sie stehen, werden sie sauer!«

*

»Männer sind wie Honig: Man muss aufpassen, dass man nicht an ihnen kleben bleibt!«

*

»Männer sind wie Bananen: Je älter sie werden, desto weniger hart sind sie!«

*

»Männer sind wie Popcorn: Sie befriedigen dich, aber nur für kurze Zeit!«

*

»Männer sind wie Schokolade: Süß, weich und legen sich dir gleich auf die Hüften!«

*

»Männer sind wie Zwiebeln: Man pellt sie Schale für Schale ab und was übrig bleibt, ist zum Heulen!«

*

»Männer sind wie Rosen: Unter den Händen einer Frau blühen sie auf, aber schnell verduften sie.«

*

»Männer sind wie Fluglotsen: Wenn sie nicht wollen, kann keine landen!«

*

»Männer sind wie Handschellen: Immer gleich eingeschnappt!«

*

»Männer sind wie Waschmaschinen: Macht man sie an, drehen sie durch!«

*

»Männer sind wie Armreifen: Leicht behämmert passen sie sich am besten an!«

*

»Männer sind wie Mascara: Bei ersten Anzeichen von Gefühlen laufen sie!«

*

»Männer sind wie Lollis: Aufreißen, ablutschen, wegwerfen!«

*

»Männer sind wie Werbung: Man kann kein Wort glauben!«

*

»Männer sind wie Zeitungen: Erst wenn man sie unter Druck setzt, erscheinen sie!«

*

»Männer sind wie Öfen: Wenn man ihnen nicht richtig einheizt, sind sie aus!«

*

»Männer sind wie Jeans: Blau, steif und hohl!«

*

»Männer sind wie Heftpflaster: Es gibt zwei Sorten. Das eine hält nicht, und das andere geht nicht ab.«

*

»Männer sind wie Klopapier: Sie reiben sich an beschissenen Frauen und sind hinterher die Angeschmierten!«

*

»Männer sind wie Zähne: Erst kriegt man sie schlecht, hat man sie dann, bereiten sie einem Schmerzen. Und ist man sie los, hinterlassen sie eine Lücke.«

*

»Männer sind wie Bauern: Nichts scheuen sie so sehr wie eine lange Dürre.«

*

»Männer sind wie das Wetter: Man kann nichts tun, um sie zu ändern!«

*

»Männer sind wie Wolken: Verziehen sie sich, kann es noch ein schöner Tag werden!«

*

»Männer sind wie Luft: Zwar verdorben, aber unentbehrlich!«

*

»Polizisten sind wie Schnittlauch: Außen grün, innen hohl, treten nur in Bündeln auf!«

*

»Lieber Sex in der Wüste als Sand im Bett!«

*

»Es hat mich keiner gefragt, ob ich geboren werden will; nun will ich wissen, wie ich leben soll!«

*

»Junggesellen haben lieber zwei Ringe um die Augen als einen Ring am Finger!«

*

»Es kann passieren, was will, es gibt immer einen, der das kommen sah!«

*

»Das Leben ist eine geschlechtlich übertragene Krankheit!«

*

»Handystrahlung ist schädlich fürs Gehirn – kein Problem für die Männer!«

*

»Wer schläft, sündigt nicht, aber wer sündigt, schläft nicht!«

*

»Auf mir liegen Sie richtig!«

*

»Humor ist, wenn man trotzdem macht!«

*

»Zieht euch warm an, die Kälte greift den Darm an!«

*

»Alles im Leben geht natürlich zu, nur meine Hose nicht!«

*

»Wie man isst, so wiegt man!«

*

»Spalttabletten, meine Dame, sind bekömmlich und gesund. Doch verwirrend ist ihr Name, denn sie gehören in den Mund!«

*

»Lieber über Nacht versumpfen als im Sumpf übernachten!«

*

»Auch heute noch steht das kleine Ding mit dem Eva Adam fing!«

*

»Die ersten Menschen waren nicht die letzten Affen!«

*

»Lerne Ordnung, liebe sie, beschmutze dieses Sitzbrett nie!«

*

»Lieber ein Zebra streifen, als einen Bullen anfahren!«

*

»Hier in diesen Hallen, wo kein Vogel singt, lässt der Mensch was fallen, das entsetzlich stinkt!«

*

»Wer Ordnung hält in seinem Leben, der scheißt ins Loch und nicht daneben!«

*

»Lieber Leseratten auf dem Klo als echte Ratten im Klo!«

*

»Wir sind nicht käuflich, aber für Geld tun wir alles!«

*

»Heute habe ich Geburtstag und werde nur die Toilette spülen, das Geschirr kann bis morgen warten!«

*

»Auf der Alm, da gibt's keine Sünd', da kriegt die Sennerin von allein ein Kind!«

*

»Berta war in Afrika im Hotel Tunesia und ein alter Berberscheich zeigte ihr seinen Sperber gleich!«

*

»Lieber Gras rauchen als Heu schnupfen!«

*

»Die Wände sind dreckig und ich lach mich scheckig!«

*

»Was du morgen kannst besorgen, das verschiebe nie auf heute!«

*

»Richter Hugo ging auf Reisen, drum legt er seine Frau in Eisen; kam der Knappe Friedrich, der hatte einen Dietrich!«

*

»In der Nacht, in der Nacht, wenn der Büstenhalter kracht, kommt der Lange mit der Stange, macht die Schwiegermutter bange!«

*

»Narrenhände beschmieren Türen und Wände!«

Opus vom Herrenlokus. Nur für Männer!

Nachdem das vorherige Kapitel den Damen gewidmet wurde, darf ein Kapitel nur für die Herren natürlich nicht fehlen. Wie allen bekannt, gibt es beim Pinkeln nicht nur den großen Unterschied der Geschlechter, sondern auch den kleinen Unterschied, der dem Mann viel ausmacht. Ist das Pinkeln für ihn ein nervenaufreibender Genitalvergleich und findet sich wahre Entspannung womöglich nur hinter verschlossener Tür?

Da ich dem zärtlichen Geschlecht angehöre, und es auch während meiner Recherche nicht wagte, mich von den Dingen, die auf Männerklos zu lesen und zu erleben sind, persönlich zu überzeugen, habe ich alles, was hier steht, von den Herren der Er-Schöpfung übernommen...

Männer begeben sich durchschnittlich viermal am Tag aufs Klo und verbringen dort insgesamt rund neun Minuten, wobei sie circa 45 Sekunden zum Urinieren benötigen.

Aus einer Umfrage von tausend repräsentativ ausgewählten Haushalten geht hervor, dass vierzig Prozent der befragten Männer behaupten, auf dem Klo für Sauberkeit zu sorgen. Lediglich zwanzig Prozent der Frauen können sich hingegen daran erinnern, ihre Partner regelmäßig mit Klobürste und WC-Reiniger in der Hand gesehen zu haben.

Männer, die ursprünglich ja für das Markieren des Territoriums zuständig waren, kümmert es aus urzeitlichen Gründen wenig, ob die Klobrille oben oder unten ist. Eine hundertprozentige Zielsicherheit, was den gelben Strahl und vereinzelte Tröpfchen betrifft, ist weder den Damen noch den Herren gegeben. Doch in jedem Fall sollte die Klobrille nach Gebrauch wieder auf die Toilettenschüssel gesenkt und der Deckel geschlossen werden.

Männer würden nie jemanden zur Verstärkung mit auf die Toilette nehmen. Von ihren Vorvätern haben sie geerbt, gegen einen Baum zu pinkeln – der tierische Aspekt der Reviermarkierung.

Wenn Mann einen Mann mit auf die Toilette nimmt, dann steckt etwas anderes dahinter. Die Polizei in Hamburg hatte einst hinter dem Spiegel von acht öffentlichen Toiletten Beobachtungsräume eingerichtet, um deren Missbrauch als Sextreffs zu unterbinden, woraufhin immerhin etwa 1.200 Männer Toilettenhäuschen-Verbot bekommen hatten.

Sogar im Römischen Reich gab es Klosprüche in den Prachtlatrinen. Zum Geschäftemachen waren die Latrinen vorwiegend der reichen männlichen Oberschicht vorbehalten.

Vor über hundert Jahren nahm sich die Wiener Zeitschrift Anthrophyteia, zu deren Mitarbeitern auch Sigmund Freud gehörte, der Poesie auf dem stillen Örtchen an. Inspirierende Produktivität schrieb sie neben der Latrinenluft der Ruhe hinter verschlossener Klotür zu.

Pissrinnen, Pissoirs und Urinale waren einfacher aufzustellen und billiger zu warten als komplette Abortanlagen mit Toilettenschüsseln. So wurden Männern schon viel früher im 19. Jahrhundert öffentliche Bedürfnisanstalten bereitgestellt. Deshalb gibt es auch aus der Zeit zur vorletzten Jahrhundertwende bereits jede Menge Graffiti und Kontaktanzeigen in öffentlichen Bedürfnisanstalten.

Längst hat die Wissenschaft das Klo als Forschungsfeld entdeckt, das wie manches Poesiealbum sprachwissenschaftlich analysiert und von Psychologen darauf untersucht wird, welche Rückschlüsse die schriftstellerischen Hinterlassenschaften auf die Toilettenbenutzer zulassen. Männliche Klokritzeleien machen deutlich, welche Partialtriebe besonders tauglich zur Lustgewinnung sind.

Wo Blase und Darm leer und rein werden, will auch der Kopf nicht länger voller Schmutz sein, und so dienten Toilettenwände lange als begrenzter Beichtstuhl, intimes Tagebuch und Staffelei, auf denen wild gepinselt wird. Die Toilettenkabine wird zum letzten Refugium des Mannes, wo er seinen tiefsten (Ver-)Lustgefühlen freien Lauf lassen kann.

Über die erotischen Klograffiti aus dem Buch von U. Horndash über Abortkunst
Öffentliche Toiletten befinden sich oft im Untergrund und haben Höhlencharakter. Die Tabuzone der Erleichterung wird von der Außenwelt abgeschirmt. Sterilität und reduzierte hygienische Verhältnisse verleiten dazu, Tabus zu brechen.

Kein Vergleich mit den tierischen Felszeichnungen von damals sind die heutigen Klozeichnungen auf Männertoiletten. Die Bestimmung des Mannes wird eindeutig dem Geschlechtstrieb unterworfen und die Neigung zu derben Sprüchen ausgelebt.

86 Prozent der männlichen Graffiti sind sexueller Natur mit Darstellungen von Genitalien. Auffällig ist außerdem, dass Männer einen größeren Wortschatz haben, um sich Frauen gegenüber abwertend zu äußern. In der englischen Sprache soll es beispielsweise nur 65 Synonyme für Zuhälter, dafür aber fünfhundert Ausdrücke für eine Prostituierte geben.

Auch Aufforderungen zur sexuellen zwischenmännlichen Kontaktaufnahme sind häufig zu finden. Männliche Probleme und Unsicherheiten sind auf der Kabinenwand fast ausgeschlossen. Liebe, Nähe und Hingabe werden verdrängt; es gibt kaum persönliche Inhalte. Umso mehr sind sie stimulierender Natur. Das männliche Individuum strotzt vor Selbstbewusstsein. Eine gewisse Distanz, die Sicherheit vor Beobachtung verspricht, und die hohe Frequentierung männlicher Toiletten zeichnen den Ort aus.

Der Aufenthalt in einer öffentlichen Toilette befreit viele Männer nicht nur vom körperlichen Druck, sondern dient auch zur seelischen Erleichterung. Die Kabinenwand steht gleichzeitig als Schutz und zur gleichgeschlechtlichen Kommunikation bereit. Mann entdeckt zahlreiche Sprüche oder Zeichnungen frustrierter Männer, bei denen die Geschlechtszugehörigkeit stark übertrieben wird. Die Klozeichner sind namenlos, arbeiten privat und einsam im Verborgenen, der Kontakt zwischen Zeichner und Betrachter wird bewusst ausgeschlossen, ist aber dennoch anderen zugänglich. Jeder Mann ist in dieser anonymen Öffentlichkeit über die Toilettenwand ansprechbar.

Manche Männer werden auf den Herrenklos zum Opfer ihrer eigenen Machtfantasien, die sie im Alltag nie im Gespräch mit anderen Männern oder Frauen verbal ausdrücken würden, denn keiner will als Versager abgestempelt werden. Erotische Graffiti in Männerklos zwischen Kunst und Alltag, Ästhetik und wirklichem Leben zeigen, wie verwehrtes Glück auf andere Art eingefordert wird.

Herren reduzieren sich insbesondere auf Geschlechtsteile, ihre geschlechtliche Funktion und den Sexualtrieb. Das nächstliegende Thema für den Mann auf dem Klo ist er selbst. Er berücksichtigt sich mit gesteigerter Aufmerksamkeit. Aus der beengten Perspektive einer Toilettenkabine scheint er unter ständiger Bedrohung seiner Zeugungskraft zu leiden.

Es folgen poetische Ergüsse von den Wänden der männlichen Lustzentren dieser Welt:

»Den Trieb musst du auf Erden regeln, im Himmel gibt's nichts mehr zu vögeln!«

*

»Der Mensch ist auf Erden, um Esel zu werden, ein Stier zu bleiben und Unzucht zu treiben!«

*

»Ich wollte mal und konnte nicht, ich hielt ihn in der Hand. Da bin ich vor Verzweiflung die Wände hochgerannt. Ich wollte mal und konnte nicht, das Loch war viel zu klein. Ich kriegte nicht den Kragenknopf ins Oberhemd hinein!«

*

»Solche Mädchen soll es geben, die den Rock von selber heben und dein Ding mit einer Hand führen ins gelobte Land!«

*

»Auf dem Pissoir brennt kein Licht, pinkeln Sie Ihren Nachbarn nicht in die Hosentasche!«

*

»Friede, Freude, Eier suchen!«

*

»Selbst beim Scheißen denken die Leute noch an Politik, anstatt an das zu denken, was sie in der Hand haben!«

*

»Pfeffer und Salz, Gott erhalt's! Bier und Malz erleichtern die Balz!«

*

»Wie man sich bettet, so liebt man!«

*

»Lieber mit den Puppen, als bis in die Puppen schlafen!«

*

»Männer sind das Beste in ihrer Art!«

*

»Wenn Arschlöcher fliegen könnten, wäre dieser Ort ein Flugplatz!«

*

»Lieber schlau in die Bluse schielen, als dumm aus der Wäsche gucken!«

*

»Alle Vögel sind schon da, alle vögeln alle!«

*

»Alter Wein und junge Weiber sind die besten Zeitvertreiber!«

*

»Lieber Anneliese als Angina! Lieber Ute statt Plastik!«

*

»Es sagt der Sohn zum Pharao, komm, gehen wir aufs Damenklo!«

*

»Kannst du keine Frau begatten, lass ihn durch die Finger rattern!«

*

»Scheiß auf Frauen, scheiß auf Liebe, bleib bei deinem Handgetriebe!«

*

»Eine Lokomotive pfeift um die Kurve, eine Filzlaus kurvt um die Pfeife!«

*

»Legt euer Geld in Alkohol an – wo sonst gibt's vierzig Prozent!«

*

»Beim Durchfall halt den Gürtel lose, im Notfall rettet das die Hose!«

*

»Waidmann sucht Rehlein zum Knallen!«

*

»Wer die Bäume hat bewipfelt, wer die Buben hat bezipfelt, wer die Mädchen hat gespalten, soll mir dieses Bier erhalten!«

*

»Such nicht nach Witzen an der Wand, den größten hältst du in der Hand!

*

»Hier ist Angeln verboten – steck deinen Wurm weg!«

*

»Jeder ist seines Glückes Schmied, doch nicht jeder hat ein schmuckes Glied!«

*

»Wer Glück im Spiel hat, der hat auch Geld für die Liebe!«

*

»Mariechen stand am Rosenhügel und zupfte Heidelbeerchen, dann öffnete sie den Hosenriegel und lüpfte Beutelhärchen!«

*

»Sinn des Lebens ist, irgendwie die Zeit zwischen zwei Orgasmen zu überbrücken!«

*

»Im Phalle eines Phallus klebt Uhu wirklich allus!«

*

»Der Schwanz kaputt, die Nutte kichert, hoffentlich Allianz versichert!«

*

»Und hängt der Tropfen noch so lose, geht der letzte in die Hose!«

*

»Komm raus du Feigling, du sollst nur pissen!«

*

»Tritt näher! Er ist kürzer, als du denkst!«

*

»Steter Tropfen nässt das Bein!«

*

»Der letzte Tropfen fällt nicht weit vom Stamm!«

*

»Erst pinkeln, dann schütteln!«

*

»Auch wenn du deine Palme noch so schüttelst, es hängen doch nur zwei Nüsse dran!«

*

»Der Rülpser ist ein Magenwind, der nicht den Weg zum Arschloch find'!«

*

»Kennst du den Zauberflöten-BH? Ist der BH erst einmal weg, dann ist auch der Zauber flöten!«

*

»Lass mich schmusen an deinem Busen! Da sprach sie unter Tränen, ich hab gar keenen. Was ich gestern hatte, das war nur aus Watte. Und jeden Tag 'n neuer, das kommt zu teuer!«

*

»Sage mir, was du von mir denkst, und ich sage dir, was du mich kannst!«

*

»Wusstest du, dass Aftershave nicht das Gegenteil von Mundwasser ist!«

*

»Die Männer sind alle Verbrecher, ihr Herz ein finsteres Loch, die Frauen sind auch nicht viel besser, aber rein, rein muss er doch!«

*

»Aus Depression sprang er ins Klo, da wird er sicher auch nicht froh!«

*

»Ich möchte wirklich gern wissen, warum ihr dichtet, statt zu pissen?«

*

»Wir schreiben, weil wir hier gewesen und damit es die Typen lesen!«

*

»Alkohol verkürzt das Leben um die Hälfte. Egal, dafür sehe ich alles doppelt!«

*

»Habe Sonne im Herzen und Promille im Blut!«

*

»Liebe geht durch den Magen, Karriere durch den Darm und Pils durch die Blase!«

*

»Realität ist eine Illusion, die durch akuten Alkoholmangel verursacht wird!«

*

»Wenn eine Frau dich pudelnackt von hinten an die Nudel packt, wenn dir also Gutes widerfährt, das ist schon einen Asbach Uralt wert!«

*

»Wer einen sitzen hat, lässt keine Dame stehen!«

*

»Langes Sehnen, großes Hoffen, kann nicht kommen, bin besoffen!«

*

»Ein Mann hat keine Angst außer der Angst, kein Mann zu sein!«

*

»Nach dem Essen sollst du rauchen oder eine Frau gebrauchen! Hast du beides nicht zur Hand, dann nimm Pril, denn das entspannt!«

*

»Selbst in der Lodenhose bleibt impotent der Hodenlose!«

*

»Auch in der Kürze liegt Würze!«

*

»Unter der Schürze liegt die Würze!«

*

»Wenn sich zwei ausziehen, freut sich der Dritte!«

*

»Lieber 'ne Latte in der Hose als 'n Brett vorm Kopf!«

*

»Männer unterstützt die Frauenbewegung: Legt euch auf den Rücken!«

*

»Frauen, die von Tuten und Blasen keine Ahnung haben, sollten wenigstens streicheln können!«

*

»Alle Menschen sind intelligent! Ausnahmen haben die Regel!«

*

»Frauen, die die Wimpern pinseln, sind die, die dann beim Pimpern winseln!«

*

»Reiß mich am Riemen!«

*

»Pech: Mit Hühnern schlafen gehen und neben einer Kuh aufwachen!«

*

»Führe mich nicht in Versuchung, versuche es lieber in der Unterführung!«

*

»Ist der Arsch auch noch so breit, passt er doch ins Dirndlkleid!«

*

»Das große Glück auf Erden liegt auf dem Rücken, nicht auf Pferden!«

*

»Sie war ganz aus dem Höschen!«

*

»In dubio pro libido! Ora et deflora!«

*

»Lieber auf der Lüneburger Heidi als im wunderschönen Land!«

*

»Du kannst den Arsch schminken, wie du willst, es wird doch kein ordentliches Gesicht draus!«

*

»Nur allein von Marmelade steht der Pimmel auch nicht grade!«

*

»Nackt sah Kant an sich hinunter und erblickte das Ding an sich!«

*

»Mach einem Arsch mal klar, dass er ein Arsch ist – bis zum letzten Furz wird er es abstreiten!«

*

»Verschwinde wie der Furz im Winde!«

*

»Lieber kopulieren als koalieren!«

*

»Wem du's heute kannst besorgen, den vernasche nicht erst morgen!«

*

»Es ist nicht alles Trübsal, was man blasen kann!«

*

»Die Affen tun es öffentlich im Zwinger, die Mädchen heimlich mit dem Finger!«

*

»Man muss es mal ganz trocken sagen, auf dem Klo nie feuchte Socken tragen!«

*

»Der Hansi ließ einen Stinker wehen, drum muss er jetzt im Winkel stehen!«

*

»Südliche Insel, emsige Pinsel, nächtliches Gewinsel, fast wie in Nizza, das ist Ibiza!«

*

Es gibt so viele Toiletten auf der Welt wie Bäume im Wald!«

*

»Das ist Liebe ohne Hosen, auf die Dauer, lieber Schatz, ist der Finger kein Ersatz!«

*

»Ich bin kein Mann für eine Nacht, ich werd schon nach ein paar Stunden müde!«

*

»Ein Mädchen saß und zupfte an einem langen Ding, das zwischen zwei Beinen an einem Beutel hing. Sie saß daran und zupfte, bis sich der Strahl ergoss und zwischen ihren Beinen in eine Öffnung floss. Denn sie melkte eine Kuh, und was sagste nu?«

*

»Männer fühlen sich am Morgen um zehn Jahre jünger und am Abend zwanzig Jahre älter!«

*

»Der BH hebt mit geballter Kraft die stark gesunkene Milchwirtschaft!«

*

»Lieber auf die Socken machen, als gleich die ganze Hose zu versauen!«

*

»Willst du Schwangerschaft verhüten, nimm Melitta Filtertüten!«

*

»Liegt ein Auge auf dem Tresen, ist ein Zombie da gewesen!«

*

»Lieber einen sitzen haben und nicht stehen können, als einen stehen haben und nicht sitzen können!«

*

»Ich verstehe nicht, warum viele Männer so hinter langbeinigen Frauen her sind. Je längere Beine eine Frau hat, umso schwerer ist es, sie einzuholen!«

*

»Alkohol und Nikotin rafft die halbe Menschheit hin. Ohne Alkohol und Rauch stirbt die andere Hälfte auch!«

*

»Irgendwo auf einem Klo sitzt ein Mann und spielt Jo-Jo!«

*

»Frauen kennen Probleme für jede Lösung!«

*

»Wenn ein Mann will, dass ihm seine Frau zuhört, braucht er nur mit einer anderen zu reden.«

*

»Männer können nur aufrecht gehen, damit sie die Hände zum Onanieren frei haben!«

*

»Sah ein Knab ein Schwänzlein stehen, Schwänzlein an der Scheide!«

*

»Kalte Hände, warmes Ende!«

*

»In diesem Sinne: Rin in die Rinne!«

*

»Was ist Onanie? Liebe an und für sich!«

*

»Lieber warme Soldaten als kalte Krieger!«

*

»Einen hübschen Typen mal zu krallen, kann auch dem größten Weiberheld gefallen!«

*

»Der Homo lässt die Arbeit ruhen, er freut sich auf den Afternoon!«

*

»Ist dein Mädchen ein Bübchen, schätz' glücklich dich ein, denn ein Mann als Geliebter kann von Vorteil nur sein.«

Die Psychoanalyse des Pinkelns: Sage mir, wie du pisst, ich sage dir, was du bist!
Aufgeregter Typ: Kann das Hosenloch nicht finden. Zerreißt die Hose oder reißt die Knöpfe ab.
Praktischer Typ: Pinkelt freihändig und bindet dabei die Krawatte.
Geselliger Typ: Schließt sich Freunden zu einem gemütlichen Pinkeln an. Egal, ob er mal muss oder nicht.

Schamhafter Typ: Kann nicht pinkeln, wenn jemand zusieht, tut, als ob er gepinkelt hätte und schleicht nachher wieder zurück.
Schläfriger Typ: Pinkelt durch das Hosenbein in seinen Schuh, geht mit offenem Stall weg und ordnet ihn zehn Minuten später ein.
Wissenschaftlicher Typ: Sieht während des Pinkelns auf den Boden, um die Luftblasen zu beobachten.
Angeberischer Typ: Macht fünf Knöpfe auf, wenn zwei genügen.
Schwacher Typ: Sucht verzweifelt zwischen Hemd und Unterhose und gibt dann auf.
Kindischer Typ: Spielt mit dem Strahl auf und ab und versucht, Fliegen zu treffen.
Geistesabwesender Typ: Öffnet die Weste, nimmt den Schlips heraus und pinkelt in die Hose.
Hinterhältiger Typ: Lässt während des Pinkelns leise einen fahren, schnüffelt und sieht seinen Nachbarn vorwurfsvoll an.
Rücksichtsvoller Typ: Steht nachts auf, steigt mit dem Fuß in den Nachttopf, pinkelt am Bein entlang, damit seine Frau nicht wach wird.
Streber-Typ: Versucht, am höchsten zu pinkeln.
Polnischer Typ: Kann pissen, rauchen und saufen gleichzeitig.

Und hier noch eine Pissregel:
1. Grundstellung mit leicht gespreizten Beinen einnehmen, dabei nicht umfallen.
2. Mit der rechten Hand am Zipfel des Reißverschlusses kräftig nach unten ziehen.
3. Suchen.
4. Sobald gefunden, mit der linken Hand vor neugierigen Blicken schützen.
5. Stoffwechsel verrichten.

6. Gut schütteln und verstauen (links).
7. Mit der rechten Hand den Reißverschluss wieder kräftig nach oben ziehen.
8. Hände waschen nicht vergessen.

Unfall vor der Herrentoilette in Mannheim

Erneut bin ich eine Woche aktiv auf ›Tour de Toilette‹ in Deutschland und Österreich unterwegs. Mit Bus und Bahn in entlegene Ecken zu gelangen, ist ein Abenteuer für sich. Am zweiten Tag fällt ein Zug, der um acht Uhr vierzehn von Garmisch nach Innsbruck fahren sollte, und für den ich extra früh aufgestanden bin, wegen technischer Probleme aus. Zwei Stunden warte ich frustriert auf den nächsten Zug. Somit verschiebt sich die Verbindung mit dem anschließenden Bus ans eigentliche Ziel um eine weitere Stunde. Mit erheblicher Verspätung, die ich auch von den zahlreichen Reisen durch Afrika nur zu gut kenne, komme ich an. Obwohl die Fahrerei mit öffentlichen Verkehrsmitteln manchmal umständlich sein kann, erreiche ich an dem Tag noch alle stillen Sehenswürdigkeiten und Firmen, die ich mir vorgenommen hatte.

Mit viel Materie für mein Buch und noch mehr analogen wie digitalen Fotos gelange ich auf dem Heimweg zum letzten interessanten Örtchen, das ich auf dem Plan stehen habe, in Mannheim. Den kleinen, praktischen Rollkoffer lasse ich im Schließfach am Bahnhof. Zu Fuß suche ich ohne Stadtplan – den konnte ich dank einer Tafel mit Touristeninformationen in Bahnhofsnähe kurz studieren – das Restaurant Zito's Little Italy mit der merkwürdigen Adresse ›O7, 16–17‹. Ich weiß ungefähr, wohin ich muss, frage aber trotzdem Passanten nach dem Restaurant und bekomme entweder ein »Nein, keine Ahnung!« oder nur ein Kopfschütteln als Antwort. Ein Restaurant im Stadtzentrum, das keiner kennt? Die ungewöhnlichen Straßenbezeichnungen, ganz logisch aufgebaut, machen mir deutlich: Nina, du bist im richtigen Ort. Wie beruhigend! Jetzt gilt es nur noch, auch das richtige Örtchen zu finden.

Ich orientiere mich weiter an den Straßenbezeichnungen. Das erinnert mich irgendwie, auch ohne verbundene Augen, an Topfschlagen: kalt, warm, wärmer, heiß – Finger verbrannt. So ungefähr. Plötzlich wird mir ganz warm ums Herz. Ich schaue mich um und entdecke das Restaurant auf der gegenüberliegenden Straßenseite. Das wäre also schon mal geschafft. Aufmerksam überquere ich die befahrene Straße, gehe ins Restaurant hinein und direkt zu den Toilettenräumlichkeiten ins Untergeschoss. Es ist ziemlich dunkel da unten im Kellergewölbe, das einst zu einer Bank gehört hat. Bei den Damen gibt es nichts Besonderes zu sehen. Ich bin heute aber auch wegen der Herrentoilette hier. Sie befindet sich in einem ehemaligen Tresor. Die tonnenschwere Tresortür steht bis an die Seitenwand nach rechts gelehnt offen.

Ich bin allein, zücke die Digitalkamera und schieße ein paar Fotos von dem wuchtigen Teil, die Pissoirs reihen sich hübsch in einer Kette im Hintergrund auf. Schön! Ich bin höchst zufrieden mit meinen Fotografierkünsten und will es jetzt, den Apparat noch immer in der rechten Hand haltend, genau wissen. Typisches Verhalten für mich, ich muss unbedingt immer alles anfassen, ausprobieren und wissen, wie sich etwas anfühlt, um es mit allen Sinnen begreifen zu können. Ich versuche natürlich nicht, diese mehr als übergewichtige Klotür aus den Angeln zu heben. Da würde ich mit Sicherheit den Kürzeren ziehen. Ich mache es mit links: Mit der freien Hand und meiner linken Körperhälfte schiebe ich die Panzertür, die etwa so dick ist wie ich breit, von der Wand weg, um zu sehen, wie schwer sie ist.

Sie bewegt sich langsam, aber unaufhörlich nach links weiter und hält gar nicht mehr inne. Ich erschrecke. Bevor sie zufällt – was ich auf jeden Fall vermeiden will, auch wenn gar keiner drin ist, aber ich würde dieses Ding nie wieder aufkriegen – grapsche ich hektisch mit links in den Holzgriff hinein. Der befindet sich fest verankert an der Seite der Tür.

Mit aller Kraft ziehe ich die Eisenstahltür wieder Richtung Wand, die ich jedoch kaum wahrnehme, weil es hier recht dunkel ist. Schneller als erwartet – ganz schön gut geölt – schwenkt sie um, und ich ziehe weiter an ihr. Zu spät. So schnell habe ich in meinem kleinen Panikanflug nicht mitgedacht. Die Tür bleibt vor der Wand stehen – nur der Holzgriff nicht. In dem steckt immer noch meine Linke.

Ein stechender Schmerz durchfährt mich. Ich drücke den Griff ächzend einen Zentimeter von der Wand weg, ziehe die Hand heraus und schaue mir die Bescherung an. Nun wäre ich ehrlich gesagt vielleicht doch lieber in der falschen Stadt. Es hat meinen Daumen tonnenschwer getroffen. Die restlichen vier Finger befanden sich noch im Griff, als der an die Betonwand prallte. Umgekehrt wären sicherlich sie Matsch gewesen. Der linke Daumen ist gequetscht und blutverschmiert. Rhythmisch pocht er das Blut aus der Wunde, von der ich nicht erkenne, wie groß sie tatsächlich ist. Na ja, besser so. Mir wird trotzdem schlecht. Ich höre ein Rauschen, und es stammt irgendwie nicht von einer Klospülung. Das sind meine Ohren! Ich drohe umzukippen, lehne mich gegen die kühle, massive Eisentür und stöhne laut. Was habe ich mir nur dabei gedacht? Muss ich immer alles anfassen? Wie kann ich nur so blöd sein? Voller Selbstvorwürfe wanke ich langsam und wie betrunken die Treppe nach oben. Der Fotoapparat baumelt weiterhin von meinem rechten Arm. Im Gesicht kreidebleich – ich fühle mich so, als hätte sich mein gesamtes Blut im pulsierenden Daumen gesammelt – lasse ich mich auf einen Stuhl plumpsen, bevor ich nur noch schwirrende Sternchen, Pissoirs und auf mich zufliegende Tresortüren sehe. Schade eigentlich, dass ich nicht ohnmächtig werde, so muss ich diesen höllischen Schmerz bei vollem Bewusstsein ertragen – vor allem aber mich selbst.

Sofort eilt eine freundliche Bedienung herbei, schaut mich erschrocken an und fragt mich, was denn passiert sei. Benommen gebe ich, ohne die genauen Details zu erläutern, kleinlaut flüsternd meine übereifrige Dummheit zu.

Pflaster und Mullbinde liegen gut eingepackt in meinem blutroten Rollkoffer im Schließfach am Bahnhof – ausgerechnet, wenn ich sie mal brauche. Irgendwie ist das so ein Fall von Murphys Gesetz.

Die freundliche Dame bringt sofort eine strahlend weiße Serviette, die ich dankbar entgegennehme und fest auf die pochende Wunde presse. Danach stellt sie eine große Cola aufs Haus vor mich hin. Ich habe bald mehr Mitleid mit ihr, weil ich solche Umstände bereite, als mit mir selbst. Der Schmerz lässt nur leicht nach, dafür ist die Blutung dank ausreichender Druckausübung schnell gestillt. Das zuckersüße Koffeingetränk stabilisiert meinen durcheinander gebrachten Kreislauf. Nach einer Weile wage ich es, mich langsam zum Bahnhof zu begeben. Den Weg habe ich mir gemerkt und rufe ihn erstaunlicherweise auch in diesem Zustand, wie ein technisches Gerät, automatisch ab.

Ich beschließe, kein Krankenhaus in Mannheim zu suchen. Mir fehlt die Energie, nach dem Weg zu fragen, und ich will einfach nur noch nach Hause. Also setze ich mich in den nächsten Zug und fahre nach Frankfurt. Bei mir um die Ecke ist ein Krankenhaus, das ich noch nie von innen gesehen habe. Mit meinem Rollköfferchen im Schlepptau trudele ich nach meiner Ankunft in Frankfurt dort ein und muss leider feststellen: Ich bin hier auch noch falsch! Keiner kann mich verarzten, dafür soll ich ins

Bürgerhospital. Für die knapp zwei Kilometer gönne ich mir an diesem Sonntagnachmittag ein Taxi. Das lässt glücklicherweise nicht lange auf sich warten. Die kurze Strecke zu laufen, ist mir im Moment zu viel.

Gut angekommen, halte ich an der Rezeption den linken Daumen hoch, fülle mit rechts ein Formular aus und setze mich in den Wartesaal. Hier ist viel los, beinahe mehr als in den Straßen im Nordend. Ich warte geduldig, fast anderthalb Stunden, bis ich an die Reihe komme. Ich kann schon wieder lachen und erzähle, was ich angestellt habe. Die Wunde wird desinfiziert. Sie brennt gemein. Immerhin ist jetzt das anderthalb Zentimeter lange Schnittchen in der Mitte der Daumeninnenseite zu erkennen. Es wird nicht genäht, sondern geklammert und verbunden. Ich bekomme noch ein paar Schmerztabletten, falls der Daumen über Nacht zu pochen anfangen sollte. Obwohl ich sie nicht haben will, nehme ich sie mit, aber brauche sie dann zum Glück doch nicht.

Ohne dass ich etwas gesagt oder gar um Hilfe gebeten hätte, entlässt mich der Arzt mit den Worten: »Ihre Jacke müssen Sie schon allein wieder anziehen.« Darauf kann ich mir eine freche Antwort, begleitet von einem breiten Grinsen, nicht verkneifen: »Männer helfen Frauen sowieso nur beim Ausziehen!« Er schaut erst entgeistert und lächelt dann doch. Mir geht es scheinbar ganz gut, sonst wäre ich nicht zu solchen Späßen aufgelegt, und ich gehe sogar zu Fuß nach Hause.

Ein paar Tage später wird der Daumen geröntgt. Ich erfahre, dass der Kronenrand gebrochen ist. Ich wusste gar nicht, dass ich so einen Knochen in meinem Körper trage. Leider ist mein Daumen auch zwei Monate später und nach diversen Untersuchungen immer noch steif. Man sagt mir, dass er wahrscheinlich von einem Handspezialisten operiert werden muss. Der behandelnde Arzt erklärt munter bis ins kleinste Detail, was dabei passiert. Mir wird bei dieser Vorstellung fast so schlecht wie beim Unfall. Ich weigere mich. Sonst ja eigentlich sehr ungeduldig, warte ich in diesem Fall lieber noch ein bisschen ab, bevor ich lustig an mir herumschnippeln lasse.

Einen weiteren Monat später, also nach insgesamt über drei Monaten Heilungsprozess, kann ich ihn langsam wieder normal bewegen. Ich bin froh, ihm diese Zeit gegeben zu haben, ohne Operation. Heute kann ich ihn sogar besser beugen als den rechten Daumen, der in meiner Jugend einen Fußball abgekriegt hat.

Zurückgeblieben ist eine verblasste, dünne, blitzförmige Narbe, die mich lehrt, besser aufzupassen, wenn ich etwas mit links mache. Sie wird mich für den Rest meines Lebens begleiten und an diese Toilettenaktion erinnern, bei der ich trotz allem doch irgendwie sehr viel Glück hatte.

Fakten zum Lokus-Hokuspokus

Alle müssen mal ...

Speisen und Getränke sind ein Genuss, denen wunderbare Wertschöpfungen, blumige Textkompositionen und exquisite Fotos in opulenten Bildbänden gewidmet sind. Wir vergessen oft, dass, wo etwas hineingeht, auch etwas herauskommen sollte, damit es keinen Stau oder Verstopfungen gibt. Kein Weg führt an diesem physisch-chemischen Gesetz der Natur, dem sich Mensch und Tier von Geburt an fügen müssen, vorbei. Immerhin gehören zu den ersten Wahrnehmungen eines Kindes neben der Stimme der Mutter auch der Geruch und die Konsistenz eigener Ausscheidungen.

Jeder Mensch benutzt im Durchschnitt die Toilette fünf bis sieben Mal am Tag und etwa 2.200 Mal im Jahr; bei einer Lebenserwartung von 75 Jahren macht das um die 165.000 Mal, die Windelphase ausgenommen. Dies bedeutet eine Toilettennutzungsdauer von mehr als einem Lebensjahr – viel Zeit also, an Örtchen und Stelle auch mal zu einem Buch zu greifen und zum Beispiel dieses Kapitel hier zu lesen.

Es geht aber gar nicht so sehr darum, dass man muss, sondern vielmehr darum, wie man mit dem Müssen umgeht. Sogar Literaturnobelpreisträger Günter Grass hätte lieber endlich Toiletten in seinem Geburtshaus in Danzig als ein teures Denkmal von sich selbst in seiner Geburtsstadt gehabt. Doch die Örtlichkeit der Entleerung befindet sich wie kein anderer Ort zwischen Tabu und

Kult. Sie ist ein Ort der Plage, Anstrengung, An- und Entspannung, Erleichterung, Erlösung, Abgeschiedenheit, des Rückzugs, Alleinseins und des Minutenschlafs, an dem alle ihre Höschen runter und dem tiefsten Inneren freien Lauf lassen dürfen. Die Verrichtung mit den typischen Geräuschen der Körperentleerung, die biologisch so fundamental ist wie das Essen, Schlafen, Fortpflanzen, Gebären und Sterben, finden wir heute abstoßend. Eine Toilette ist trotzdem für viele im Alltag so selbstverständlich wie das Amen in der Kirche, welche uns diese Angelegenheit allerdings als intim und schamhaft zu betrachten anerzogen hat, weil der Unterleib tabu war, und es immer noch ist. In klerikalen Institutionen galten Latrinen als düsterer, unheimlicher Ort, an dem sich Teufel und Dämonen aufhielten.

So steht zum Beispiel Folgendes zur Verrichtung der Notdurft in der Bibel geschrieben:

»Und du sollst draußen vor dem Lager einen Ort haben, dahin du zur Not hinausgehst. Und sollst eine Schaufel haben, und wenn du dich draußen setzen willst, sollst du damit graben; und wenn du gesessen hast, sollst du zuscharren, was von dir gegangen ist. Denn der HERR, dein Gott, wandelt unter deinem Lager, dass er dich errette und gebe deine Feinde vor dir dahin. Darum soll dein Lager heilig sein, dass nichts Schändliches unter dir gesehen werde und er sich von dir wende.«

(Altes Testament, 5. Buch Moses, Deuteronomium Kapitel 23, Vers 13–15.)

*

Eine preußische Verordnung von 1680 sah vor: Wer aus Höfen und Ställen den Unrat auf die Straße warf, dem solle er wieder ins Haus geworfen werden.

*

Mitte des 19. Jahrhunderts standen einem Pariser etwa 13 Liter Wasser am Tag zur Verfügung, während ein Europäer heute durchschnittlich 150 Liter pro Tag verbraucht.

Afghanistan
Selbst beim Klogang in ihrer Freizeit tragen die amerikanischen Soldaten auf dem Militärstützpunkt Bagram ihr Sturmgewehr.

Australien
Toiletten sollen der wachsenden Körperfülle der Benutzer angepasst werden. Die Organisation Standards Australia gedenkt, die maximale Belastung eines Toilettenbeckens von 45 Kilogramm auf hundert Kilogramm zu erhöhen.

Bangladesch
Öffentliche sogenannte Stehklos sind in Bangladesch rar, sie finden sich halb öffentlich nur in Museen, Hotels und Restaurants. In der Hauptstadt Dhaka pinkeln Männer grundsätzlich an eine Hauswand oder in die Straßengräben der Altstadt, die meist mit Abfall gefüllt sind und irgendwann vom Regenwasser leer gespült werden. Auf dem Land ist, wenn man muss, meist ein Gebüsch, allerdings auch eine Vielzahl neugieriger Menschen.

China
Laut Feng Shui – chinesisch für Wind und Wasser und vor rund sechstausend Jahren zum Wohlbefinden der Menschen entwickelt – sollte eine Toilette nicht auf den Haupteingang eines Hauses zeigen. Zu Beginn dieses Jahrtausends hatten nur 40,2 Prozent der Chinesen ihr eigenes Klo und 288 Millionen waren nicht mit sauberem Wasser versorgt.

*

In den 1960er-Jahren wurden Toiletten aus alten Hofhäusern in die Gassen verlegt. Morgens schlurften Hunderte Chinesen zum Gemeinschaftsklo, getreu dem Motto: ›Ein Volk, das zusammen scheißen kann, ist ein Volk, das zusammenhält. Getrenntes Scheißen macht die zivilisierte Nation aus.‹

*

Viele Bewohner müssen die Gemeinschaftslatrinen in den Hutongs, den Altstadtgassen, aufsuchen, die zwar nach Geschlechtern getrennt sind, aber keine Privatsphäre bieten. 18,5 Millionen Mark verschlang der Bau von 38 neuen öffentlichen Toiletten in Peking. In der Altstadt gibt es kaum private Toiletten in den Häusern.

*

In vielen chinesischen Hotels wird die Toilette nicht desinfiziert, sondern mit einem Papierstreifen verziert, der Reinheit vorgaukelt. Ohne viel Aufwand lässt sich so Vertrauen zwischen den Hoteliers und Gästen schaffen.

*

Statt vom Gang aufs Klo sprechen die Chinesen auch von: ein Treffen mit Philosophen oder Freunden zu haben und die Halle der Brüderschaft aufzusuchen. Ein ›yeeha‹ – es kann mit schwingendem Cowboyhut bei übermütigen US-Amerikanern gehört und gesehen werden – bedeutet im Land der aufgehenden Sonne, sich aufs bestimmte Örtchen zurückziehen zu müssen. Das haben kleine chinesische Kinder jedoch nicht nötig, sie tragen einen Kaidangku, eine Hose mit einer Öffnung im Schritt, damit sie an Örtchen und Stelle müssen können.

*

In Shenzen, Südchina, sollen aufgrund mangelnder Regenfälle die Toiletten mit Meerwasser gespült werden. Toilettenspülungen mittels Meerwasser, das auch von Chemiefabriken und Kraftwerken zum Kühlen benutzt werden soll, wurden zunächst in neuen Hotels und Wohnsiedlungen eingeführt. In öffentlichen Gebäuden sollen wassersparende Geräte eingebaut werden.

Deutschland
Ob Städte und Gemeinden öffentliche Körper-Erleichterungsanlagen oder Luxus-Bunker-Bedürfnisanstalten unterhalten, ist Entscheidung der Stadt und eine freiwillige Leistung. Fehlende, verwahrloste oder schlecht entworfene Toiletten sind eher die Regel als die Ausnahme.

*

Von Gästen, die zum Essen oder Trinken kommen, dürfen Gaststättenwirte keinen Obolus für den Lokus verlangen; ansonsten liegt die Entscheidung bei ihnen, ob die Toilette kostenlos benutzt werden darf oder nicht.

*

Ein Tankstellen-WC ist grundsätzlich nicht öffentlich, solange dort keine Gaststätte betrieben wird. Der Tankwart darf auch bei dringender Notdurftlage eines Kunden den Zugang verweigern. Dasselbe gilt für Mitarbeitertoiletten im Einzelhandel, auch hier kann Kunden der Zutritt verwehrt werden.

*

Freiwillig schließen sich gastronomische oder andere Betriebe dem Konzept ›Nette Toilette‹ an, das sich in Deutschland in zahlreichen Städten positiv etabliert hat.

*

Achtzig Millionen Bundesbürger, die fünfmal am Tag an der Strippe ziehen oder auf die Taste drücken, verbrauchen täglich vier Milliarden Liter Trinkwasser, das in den Kläranlagen gereinigt werden muss, um wieder sauber in die Flüsse fließen zu können.

*

Die private Gestaltung des Toilettenaufenthaltes in deutschen Haushalten sieht folgendermaßen aus: 31 Prozent lesen Zeitung oder ein Buch, fünf Prozent ihre Post, fünf Prozent lösen Kreuzworträtsel, stolze 15 Prozent telefonieren nebenher und 44 Prozent konzentrieren sich auf das Wesentliche, von denen immerhin einige währenddessen eine geniale Idee, tiefgründige Einsichten oder Einblicke haben. 18,7 Prozent gehen während der Fernsehwerbung aufs Klo. Die meditative, entspannende Wirkung beiläufigen Lesens ist wohl einer der Hauptgründe für die leichte Klolektüre.

*

Was wir nicht vergessen sollten: Wer in Büros mit den Fingern in die Tastatur haut, verdient zehnmal mehr als Menschen, die unsere Toiletten reinigen, und hundertmal mehr als diejenigen, die in Entwicklungsländern unsere Tastaturen zusammenbauen. Außerdem befinden sich fünfzigmal so viele Bakterien auf der Tastatur als auf dem Toilettensitz. Ganze 515 Keime pro Quadratzentimeter sind es auf der Tastatur, die weitaus seltener desinfiziert wird.

*

Die teuerste Toilette Deutschlands, deren Einbau dreihunderttausend Mark kostete, befindet sich im Kölner Dom auf dem Dachboden. Sie wird nur von Steinmetzen und Restauratoren genutzt und wurde nur aus dem Grund eingebaut, damit die Arbeitszeit der Restauratoren optimal genutzt werden kann; jeder Klogang würde nämlich ansonsten etwa dreißig Minuten inklusive Ab- und Aufstieg dauern.

*

Heiratswillige dürfen sich in Hamburg auf der Toilette, im Keller, Treppenhaus oder anderen absurden Örtlichkeiten das Jawörtchen geben. Das Standesamt erlaubt den Eheschließenden, das Örtchen der Trauung frei zu wählen.

*

Die am häufigsten frequentierte Kloanlage Hamburgs an den Landungsbrücken kostet die Stadt jährlich 140.000 Euro.

*

Der Cougar-Helikopter der Bundeswehr-Flugbereitschaft verfügt über eine Toilette für die Kanzlerin, eine kleine Kombüse für die Flugbegleiterin, breite Ledersessel und Teppichboden.

Großbritannien
Das Land der modernen WC-Erfinder und Klotüftler ist eine Bereicherung für die gesamte Zivilisation. Fremdenverkehrsverbände schreiben alljährlich den Wettbewerb ›Klo des Jahres‹ aus.

*

Leser der Zeitschrift Focus ernannten bei einer Umfrage im Jahr 1997 die Toilette zur wichtigsten Erfindung aller Zeiten – vor Feuer, Rad und Dampfmaschine. Das WC sei der wichtigste Faktor beim Anstieg der Lebenserwartung. In den Ländern, in denen es kaum Toiletten gibt, ist die Lebensdauer tatsächlich bis zu vierzig Jahre geringer.

*

Vierzig Prozent der Briten bereitet das Warten vor Toiletten am meisten Stress.

*

Ein Fünftel der privaten Örtchen Englands hat kein Schloss. So wird – es sei denn, man wohnt allein – der Fuß von innen gegen die Tür gestemmt oder laut gesungen. Entspannung findet der Brite auf dem WC mit Zeitungen, Büchern, Musik, Essen und Trinken.

*

In der Zeit, bevor es WCs gab, begab man sich in England umgangssprachlich in den Garten, um eine Rose zu pflücken. Heute gehen die Damen sich ›die Nase pudern‹ und wenn die Herren sagen, sie würden mal eben ›einen Mann wegen eines Pferdes treffen‹, verschwinden auch sie höchstwahrscheinlich auf der Toilette. Oder Mann ruft Ralph, Hugh oder Alf auf dem Porzellantelefon zu einem Ferngespräch an.

*

Heroin und Kokain können, wenn man es konsumiert, möglicherweise aus einem Hintern gekommen sein. Sie werden oft von als ›Schluckern‹ oder ›Stopfern‹ bekannten Schmugglern im Körper transportiert. Verdächtige müssen am Flughafen Heathrow in London zur ›frost box‹ – einer Spezialtoilette mit einem durchsichtigen Plexiglasrohr, das die Sicht auf Exkremente freigibt, die ausgeschwemmt und desinfiziert werden. Sobald die Drogenpäckchen freigelegt sind, nimmt sie ein Beamter mit Gummihandschuhen heraus.

*

Stuart Baldwin ist laut Guinnessbuch der Rekorde der langsamste Student der Welt. Er benötigte 28 Jahre für den Uniabschluss. Familie, Beruf und Hobby hätten ihn zu sehr beansprucht, sodass er die nötige Zeit zum Studieren nur dann hatte, wenn er auf dem Klo saß.

*

Die größte Kuppelhalle der Welt in Greenwich, der Millennium Dome, ist mit 608 Toiletten und 247 Urinalen ausgestattet.

Indien

Von über 1,3 Milliarden Indern haben neunhundert Millionen keinen Zugang zu sanitären Anlagen. Der größte Slum Dharavi in Mumbai hat zum Beispiel eine Toilette für achthundert Menschen. Die öffentliche Münztoilette kostet eine dreiköpfige Familie fast fünfhundert Rupien pro Monat, während der Durchschnittsverdiener bestenfalls tausend Rupien heimbringt. Deshalb erledigen Männer ihr Geschäft, wo immer sie denn müssen.

Frauen setzen sich aus Scham lediglich entweder vor Sonnenaufgang oder nach Sonnenuntergang in dunkle Ecken und auf Felder. Indien ist somit eine einzige Freiluftlatrine, dabei könnten die Fäkalien richtig kompostiert genutzt werden.

*

Nur dreißig Prozent der Bevölkerung in Städten und ein Prozent der ländlichen Bevölkerung haben Zugang zu wassergespülten Latrinen. Millionen Haushalte haben Eimerlatrinen, die von den ›bhangi‹ geleert werden. Mit Händen oder einem hölzernen Spachtel kratzen achtzig bis neunzig Prozent der Frauen der niedrigsten Hindu-Kaste die Eimer aus und schütten den Inhalt in einen Kübel, den sie dann auf die umliegenden Felder tragen. Die armen Frauen erledigen die Arbeit meist barfuß, da ein Monatslohn von umgerechnet dreißig Euro nicht für Schuhe oder Handschuhe, geschweige denn Arbeitskleidung reichen würde. Manche Häuser haben einen separaten Eingang für die ›Unberührbaren‹, die nicht mit anderen Indern am Tisch sitzen dürfen. Über die Hälfte der Befragten antwortete auf die Frage, ob sie eine angesehenere Arbeit für weniger Lohn machen würden, mit Ja.

Indonesien
Auf der Insel Lombok müssen Paare, die heiraten wollen, sich erst eine eigene Toilette anschaffen – eine umweltpolitische Gesundheitsmaßnahme der Regionalbehörde. Der Leiter hofft, dass mehr Inselbewohner Eigeninitiative ergreifen, anstatt von der Regierung stille Örtchen zu erwarten. In der Region gibt es nur rund zwanzigtausend Toiletten, die gerade mal für dreißig Prozent der Familien ausreichen.

Japan
Dreißig Prozent der Bevölkerung der zweitreichsten Nation der Welt haben kein WC, das an Abwasserkanäle oder an septische

Tanks angeschlossen ist. Es gibt Straßenschuhe, Wohnungsschuhe und Puschen für die Toilette, die als unrein gilt. Wenn die Japaner aufs Klo gehen, schlüpfen sie aus den Hausschlappen in die Kloschlappen, die oft bunt mit der Aufschrift ›WC‹, ›OO‹ oder ›Toilet‹ vor der Tür zu Diensten stehen. Es gibt sie für Hock- und Sitzklos – wobei man sich immer mit dem Rücken zur Tür befindet. Nach dem Stuhlgang sollten die Schlappen natürlich wieder gewechselt werden.

*

Japaner geben für ein Hightech-Klo gern etwa 1.500 bis 2.500 Euro aus.

*

In Tokio gibt es eine Polizeistation, die besonders platzsparend zu einer Allzwecklokalität umfunktioniert wurde. Die Polizeistation beziehungsweise öffentliche Toilette ist ein kleines rechteckiges Gebäude, von dem aus der Polizist per Fahrrad auf Streife geht und in dem jeder ›Notdürftige‹ ungestört seinem Geschäft nachgehen kann.

Jemen
In der Weltkulturerbestadt Schibam sind die Lehmhäuser bis zu neun Stockwerke hoch. Vom obersten Stock bis zum Erdgeschoss hat jedes Stockwerk ein bis zwei Waschräume in der Nähe eines Schachts. Exkremente fallen durch den Schacht in einen Sammelbehälter, die ein Angestellter der öffentlichen Badehäuser mitnimmt. Sie werden auf dem Dach des Badehauses ausgebreitet und mit Abfällen als Brennstoff zur Wassererwärmung genutzt – die Asche wird an Obst- und Gemüsegärten verkauft.

*

Gemäß muslimischen Gesetzen dürfen Toiletten nicht nach Osten ausgerichtet sein – dies wäre eine Beleidigung für den heiligen Ort Mekka.

Kenia
In den Gefängnissen gibt es meist nur Eimer als Toiletten.

Korea
Koreaner glaubten früher, dass sich Dämonen und Geister in den Abtritten außerhalb der Häuser befänden. Man pflegte vor dem Stuhlgang zu husten oder sich laut zu räuspern, damit der Geist den Raum verlassen und der Benutzer zum Austreten eintreten konnte.

Mexiko
Im mexikanischen Bundesstaat Chiapas hat eine Wohnung im Durchschnitt 1,7 Zimmer, bewohnt von 5,4 Menschen; 47 Prozent der Wohnungen sind dabei ohne Toilette.

Mongolei
Auf dem Land wird meist eine rechteckige, einige Meter tiefe Grube ausgehoben und darüber ein Bretterverschlag gestellt, der meist sehr luftig gebaut ist und nur selten geschlossen werden kann. Sich nach Verrichtung der Notdurft die Hände waschen zu können, ist ein seltener Luxus, der zudem eher Touristen vorbehalten ist. Einheimische Männer, die ein dringendes Bedürfnis verspüren, sagen ganz höflich, dass sie mal nach den Pferden schauen müssten. Frauen müssen lediglich ›nur mal raus‹.

Niederlande
Wegen hoher Reinigungskosten auf dem Flughafen Schiphol wurden Urinale mit Fliegenmotiven versehen – mit dem Ziel, den Spieltrieb des Mannes und damit dessen Treffsicherheit anzuregen. Die Kosten für die Reinigung konnten dadurch tatsächlich um zwanzig Prozent gesenkt werden.

*

Aufgrund einer Autostau-Phobie darf ein Niederländer notfalls auf dem Standstreifen der Autobahn zum nächsten Parkplatz rückwärtsfahren. Sobald er im Stau steckt, überkommt ihn nach eigenen Angaben das Bedürfnis, auf die nächste Toilette zu müssen. Er bricht deshalb meistens schon vor Morgengrauen auf, wenn die Autobahnen noch frei sind, um Staus zu vermeiden.

Österreich
Scheißtage: In der Steiermark gab es die Sitte, dass das Gesinde zwischen Weihnachten und Neujahr die Arbeit nachholen musste, die es während des Jahres durch Defäkation versäumt hatte.

Schottland
Wenn jemand in Schottland an die Tür klopft mit dem Wunsch, die Toilette zu benutzen, ist jeder gesetzlich dazu verpflichtet, der Person Zutritt zu gewähren.

Schweden
In vielen schwedischen Mehrfamilienhäusern werden die Ausscheidungen der Bewohner per Unterdruck in den Keller gesogen und kompostieren dort geruchlos vor sich hin.

*

Eine Umfrage unter 550 in Göteborg lebenden Kindern zwischen 11 und 13 Jahren zeigte, dass etwa zwanzig bis fünfzig Prozent der Mädchen und Jungen Schultoiletten prinzipiell aus Ekel oder Angst vor Drangsalierungen auf dem Klo meiden; das Zurückhalten des Harndrangs ist jedoch kritisch zu betrachten, da es zu Harnweginfektionen, Verstopfung und Inkontinenz führen kann. Die Kinder haben Angst vor nicht funktionierenden Türriegeln, vor verstopften Abflüssen, davor, dass die Kabinentür eingetreten wird, während sie auf dem Klo sitzen, und dass jemand ihren Kopf in die Kloschüssel drücken und spülen könnte, wofür es mit ›Taufen‹ sogar einen offiziellen Begriff gibt.

Südkorea
In Suwon umschließt die Hwaseong-Festung von 1794, auf der man entlanglaufen kann, einen Teil der Stadt. Die Jijidae-Toilette, die sich auf der Festungsmauer befindet, gewann einen Spezialpreis der ersten ›Schöne-Toiletten-Inspektion‹ –, sie wird mit Solarstrom betrieben.
Bei der zweiten ›Schöne-Toiletten-Inspektion‹ wurde die Jeonmangjoeun-Toilette als beste Notdurftanstalt preisgekrönt, da man von ihr aus auf die Stadt schauen kann.

Singapur
Seit 1989 drohen saftige Strafen, wird die Klospülung bei öffentlichen Toiletten nicht benutzt. Ersttäter bezahlen 150 Singapur-Dollar, als Höchststrafe müssen Wiederholungstäter tausend Singapur-Dollar berappen. Diese Strafe droht auch Betreibern, die kein Klopapier, Seife und Handtücher bereithalten. Im Jahr 2000 wurden 54,8 Prozent der Toiletten mit sehr gut bis gut bewertet.

USA
Jährlich erkranken über vierzig Millionen Amerikaner an von Hand übertragenen Infektionen –, mehr als achtzigtausend sterben daran. ›Hygiene Guard‹ heißt ein Mitarbeiterkontrollsystem für handwaschfaule WC-Benutzer. Dabei wird ein Abzeichen angesteckt, das beim Betreten durch einen Infrarotsensor aktiviert wird. Am Seifenspender wird erfasst, ob sich der Angestellte genug Zeit zum Händewaschen nimmt. Die Daten werden für den Chef gespeichert. Beim Betreten der Toilette beginnt das Abzeichen zu blinken. Es hört damit erst nach einer Stunde beziehungsweise nach der Handwäsche wieder auf.

*

6.336 Männer und Frauen wurden auf fünf öffentlichen Toiletten in fünf Großstädten getestet. In New York wuschen sich sechzig Prozent, in San Francisco 64 Prozent, in Atlanta 69 Prozent, in New Orleans 71 Prozent und in Chicago ganze 78 Prozent – davon durchschnittlich 74 Prozent Frauen und 61 Prozent Männer – nach dem Toilettengang die Hände.

*

In Los Angeles entdeckte die Polizei im Regelwerk einer Straßengang eine Vorschrift, die besagte, dass Toilettenpausen für Drogenhändler auf 15 Minuten beschränkt seien.

*

Amtrak, die US-amerikanische Bahn, muss tausend US-Dollar Strafe löhnen, wenn eine Toilette nicht funktioniert.

Vietnam
Menschliche Exkremente sind die billigste biologische Waffe. In Vietnam werden geschärfte Pungi-Stöcke aus Bambus mit Kot überzogen und mit der Spitze nach oben tief in Gruben eingeschlagen, die dann sämtliche feindliche Stiefelsohlen durchdringen und die Füße infizieren sollen. Die Hälfte der amerikanischen

Gefallenen im Vietnamkrieg (1964–1975) ging auf die von Vietcong-Kämpfern eingegrabenen Pungis zurück. Das tropische Klima erhöhte das Infektionsrisiko zusätzlich; oftmals waren eine Amputation des Fußes oder eine tödliche Blutvergiftung die Folge.

Das Hightech-Toiletten-Schlaraffenland Japan

Ich bin dermaßen gespannt darauf, japanische Toiletten endlich in natura benutzen zu können. Sie verheißen Hightech pur, mit allem möglichen Schnickschnack wie beheizten Klobrillen, automatischen Wasserberieselungen, einem integrierten Gebläse zum Trocknen und weiß der Geier, was noch alles… Diese Wahnsinnsklos stehen im krassen Gegensatz zu denen, die ich bisher in 101 verschiedenen Ländern unserer Welt kennenlernen durfte und manchmal auch musste. Wie auch immer, auf jeden Fall habe ich auf einem solch hochtechnischen Thron vorher noch nie Minuten der Ruhe und Entspannung gefunden.

Bevor es dunkel wird, checke ich am frühen Abend Mitte Oktober im südkoreanischen Busan in die Fähre nach Shimonoseki ein. Auf dem Schiff nächtige ich in einem mit Matten ausgelegten Raum in Gesellschaft anderer Frauen. Sie üben sich mir gegenüber in Zurückhaltung bis auf Maiumi, die dankenswerterweise mit mir ein wenig Englisch spricht. Wie alle anderen gehe ich aufs Gemeinschaftsklosett für Damen. Das Klo ist eine dieser Vakuumtoiletten, die an Bord so typisch sind; wir kennen sie aus Flugzeugen, Zügen und Bussen. Eine andere, spektakulärere Toilette auf der Fähre hatte ich auch nicht erwartet.

Zu gern würde ich solch eine Unterdruck-Entwässerungstoilette bei mir zu Hause installieren lassen, da ich darauf achte, sorgsam mit den natürlichen Ressourcen unseres Planeten umzugehen. Diese Vakuumklos sparen bei ihren Spülvorgängen Unmengen an Trinkwasser.

Ich finde auf stiller See eine gute Portion Schlaf im Gemeinschaftsraum und wache ausgeruht auf. Gerade noch rechtzeitig, um an Deck zum ersten Mal das Land der aufgehenden Sonne bei aufgehender Sonne zu sehen, das ich für die nächsten zwei Wochen bereisen werde. Meine Neugierde auf die ›Geräuschprinzessin‹ (siehe Antwort zu Frage 23 im Klokus-Quiz) auf den Damentoiletten wird größer, je näher ich dem viertgrößten Inselstaat der Welt komme. Ich habe das Glück, die ersten Tage privat eingeladen zu sein. Das ist eines der schönsten Geschenke, die man mir auf Reisen machen kann – für eine kurze Zeit in den Alltag anderer eingebunden zu werden. Bei meinem Gastgeber hoffe ich – mit einer Sehnsucht, die fast dem Gefühl von Fernweh gleichkommt – das erste tolle japanische Hightech-Örtchen vorzufinden. Mein Gastgeber ist Amerikaner, heißt Peter und gehört, wie das oft üblich ist, zum internationalen Laufclub der Hash House Harrier. Ich hatte ihm eine E-Mail geschrieben, mich vorgestellt und freundlich gefragt, ob er eventuell für ein paar Tage Platz für mich hätte. Ich bin immer wieder überrascht, wie einfach es ist, auf diesem Weg eine Unterkunft zu finden.

Maiumi geht zusammen mit mir von Bord. Am Bahnhof trennen sich unsere Wege. Sie fährt gen Süden, während ich mit dem Shinkansen Richtung Nordosten muss. Die Hochgeschwindigkeitszüge Japans, die Geschwindigkeiten von bis zu 320 Kilometern in der Stunde erreichen können, sind die schnellsten und sichersten Züge der Welt. An der Station in Tokuyama holt mich Peter mit dem Auto ab. Wir gehen noch in den Supermarkt zum Einkaufen und fahren dann nach Tabuse, wo er am Stadtrand in einem Bungalow sein Zuhause hat.

Dieses lange Warten, bis es endlich so weit ist. Meine Blase kann es inzwischen auch nicht mehr aushalten. Kaum sind wir drin, frage ich also zuerst die Frage aller Fragen: »May I use the restroom please?« Ich darf. Natürlich. Die Toilette befindet sich am anderen Ende der Wohnung. Ich freue mich so sehr darauf, mit den verschiedenen Tasten zu spielen und alles auszuprobieren. Vor der Tür sehe ich keine speziellen Schlappen, die Japaner üblicherweise ausschließlich für den Klogang benutzen. Nun gut, ich wohne hier schließlich bei einem Amerikaner. Mit meinen Straßenschuhen trete ich ein ins himmlische Reich. Der Raum ist weiß; ebenso die Toilette, das Objekt meiner Begierde und meiner Sehnsucht. Ich nähere mich ihr so vorsichtig wie noch keiner zuvor, als könnte sie Beine kriegen und vor mir weglaufen. Endlich stehe ich vor ihr. Das ist der spannende Moment, auf den ich so lange gewartet habe, und in dem mir schließlich die Kinnlade herunterfällt und meine Augen fast so groß werden wie Klodeckel. Ich muss mich sehr beherrschen, nicht in lautes Gelächter auszubrechen und mir dabei womöglich auch noch in die Hose zu machen. Peter will ich mit einer Lachsalve erst recht nicht kompromittieren. Leise fließen mir die Lachtränen übers Gesicht. Ich kann es nicht fassen. Wer hätte das geahnt? Hier gibt es für mich rein gar nichts zum Spielen oder Spülen. Ich stehe doch tatsächlich vor einem Plumpsklo.

Tatörtchen D

Das meist stille Örtchen erregt immer öfter Aufsehen in der Presse. Es wird manchmal bewusst zweckentfremdet und gewisse Geschehnisse tun sich wie ein tiefer Abort vor einem auf.

Bei Po-litikern werden öffentliche Toiletten alljährlich zum 00-Thema, das meist eine 0-Runde macht, da sie es in den Mund, aber selten in die Hände nehmen, die sie außerdem gern in Unschuld waschen. Bei der Recherche in Zeitungsartikeln kann ich lesen, wie viel diskutiert wird, dass eine Menge Wasser den Main und andere Flüsse hinunterfließt, aber in Bezug auf öffentliche Toiletten wenig geschieht – selten ist Geld für die Aufwertung ihres Zustands in den Kassen. Essen, Trinken und saubere Toiletten sind ein Grundbedürfnis, das keinem verwehrt werden sollte. Darum soll es in diesem Kapitel zwar nicht gehen, das muss aber trotzdem hier mal erwähnt werden. Auch ohne saubere Po-litiker ist auf öffentlichen, halböffentlichen und privaten Örtchen allerdings einiges los. Sie werden zu Tatörtchen D(eutschland):

Aachen
Der Toilettenbesuch kostete einen 33-jährigen Mann hundert Euro. Während er auf dem Klo saß, habe durch die Öffnung unterhalb der Tür eine Hand nach seiner Brieftasche in der heruntergelassenen Hose gegriffen und den grünen Schein entnommen. Der Dieb konnte unerkannt flüchten, weil der

Geschädigte nicht in der Lage war, sofort die Verfolgung aufzunehmen.

Augsburg
Staunende Polizeibeamte entdeckten einen illegalen Friseursalon in einer Gaststätte. Ein Teil der Damentoilette war für das Zusatzgeschäft umfunktioniert worden.

Bad Homburg
Klo vergessen! Die neue zwölf Millionen Mark teure Erlenbachhalle musste umgebaut werden, weil die Bauaufsicht eine Toilette für das Küchenpersonal vergessen hatte. Bisher gab es im Untergeschoss lediglich Toiletten für die Mitarbeiter. Für das Küchenpersonal führte der Weg dorthin durch den Gastraum. Das wird vom Amt für Lebensmittelüberwachung jedoch nicht genehmigt.

*

Eine Toilette wurde wegen eines Stromausfalls mit Teelichtern beleuchtet. Durch die Hitze der Kerzenflammen geriet der Kunststoffkasten in Brand und der Toilettenraum begann zu qualmen. In dem rauchenden Örtchen kamen aber keine Menschen zu Schaden.

Bad Salzuflen
Zwei 14 Jahre alte Jugendliche inhalierten auf der Schultoilette giftige Gase von Spraydosen. Als ein weiterer Schüler eine Zigarette anzündete, gab es eine Explosion –, dreißigtausend Euro Sachschaden waren die Folge. Die Jungen wurden verletzt, konnten sich aber ins nahe gelegene Krankenhaus schleppen und ihre Brandverletzungen auf der Intensivstation behandeln lassen.

Bad Segeberg
Ein 31-jähriger Mann suchte um Mitternacht mit einer Zigarette in der Hand die Toilette seiner Wohnung auf und löste dabei eine Explosion aus. Wände der Parterrewohnung stürzten ein, Türen und Fenster wurden aus den Verankerungen gedrückt und der Raucher schließlich mit Brandverletzungen ins Krankenhaus eingeliefert.

Bayreuth
Zwei Männern im Untersuchungsgefängnis gelang die Flucht. Sie durchbrachen die Betondecke einer Toilette, erreichten von dort die Außenmauer des Gebäudes und seilten sich dann ab in die Freiheit. Einer von den beiden wurde allerdings noch auf dem Gelände der Justizvollzugsanstalt aufgegriffen.

Berlin
Einen Polizeispürhund zog es morgens am Bahnhof Zoo auf eine öffentliche Toilette. In einem Spülkasten stöberte er ein großes Heroinpaket auf.

Bremen
In der Bremer Hafenstraße rief um acht Uhr früh ein 41-Jähriger auf einem Kneipenklo die Polizei, weil er auf der Toilette eingeschlafen und eingeschlossen worden sei. Wo er sich befände, wusste er nicht mehr. Durch die Beschreibung der anderen Straßenseite konnten die Beamten das Lokal finden. Als sie eintrafen, stand der Mann bereits auf der Straße. Er hatte bemerkt, dass sich der Notausgang von innen öffnen ließ.

*

Einem 26-jährigen Mann wurde nach übertriebenem Alkoholgenuss schlecht, weshalb er die Kneipentoilette aufsuchte, in der er dann das Fenster zum Luftschnappen öffnete. Er verlor beim Hinauslehnen das Gleichgewicht und fiel in den drei Meter tiefer gelegenen Kellerschacht. Mit starken Rückenschmerzen kam er ins Krankenhaus.

Bremerhaven
Als Polizisten in einer Kneipe einen 61 Jahre alten Taschendieb festnehmen wollten, fanden sie ihn mit heruntergelassener Hose auf der Kloschüssel, worin er Schein für Schein die Beute versenkte. Die Beamten fischten mehrere Hundertmarkscheine aus dem Klo und nahmen den Mann fest.

Daun
Ein Gastwirt in der Eifel war mit Reizgas auf eine Gruppe Schüler losgegangen, weil diese die Toilette benutzen wollten. Der Wirt verlangte pro Kopf einen Euro, weil die Kinder keine Gäste des Lokals waren.

Deggendorf
Auf der A 3 zwischen Nürnberg und Passau hatte ein 44-jähriger Autofahrer eine seltsame Begegnung. Sein Mercedes rammte plötzlich ein kurz zuvor von einem Laster gefallenes Klohäuschen. Zu seinem Glück war der Auffangbehälter der Toilette leer. Der Wagen kam von dem Zusammenstoß mit Beulen und Kratzern davon. Dem Toilettenhäuschen erging es wesentlich schlechter. Es wurde stark beschädigt und wird wohl nicht mehr eingesetzt werden können. Verletzte gab es nicht.

Essen
In Essen rollte eine S-Bahn voller Passagiere mit offenen Türen eine Strecke von über zwei Kilometern durch die Stadt. Der

Lokführer war gerade auf der Bahnhofstoilette, als der Zug allein und ohne fremdes Einwirken plötzlich losfuhr und erst beim Ziehen der Notbremse zum Stehen kam.

Frankfurt
Mitarbeiter eines Bekleidungsgeschäfts verweigerten einer 66-jährigen gehbehinderten Kundin die Nutzung der Angestelltentoilette. Durch Vorschriften wie diese ist der Kunde weit entfernt davon, sich als König fühlen zu dürfen, insbesondere wenn er mal aufs Thrönchen muss. Wo bleibt das menschliche Mitgefühl? Konsum ja – Klo nein!

*

Ein Unbekannter hatte aus einem Fünf-Liter-Kanister Rohrreiniger ins Klo eines Schnellrestaurants gekippt. Ätzende Gase verletzten 16 Menschen, die im Lokal medizinisch versorgt werden mussten.

Fürstenfeldbruck
Ein betrunkener Bierbrauer hatte aus Versehen eine eingeschaltete Einzelherdplatte auf den Boden fallen lassen und war danach aufs Klo in seiner Wohnung gegangen. Dort nickte er ein und bemerkte nicht, wie das Nebenzimmer ausbrannte. Der 48-jährige Mann vernahm den Aufruhr im Haus, schaffte es jedoch nicht aufzustehen und schlief an Örtchen und Stelle wieder ein, bis die Feuerwehr ihn weckte. Auch die Nachbarn konnten rechtzeitig evakuiert werden.

Göppingen
Auf Beutezug durch Firmen und Autohäuser bekam ein 28-jähriger Einbrecher vor Aufregung Durchfall. Er musste sich wiederholt auf den Firmentoiletten der Geschädigten erleichtern.

Dadurch konnte er überführt werden. Er wurde zu 15 Monaten Freiheitsentzug ohne Bewährung verk(n)ackt.

Hamburg
Ein dreijähriges Mädchen hatte zu tief ins Klo geschaut; es blieb mit dem Kopf in der Kinderklobrille stecken. Die Eltern konnten ihrer Tochter nicht helfen, also rückte die Feuerwehr an. Während die Feuerwehrmänner das Mädchen mit Seitenschneidern aus der Klobrille befreiten, stellte es ihnen die Fische des heimischen Aquariums vor.

Hildesheim
Ein Ehepaar hatte seinen zehnjährigen Sohn auf der Autobahnraststätte Hildesheim vergessen. Der Junge ging während eines Tankstopps unbemerkt auf die Raststättentoilette. Erst bei der Ankunft in Neumünster entdeckten die Eltern, dass ihr Sohn nicht mehr da war. Von der Polizei informiert fuhren sie 220 Kilometer zurück zur Tankstelle.

Jena
Ein 44-jähriger Voyeur wurde von Studentinnen in der Toilette eingesperrt, als er Löcher in die Kabinenwände der Damentoilette bohrte, um die Frauen beobachten zu können. Die Polizei nahm den Mann fest.

Kronberg
Von zwei mobilen Klohäuschen erwählte ein Benutzer eine zu seiner Privattoilette: Er brachte an einem der beiden Plastikhäuschen ein Vorhängeschloss an, das die Stadt jedoch aufbrechen ließ. Dieser Vorgang wiederholte sich einige Male.

Laim
Rund vierhunderttausend Mark erbeutete ein etwa vierzigjähriger Räuber im bunten Jogginganzug in der Bayerischen Vereinsbank. Er schloss fünf Angestellte in der Toilette ein. Die Kassiererin zwang er, den Tresorraum zu öffnen, nahm das Geld und sperrte sie daraufhin ebenfalls in die Toilette. Die Angestellten konnten sich wenig später befreien.

Lampertheim
Einem Schachschiedsrichter fiel auf, dass ein Spieler bei der Partie häufig die Toilette aufsuchte und dann rasch den nächsten Zug machte. Beim erneuten Klogang folgte der Schiedsrichter dem Teilnehmer bis in die Nachbartoilette. Da er keine Geräusche vernehmen konnte, stieg er auf den Beckenrand, um in die Nachbarkabine blicken zu können, und ertappte den Spieler mit einem Mini-Computer mit Schachbrettmuster in der Hand. Der Betrüger wurde auf dem Klo disqualifiziert.

Landsberg
Ein unbekannter Täter hatte an der Hauptschule am Schlossberg in der Toilette mit Pfefferspray gesprüht. 35 Schüler und Lehrer wurden mit Augen- und Schleimhautentzündungen sowie Atemnot ins Klinikum gebracht. Das zur Selbstverteidigung verwendete Spray fällt nicht unter das Waffengesetz, sondern unter das Lebensmittelrecht.

Mannheim
Eine Frau wollte in ihrer Wohnung aufs Klo gehen, das aber von ihrem Mitbewohner besetzt war, der dort seelenruhig telefonierte und auf ihr drängendes Bitten nicht reagierte. Daraufhin trat die Frau die Klotür ein. Es kam zum Handgemenge, wobei das

Mobiltelefon kaputtging. Der Mitbewohner erlitt Kratzspuren an Kopf und Händen. Die Frau musste mit einer Platzwunde am Schädel im Krankenhaus behandelt werden.

Meldorf (Kreis Dithmarschen)
Ein 21-jähriger Angeklagter hatte in Abwesenheit seines 22-jährigen Bekannten aus dessen Wohnung diverse Elektrogeräte und ein altes Playboy-Magazin geklaut. Bei einem späteren Besuch auf der Toilette des Täters entdeckte der Beklaute das Männermagazin, das er sofort als das seine erkannte, weil er das Playmate des Monats herausgetrennt hatte.

Moers
Über das Fenster des Badezimmers stieg nachts ein 29-jähriger Unbekannter in die Wohnung eines Ehepaares ein, benutzte die Toilette und legte sich daraufhin nackt zu ihnen ins Ehebett. Polizeibeamte holten den geistig verwirrten Mann ab.

München
Auf der Münchner Messe wurde ein 24-jähriger Mann, der kurz vor Messeschluss einem dringenden Bedürfnis auf dem Klo nachging, versehentlich eingeschlossen. Lautes Rufen und Klopfen nützten nichts, also schlug er mit einem Papierkorb den Sprinklerknopf ab und alarmierte so die Feuerwehr. Das Gebäude wurde auf den vermeintlichen Brand hin abgesucht. Ein Brandherd konnte nicht gefunden werden, dafür aber der inzwischen durchnässte Mann, der in die Freiheit entlassen werden konnte.

*

Im stillen Örtchen seiner Wohnung hatte ein 24-Jähriger verborgen im Radio eine Kamera installiert. Sobald sich jemand aufs WC zurückzog, war er im Nebenzimmer live dabei. Bei mehreren

Gelegenheiten prahlte er mit seiner ›abortigen‹ Peepshow, sodass sich die Geschichte im Freundeskreis verbreitete. Eine Bekannte erstattete Anzeige.

*

Im Kaufhof am Stachus wurde ein Ladendieb vom Hausdetektiv erwischt. Dieser ließ den Täter aufs Klo, bevor die Polizei eintraf. Auf dem Örtchen trank der Dieb die gestohlene Halbliterflasche Jägermeister leer. Die Polizisten konnten ihn noch ansprechen – dann wurde er bewusstlos mit 5,26 Promille ins Krankenhaus eingeliefert.

Nerchau/Schmorditz
Eine Miettoilette wurde nachts aus dem Naturschutzgebiet Dübener Wald gestohlen. Sie wurde von Mitarbeiterinnen der Restaurierungsfirma, die Arbeiten am Bachlauf vornahm, genutzt. Vom Klo fehlt bisher jede Spur.

Nürnberg
Sein dringendes Bedürfnis kostete einen Autohändler aus Aserbaidschan 106.000 D-Mark. Er legte auf der Toilette seine Gürteltasche mit Bargeld ab, die er jedoch, nachdem er sich erleichtert hatte, dort vergaß. Als er das wenige Minuten später bemerkte, war er auch um das Geld erleichtert. Er wollte Gebrauchtwagen zur Überführung in seine Heimat kaufen.

Oberstaufen
Zwei mit Pistolen bewaffnete Räuber überwältigten den Aufseher einer Spielhalle, der gezwungen wurde, die Alarmanlage auszuschalten. Anschließend wurde er mit Klebeband gefesselt und in die Toilette gesperrt. Die Täter brachen sämtliche Automaten auf und nahmen das Geld mit.

Plauen
Zwei Männer konnten nur mithilfe der Polizei eine öffentliche Toilette wieder verlassen, da die Klinke von innen abgerissen war.

Rödermark
Unbekannte Diebe verschoben einen Bauzaun und klauten ein mobiles Toilettenhäuschen von einer Baustelle. Es ist blau und trägt die Aufschrift ›TOI TOI‹.

Schönow
In der brandenburgischen Gemeinde soll es Korruption beim Klobau gegeben haben. Der ehemalige Bürgermeister habe während seiner Amtszeit einen Installationsbetrieb beauftragt, das Toilettenhäuschen der örtlichen Grundschule zu sanieren und 1,8 Millionen Mark an den Betrieb überweisen lassen, obwohl laut Gutachten eines Sachverständigen die Arbeiten maximal 338.000 Mark wert gewesen wären. Der Ex-Bürgermeister hatte sich danach in die Dominikanische Republik abgesetzt, wie auch der zu 1,4 Millionen Mark Schadenersatz verurteilte Installateur. Erst als sich der ehemalige Politiker zur Auflösung seines Vermögens in der Heimat aufhielt, konnte er verhaftet werden.

Sendling
Passanten wunderten sich 14 Monate lang über Fäkalien auf dem Bürgersteig. Anstatt ihre defekte Toilette reparieren zu lassen, bedienten sich ein 51-jähriger Mann und seine sechzigjährige Lebensgefährtin vergangener Methoden. Jede Nacht entleerten sie einen gefüllten Kübel durch das Fenster auf die Straße. Eine Frau, die unterhalb des Fensters am Automaten Zigaretten kaufte noch auf Seite 250, musste sich mit einem Satz vor dem Fäkalienguss retten. Das Pärchen muss mit einem sauberen Bußgeld rechnen.

Weilmünster
Auf dem Jahrmarkt war in einer Toilettenkabine ein 65-jähriger Rentner betrunken eingeschlafen. Als er aufwachte, war seine Hose inklusive Geldbörse mit etwa siebenhundert Euro Bargeld verschwunden. Kloschlaf kann teuer werden.

Wiesbaden
Eine versehentlich beim Klogang weggespülte Polizeidienstmarke ist nach 15 Jahren bei Sanierungsarbeiten im Abwasserkanal wieder aufgetaucht. Kurz poliert, nach einem beschissenen Dasein im Untergrund, sah die Marke aus wie neu.

... und unterwegs im Zug
Ein Unbekannter hatte in einer Plastiktüte knapp vierhunderttausend Euro im ICE von Berlin nach Frankfurt liegen gelassen und sich auch zwei Jahre später nicht um den Verbleib seines Geldes gekümmert. Ein Rentner hatte das Geld gefunden und abgegeben. Meldet sich bis zum Ablauf der dreijährigen Frist niemand, geht das Geld in den Besitz der Bahn über. Der Rentner soll sechstausend Euro Finderlohn bekommen.

*

In der Toilette des Zuges von Magdeburg nach Braunschweig wurde Alarm ausgelöst. Der Zugbegleiter fand daraufhin beim Öffnen der Tür ein Pärchen, das versehentlich den Alarmknopf am Waschbecken gedrückt hatte, in eindeutiger Stellung. Wegen der Störung seines Treibens griff der brünftige Mann aus Wut den Zugbegleiter an. Der Bundesgrenzschutz ermittelt nun wegen Körperverletzung.

*

Ein Mann aus Koblenz wollte ein Auto kaufen und transportierte dazu 23.400 Mark zur Sicherheit in seiner Unterhose. Beim Klogang im Intercity vergaß er seinen genialen Einfall, weshalb das Bargeld in der Nähe von Lehrte ins Freie fiel. Die ermittelnden Beamten fanden es, in Klarsichtfolie gepackt, auf der Strecke wieder.

Recherche in der Heimat

In meiner Kindheit waren Meerschweinchenköttel daheim, in meiner Jugend Pferdeäpfel und dampfende Misthaufen im Reitstall keine Besonderheit für mich, denn was fressen will, muss auch … Zu den Ausscheidungen gras- und getreidefressender Kleintiere habe ich ein ebenso entspanntes Verhältnis wie zu den Exkrementen großer Vierbeiner. Die Lebewesen geben mir etwas von der Natur zurück, die in einer wachsenden Großstadt verstärkt unter Hochhäusern, Wohnblocks und neuen Straßenzügen verschwindet. Ohne Natur geht es nicht, ohne meine Stadt aber auch nicht.

Seit ich als Kind von einer Nachbarin zum Lesen animiert wurde, stecke ich meine Nase ausgesprochen gern in Bücher. Sie faszinieren mich und öffnen mir Pforten in einen unbekannten Kosmos. Die Recherche zu diesem Buch war sowohl auf dem aktiven Wege zu den stillen Örtchen dieser Welt als auch auf dem passiven Weg in Bibliotheken und Buchhandlungen gleichermaßen spannend. Die größten Überraschungen zu diesem sich wiederholenden Zyklus – dem Prozess der Ausscheidung – gibt es, wenn man gar nicht damit rechnet.

Ich recherchiere regelmäßig in der Deutschen Bibliothek in Frankfurt. Dafür habe ich mir aus praktischen Gründen eine Jahreskarte besorgt, denn ich kann die Bibliothek, was mir sehr zupasskommt, in wenigen Minuten zu Fuß erreichen. Wer weiß, ob es mit diesem postkulinarischen Buch so weit gekommen wäre, hätte ich einen viel weiteren Anfahrtsweg gehabt. Ich habe da offen gestanden leise Zweifel.

Heute stöbere ich allerdings durch den Buchhandel in der Innenstadt. Ich mache mich schlau, was aktuell so zum Thema zu haben ist. Tatsächlich werde ich fündig und mache es mir mit ein paar Büchern, die neben meinem dunkelblauen Rucksack auf den blutroten Sitzen liegen, richtig gemütlich. Ich vertiefe mich so sehr in die Materie, dass ich von ihr regelrecht absorbiert werde. Ich möchte eigentlich nur ungern davon ablassen, aber ich muss. Dringend! Der persönliche Leidensdruck wird zu groß, und meine Blase hat offenbar genug. Sie ist bis zum Bersten gefüllt.

Schüchtern bitte ich die junge Asiatin mir gegenüber, kurz auf meine Sachen aufzupassen. Ich erkläre ihr, dass ich ganz schnell auf der Toilette verschwinden würde und gleich wieder da sei. Sie bejaht meine Bitte nickend und lächelt mich an. Ich lächle zurück und eile in leicht gekrümmter Haltung davon. Beim Betreten der WC-Räume bin ich, wie jedes Mal zuvor auch schon, sehr dankbar für die sauberen Kundentoiletten, auf deren Kabinentüren Piktogramme mit einem durchgestrichenen Buch prangen.

Zum Glück muss ich nicht warten – keine Menschenseele weit und breit. Kaum ist die Tür abgeschlossen, reiße ich mir die Winterklamotten unterhalb der Gürtellinie vom Leib und lasse unter einem aufatmenden Seufzer einen Strahl ins Becken sausen. Ruckzuck bin ich mit Abwischen, Spülen, Ankleiden und dem Händewaschen fertig und schnell wieder zurück bei meinen Büchern. Die zierliche Asiatin blickt mich wieder lächelnd an und fragt: »Nur Pipi?«

Ich muss breit grinsen und innerlich laut lachen. Als sei es die normalste Frage der Welt und als würde ich sie jeden Tag hören–, dabei wurde sie mir wahrscheinlich das letzte Mal gestellt, als ich ein Kleinkind war –, antworte ich mit einem glückselig lang gezogenen: »Ja!«

Die Asiatin nickt befriedigt und liest weiter. Wie unverkrampft und ohne Scham andere Kulturkreise mit dem natürlichen Ausscheidungsthema umgehen, wundert mich eigentlich nicht. Die Frage kam trotzdem unerwartet, und die Erinnerung lässt mich auch Jahre später noch schmunzeln.

Aktenzeichen WC ... gelöst

Sogar aus dem Jahr 1887 existiert ein aktenkundiger Gerichtsstreit eines Arztes mit dem Polizeipräsidium. Das hatte von ihm verlangt, in einem Haus zwei weitere Klos einbauen zu lassen. Mehr als siebzig Personen in zehn überbelegten Wohnungen sollten vorher zwei Toiletten genügen.

In der Deutschen Bibliothek in Frankfurt am Main entdecke ich beim Recherchieren in Büchern nur die Anfangszeilen zu diesem Kapitel. Mehr über skurrile Tathergänge und stinknormale Tatbestände finde ich in Tageszeitungen.

Das WC ist bei Klägern und Angeklagten auch durch mehrere Instanzen bei Gericht längst kein Tabuthema mehr. Stattdessen wird es zum Streitobjekt und muss sich menschlichen Gesetzen unterordnen. Man könnte meinen, die Leute von heute stritten sich um jeden Scheiß. Nie zuvor wurde dem WC so gern von Nord bis Süd und West bis Ost ein Zeichen in den Akten der Gerichtsörtlichkeiten gesetzt und diese damit immer öfter als Aktenzeichen verewigt. Wird hier seit gut einem Vierteljahrhundert ganz praktisch der amtliche Klokult eingeläutet?

Wer Gefahr läuft, in Zukunft selbst einem Klodisput ausgesetzt zu sein, den man notfalls auf eine Toilettenklage ankommen lassen muss, darf sich – wie selbstverständlich auch alle anderen – dieses Kapitel in Form von kalorienfreien Ab-Schnittchen zu Gemüte führen. Arbeitgeber, Angestellte, Vermieter, Mieter, Schüler, Reisende und Tierhalter besonders aufgepasst! Alle Aktenzeichen sind ordnungsgemäß recherchiert und ohne Gewähr für alle weiteren Rechtsprechungen zukünftiger Kläger zum Thema.

Im Folgenden wird in manchen Fällen, die ich allesamt in Kurzversion wiedergebe, eine gewisse Schadenfreude nicht ausgeschlossen sein…

Aktenzeichen 16 Sa 200/14, Landesarbeitsgericht Hamm

Eine Toilettenfrau hat grundsätzlich Anspruch auf Auszahlung des eingenommenen Trinkgelds. Nach Gewerbe- und steuerrechtlichen Bestimmungen steht es allein der Arbeitnehmerin zu und darf nicht vom Arbeitgeber einbehalten werden.

Aktenzeichen M 12 K 13.1024, Verwaltungsgericht München

Ein Polizist aus Bayern klemmte sich in einer WC-Kabine den rechten Mittelfinger in der Tür ein und klagte auf Anerkennung eines Dienstunfalls. Die Klage wurde abgelehnt. Der Beamte sei Privatmann auf dem stillen Örtchen. Nur der Weg ans Toilettenziel und zurück sei geschützt, sobald man allerdings die Räumlichkeiten betreten habe, gelte dies nicht mehr; dasselbe gilt übrigens für den Aufenthalt in Kantinenräumlichkeiten zum Verzehr kulinarischer Genüsse.

Aktenzeichen 2 Ca 2010/12, Arbeitsgericht Krefeld

Ein Vorarbeiter zündete auf einer Baustelle einen Feuerwerkskörper in einem Dixi-Klo, in dem sich jedoch noch ein Arbeitskollege aufhielt. Dieser erlitt Verbrennungen an der Leiste, am Oberschenkel und im Genitalbereich, wodurch er drei Wochen lang arbeitsunfähig war. Selbst wenn die Verletzung nicht beabsichtigt und Folge eines üblichen, aber fehlgeschlagenen Böller-Scherzes gewesen sei, handele es sich dabei um einen tätlichen Angriff, bei dem der Betroffene nicht fliehen konnte. Die fristlose Kündigung des Vorarbeiters sei demnach gerechtfertigt, zumal er in seiner Position dem Arbeitskollegen gegenüber Verantwortung trug.

Aktenzeichen S 19 U 103/12, Sozialgericht Osnabrück
Verletzt sich ein Schüler ohne äußere Einwirkung in den sanitären Anlagen seiner Schule, ist er nicht unfallversichert, da es sich dabei um eine private Tätigkeit handelt. Wird ein Schüler aber beispielsweise durch das Schubsen eines Mitschülers in den Toilettenräumlichkeiten verletzt, deckt dies die Unfallversicherung ab.

Aktenzeichen 9 K 2096/12, Finanzgericht Baden-Württemberg
Der Angestellte eines Finanzamtes arbeitete auch von zu Hause aus. Aus diesem Grund wollte er seine Privattoilette als »Zweitklo« absetzen. Er legte dem Gericht sogar ein Toiletten-Tagebuch vor. Dieses wies seine Klage dennoch ab. Die Toilette daheim ist nicht steuerlich abzusetzen.

Aktenzeichen 7 K 87/11 E, Finanzgericht Düsseldorf
Wer steuerlich ein anerkanntes, häusliches Arbeitszimmer geltend macht, kann Räume wie Küche und Bad/WC nicht als anteilig genutzt absetzen.

Aktenzeichen 104 C444/10, Amtsgericht Bonn
Schmuckes Klo oder Schmuck im Klo? Zusammen mit ihrem dreijährigen Sohn besuchte eine Frau ihre Schwester und deren zweijährigen Jungen. Während sich die ahnungslosen Schwestern im Wohnzimmer unterhielten, warfen die kleinen Jungs Schmuck im Wert von viertausend Euro, den sie zuvor im Schlafzimmer auf einem Regal entdeckt hatten, ins Klo und betätigten die Spülung. Trotz Hilfe eines Klempners, der die Rohre aufschraubte, blieben

die wertvollen Gegenstände in der Kanalisation verschwunden. Die Schmuckeigentümerin forderte daraufhin von ihrer Schwester Schadenersatz, weil diese ihre Aufsichtspflicht verletzt habe.

Das Urteil entschied aber, dass Kleinkinder in vertrauter Umgebung nicht pausenlos beaufsichtigt werden müssten – ständige Kontrolle verhindere nämlich die Erziehung zur Selbstständigkeit. Ferner hätte der Schmuck nicht so leicht greifbar für die Kinder herumliegen dürfen. Die Klage der Geschädigten wurde somit abgewiesen.

Aktenzeichen 1 K 979/10.KO, Verwaltungsgericht Koblenz
Eigentümer, auch wenn ihnen dadurch Kosten entstehen, müssen der Entscheidung der Gemeinde folgen, falls diese sich für den Anschluss eines Grundstücks an die Kanalisation entscheidet.

Aktenzeichen 1 Ca 1181/09, Arbeitsgericht Oberhausen
Während der Mitarbeiter eines Supermarktes die Firmentoilette benutzte, versprühte sein Kollege aus Jux den Inhalt von zwei bis drei Dosen Duftspray. Der Mechanismus wurde dabei derart manipuliert, dass die Raumspraydosen unaufhörlich weitersprühten. Es kam zu einer Explosion, bei dem der Kläger Verbrennungen zweiten Grades an 31 Prozent seiner Körperoberfläche erlitt, während der Angeklagte ebenfalls schwer verletzt wurde. Der Spaßmacher musste seinem Kollegen zwanzigtausend Euro Schmerzensgeld zahlen.

Aktenzeichen 6 Ca 3846/09, Arbeitsgericht Köln
Der Inhaber eine Anwaltskanzlei ließ detailliert notieren, wie viel Zeit einer seiner Rechtsanwälte auf dem Klo verbrachte. Er kam auf 6,4 Stunden in 18 Tagen. Dafür kürzte er dem Angestellten das Gehalt. Dieser klagte mit der Begründung dagegen, unter Verdauungsstörungen gelitten zu haben. Das Gericht gab ihm

recht. Die Grenze zur Arbeitsverweigerung lasse sich nicht klar festlegen und häufige Toilettenbesuche rechtfertigten keine Gehaltskürzung. Sie dürfen also, sooft Sie müssen!

Aktenzeichen 67 S 335/08, Landgericht Berlin
Sind Urinstrahlgeräusche eines ›Stehpinklers‹ aus einer Nachbarwohnung im gesamten Wohnbereich, insbesondere auch im Wohnzimmer, deutlich vernehmbar, so handelt es sich dabei um einen Mangel der Mietsache. Eine Mietminderung von zehn Prozent ist gerechtfertigt.

Aktenzeichen 5 C 454/08, Amtsgericht Saarburg
Ist aufgrund einer fehlerhaft angeschlossenen Grundleitung die WC-Leitung verstopft, ist dies ebenfalls ein Mangel der Mietsache.

Aktenzeichen 172C 2705/05, Amtsgericht München
Bei der Betätigung einer WC-Spülung im Intercity-Express 2294 von München nach Frankfurt verschwand die eigene Hinterlassenschaft nicht in den Untergrund, sondern ergoss sich mit dem kompletten Inhalt des Fäkaltanks in einer Fontäne über die Benutzerin. Sie erlebte hier ihr braunes Wunder! Die erschrockene Zugbegleiterin gab ihr zwei Getränkegutscheine und einige Erfrischungstüchlein. Die Bahn versuchte außerdem, die Beschwerde der Kundin an Örtchen und Stelle mit einem Hunderter abzuwehren. Als dieser nicht akzeptiert wurde, legte die Bahn noch einen Fünfziger drauf.

Die besudelte Dame reichte in der Folge dennoch eine saubere Klage ein und verlangte zweitausend Euro Schmerzensgeld. Der Richter schlug einen Kompromiss von sechshundert Euro vor. Er befand die geforderten zweitausend Euro für zu viel und die geleisteten 150 Euro für zu wenig Geld. Die Anwältin der DB widersprach jedoch heftig –, dreihundert Euro seien schon ein großzügiger Betrag als Ausgleich für das erlebte, subjektive Ekelgefühl. Die Bahn könne zudem nichts dafür, wenn solch extreme Ausnahmefälle passierten. Die Betroffene war jedoch gezwungen gewesen, die vierstündige Fahrt nach Frankfurt, durchdrungen von Fäkalgestank, an einem separaten Platz fortzusetzen.

Der Richter zeigte Unverständnis, weil sich die Bahn so wenig kulant verhielt. Rund eine Stunde wurde im Gerichtssaal regelrecht um den Entschädigungsbetrag gefeilscht. Man einigte sich schließlich auf vierhundert Euro Bargeld und zweihundert Euro in Form eines Gutscheins für Bahntickets. Die Geschädigte gedachte allerdings nicht, jemals wieder Bahn zu fahren.

Aktenzeichen 5 S 3/05, Verwaltungsgerichtshof Mannheim
Ein Ehepaar klagte, dass die Sammelstelle für Hundekot vor seiner Haustür das Eigentum beeinträchtige und zu Geruchsbelästigungen führe. Bei der Hundetoilette handelte es sich um zwei übereinander montierte Metallkästen. Dem oberen wurden Tüten für Hundekot entnommen, die dann gefüllt im unteren deponiert werden sollten.

Die Gemeinde widersprach, da der Platz zentral gelegen sei, und es nie Probleme gegeben habe. Doch selbst wenn sie tatsächlich keinen Gestank verursachen würde, könne eine solche Anlage die Wertminderung eines Hauses begründen. Das Verwaltungsgericht Karlsruhe konnte in erster Instanz des Urteils feststellen, dass es durchaus Stellen gab, an denen die Anlage weniger störte; dagegen brachte die Gemeinde keine schlüssigen Argumente vor. Die Anlage wurde folglich entfernt. Hausbesitzer müssen unmittelbar vor ihrer Tür also keine Hundetoilette dulden, solange es im Ort alternative Standörtchen gibt.

Aktenzeichen 15 Sa 463/04, Landesarbeitsgericht Hamm
Ein Geschäftsführer entdeckte bei einem Kontrollgang, während dem er unter der verschlossenen Tür in eine Toilettenkabine hineinschaute, eine Person auf dem Klo, die die Hose anbehalten hatte. Statt sich nach dem Befinden des Mannes zu erkundigen, fotografierte der Geschäftsführer den Mitarbeiter über die verschlossene Tür hinweg und schlug im Anschluss gegen diese und forderte den Mann auf, unverzüglich die Toilette zu verlassen.

Der Angestellte beteuerte, weniger als fünf Minuten auf der Toilette verbracht und den Kopf wegen Brechreiz nach unten gehalten zu haben. Er verwies auf ein ärztliches Attest wegen Magenproblemen. Wenige Tage später wurde ihm trotz beanstandungsfreier 18-jähriger Betriebszugehörigkeit gekündigt. Der Mitarbeiter argumentierte, dass eigentlich er es sei, dem nach diesen Vorkommnissen die Fortsetzung eines Arbeitsverhältnisses nicht mehr zugemutet werden könne, weil er zu jeder Zeit damit rechnen müsse, ebenso unwürdig wie beleidigend behandelt zu werden. Die Kündigung wurde letzten Endes als unwirksam eingestuft, weil dem Mitarbeiter kein »Kloschlaf« nachgewiesen werden konnte.

Aktenzeichen 1 Ws 279/04, Oberlandesgericht Karlsruhe
Ein Verstoß gegen die Menschenwürde bei einer dauerhaften Doppelbelegung von Einzelzellen liegt nicht vor, wenn der Raum mindestens neun Quadratmeter groß und mit einer verschließbaren Nasszelle, die Toilette, Waschbecken und eine separate Entlüftung beinhaltet, ausgestattet ist. Die Richter wiesen somit die Beschwerde eines Strafgefangenen ab.

Aktenzeichen 7 Sa 1597/04, Landesarbeitsgericht Köln
Ein Arbeitnehmer, der dazu aufgefordert wird, vertragsfremde Arbeiten auszuführen, darf sich weigern, dies zu tun. Selbst wenn man aus Protest nach Hause geht, muss der Arbeitgeber dem Arbeitnehmer den Lohn auszahlen.

Im Streitfall hatte ein Vorgesetzter einem Kundendienstmitarbeiter im Innen- und Außendienst aufgetragen, Adressen aus dem Telefonbuch abzuschreiben. Er wurde dazu in einen Büroraum eingeschlossen und durfte die Toilette nur in Begleitung des Betriebsleiters aufsuchen. Das Gericht hielt dies für schikanös.

Aktenzeichen 3 Ws 578/03, Oberlandesgericht Frankfurt am Main
Die Unterbringung von zwei Gefangenen in einer Einzelzelle mit offenem WC verstößt gegen die Menschenwürde. In der EU-Menschenrechtskonvention sei eine solche Unterbringung zudem nicht vereinbart. Das Gericht gab der Beschwerde eines Häftlings statt, der zwei Monate lang eine 7,5-Quadratmeter-Zelle mit einem anderen Gefangenen teilen musste. Darin befand sich außerdem das nur durch eine Stellwand abgetrennte Klo. Gemäß dem Oberlandesgericht muss bei einem mehrfach belegten Haftraum die Toilette abgetrennt sein und gesondert entlüftet werden.

Aktenzeichen 2a C 232/02, Amtsgericht Siegburg
Ein Musiker im Rheinland hatte während einer Veranstaltung in einer Kneipe seine Tuba im Flur vor der Toilette abgestellt, weil sie dort – auch ohne das erhöhte Menschenaufkommen während des Karnevals – nicht hineingepasst hätte. Als er erleichtert aus der Toilette kam, war ein weiterer Jecke in die Tuba gefallen und hatte sie demoliert. Der Tubaspieler zog vor Gericht, weil die Ver-

sicherung nicht zahlen wollte – und bekam Recht. Er darf den vollen Ersatz für sein Musikinstrument verlangen, weil er einem dringenden Bedürfnis nachgegangen sei. Die Privathaftpflichtversicherung musste zahlen.

Aktenzeichen 313 S 78/02, Landgericht Hamburg
Das Wort ›Toilette‹ ist ein Oberbegriff und bedeutet nicht gleichzeitig, dass es sich dabei um ein WC handelt, sondern kann auch ein Plumpsklo mit Chemikalienzusatz bezeichnen. Ein stilles Örtchen, das als WC bezeichnet wird, ist rechtlich gesehen ein besseres Klo mit Wasserspülung.
Die Klage eines Urlaubers, der in einer abgelegenen Gegend in einem Ferienhaus in Schweden wegen nicht existenter Klospülung vor Gericht zog, wurde vom Landgericht Hamburg abgelehnt.

Aktenzeichen 9 L C 540/02, Oberverwaltungsgericht Lüneburg
Verbraucher dürfen Abwasser wiederverwenden und Duschwasser für die Toilettenspülung nutzen. Damit verlor die Stadt Bad Gandersheim einen Rechtsstreit. Die Kommune hatte eine Frau zwingen wollen, ihr Abwasser direkt ins öffentliche Kanalsystem einzuleiten. Dies wäre jedoch ein unzulässiger Eingriff »in Freiheit und Eigentum des Bürgers«.

Aktenzeichen L 3 U 323/01, Landessozialgericht Bayern
Eine Auszubildende vergaß, hinter sich die Tür der Toilettenkabine abzuschließen. Als ihre Kollegin diese mit Schwung öffnete, wurde die junge Frau mit voller Wucht so schwer am Kopf und ihrem linken Auge getroffen, dass sie einen Teil ihrer Sehkraft einbüßte.
Arbeitnehmer und Arbeitnehmerinnen, die sich auf der Betriebstoilette verletzen, genießen keinen Unfallversicherungs-

schutz, weil es sich dabei nicht um einen Arbeitsunfall handelt. Mit dem Betreten der Toilette ist jeder für sich Privatperson.

Aktenzeichen 32 C 261/01-84, Amtsgericht Frankfurt
Ein Fahrgast, der die Toilette im überfüllten ICE von Frankfurt nach Dresden nicht benutzen konnte, weil sie allesamt wegen Wassermangels abgeschlossen waren, klagte auf Schmerzensgeld. Toilettennotstand ist kein Zustand, den man in vollen Zügen genießen möchte. Gemäß dem Urteil muss die Deutsche Bahn in ihren Zügen die Benutzbarkeit der Toiletten gewährleisten oder den Bahnreisenden ansonsten Schmerzensgeld zahlen.

Aktenzeichen B 3 P 15/01 R, Bundessozialgericht Kassel
Eine Frau, die wegen einer neurologischen Erkrankung teilweise gelähmt ist, reichte Klage ein. Zur Intimreinigung besäße sie bereits zwei Spezialtoiletten – eine im ersten Stock und eine im Erdgeschoss – mit Bidet-Funktion, integriertem Reinigungsstrahl und Gebläse zum Trocknen. Von ihrer Pflegeversicherung verlangte sie außerdem die Finanzierung von feuchtem Toilettenpapier. Pflegekassen müssen jedoch nicht alle Kosten für Versicherte übernehmen, da Klopapier zum Beispiel ein Gebrauchsgegenstand des täglichen Lebens ist.

Aktenzeichen 21 C 307/00, Amtsgericht Brühl
Für eine abgenutzte Toilettenbrille ist der Mieter nicht verantwortlich. Der Richter äußerte sein Urteil folgendermaßen: Es sei allseits bekannt, dass selbst Klobrillen kein ewiges Leben hätten, da sie im täglichen Gebrauch naturgemäß Angriffen ausgesetzt seien, die das Material auch bei täglicher Pflege schädigen können.

Aktenzeichen 19 S 1986/99, Landgericht Hannover
Ein Hundebesitzer verließ seine Wohnung und sperrte seinen Vierbeiner ins Bad, das er vorher ausgeräumt hatte. Einzig eine Klopapierrolle ließ er dem Tier zum Spielen. Der gemeine Hund zerfetzte das Klopapier, stopfte es ins Waschbecken und drehte auch noch den Wasserhahn auf. Das verstopfte Waschbecken lief über. Das Gericht entschied, dass der Besitzer nicht grob fahrlässig gehandelt habe, weil er vorher nicht wissen konnte, was sein Hund anstellen würde.

Aktenzeichen 5C 472/99, Amtsgericht Warendorf
Da eine Toilettenspülung ohne Unterlass lief, schickte der Vermieter einen Klempner, der den Fehler allerdings so ›gut‹ behob, dass der Wasserdruck in der Folge zu niedrig war, um die Hinterlassenschaften wegzuspülen. Der Vermieter weigerte sich, erneut für Abhilfe zu sorgen. Deshalb reduzierte der Mieter die monatliche Miete.
Das Amtsgericht wies die Klage des Vermieters auf den Differenzbetrag ab. Es handle sich um einen erheblichen Mangel an der Mietsache, wenn man fünfmal die Spülung betätigen müsse, um drei Blatt Klopapier ins Abwassersystem zu befördern. Die Minderung sei gerechtfertigt, so lange dieser Fehler bestehe.

Aktenzeichen 2 C 0947/98, Amtsgericht Neu-Ulm
Nachbars Gemüsegarten ist kein Katzenklo. Eine Katze des Nachbarn müsse auf dem Grundstück vom Eigentümer zwar geduldet werden, nicht aber, wenn sie dort wiederholt ihre Notdurft verrichte. Außerdem muss der Tierhalter dafür sorgen, dass nicht all seine Katzen zusammen, sondern immer nur ein Tier zur selben Zeit draußen herumläuft.

Aktenzeichen 20 C 4724/98, Amtsgericht Nürnberg
Kakerlaken im Klo müssen im Urlaub bei einer Schnäppchenreise geduldet werden.

Aktenzeichen 40A C486/98, Hamburg
Ein Hamburger Vermieter installierte in der Toilette seiner Mieter eine Wasseruhr, deren Zähler einen Meter über dem Boden 16 Zentimeter aus der Wand ragte. Die Mieter konnten sich nicht mehr ohne Verrenkungen auf der Toilette niederlassen und baten den Vermieter, die Wasseruhr zu verlegen. Der Vermieter lehnte dies ab. Eine uneingeschränkte Toilettennutzung wurde gerichtlich eingeklagt.
Die Richterin begutachtete die Toilette persönlich. Sie kam zu dem Schluss, dass große Menschen sich nicht mehr gerade auf das WC setzen konnten, zudem seien die Benutzer des Klos möglichen Verletzungen durch die Wasseruhr ausgesetzt. Da die Mieter die Wohnung nicht in diesem Zustand angemietet hätten, sei der Vermieter verpflichtet, den ursprünglichen Zustand wiederherzustellen.

Aktenzeichen 20 C 372/97, Amtsgericht Büdingen
Ein Sprung in der Kloschüssel stellt einen Mangel der Mietsache dar, der eine Mietminderung in Höhe von zehn Prozent rechtfertigt.

Aktenzeichen 3 K 1950/97, Verwaltungsgericht Koblenz
Ein Arbeitgeber muss seinen Mitarbeitern auf dem Betriebsgelände ausreichend Toilettenräume zur Verfügung stellen, die nicht weiter als hundert Meter vom Arbeitsplatz entfernt sind. Die Gewerbeaufsicht hatte ein Kiesunternehmen dazu verpflichtet, für WCs zu sorgen, nachdem ihr Fehlen festgestellt worden

war. Es reicht nicht, wenn die Beschäftigten die Toiletten eines benachbarten Betriebs mitbenutzen können.

Aktenzeichen 9 Ca 4590/96 ek, Arbeitsgericht Frankfurt
Ein Mann, der beauftragt war, die Firmentoiletten mit frischen Papierhandtüchern auszustatten, fand dort zwei goldene Ringe und steckte sie ein. Die Eigentümerin hatte inzwischen den Verlust des Schmucks bemerkt und den Werkschutz ihrer Firma verständigt, der sich wiederum mit den Verantwortlichen des Reinigungsbetriebs in Verbindung setzte. Dort wusste man, wer zur fraglichen Zeit zur Reinigung der Toilette eingesetzt war. Der Mitarbeiter wurde anderthalb Stunden nach dem Fund der Ringe angesprochen. Er zog den Schmuck aus der Tasche und behauptete, er habe ihn abgeben wollen. Der Reinigungsbetrieb glaubte ihm nicht und kündigte ihm fristlos. Immerhin sei er in der Zeit mehreren Vorgesetzten begegnet, ohne die Ringe zu erwähnen. Das Arbeitsgericht Frankfurt genehmigte die Entlassung.

Aktenzeichen 12 S 185/94, Landgericht Köln
Den Mietern einer Erdgeschosswohnung wurde der Garten mit vermietet. Sie waren laut Vertrag zur Gartenpflege und Erneuerung von Pflanzen und Gehölzen verpflichtet. Die Vermieterin, die selbst im Haus wohnte, blieb jedoch berechtigt, den Garten für ihren Hund zu nutzen. Es kam zum Streit über die Gartenpflege, da die Mieter diese wegen des Hundekots einstellten. Zudem verlangte die Vermieterin von ihren Mietern, zu bestimmten Zeiten den Rasen zu mähen und Unkraut zu jäten. Da die Mieter dem nicht nachkamen, beauftragte sie einen Gärtner und verlangte die Kosten von den Mietern.

Ein Schadenersatzanspruch besteht nicht. Die Mieter dürfen selbst entscheiden, wo sie Unkraut entfernen, Blumen pflanzen und wann sie den Rasen mähen. Sie seien dazu berechtigt gewesen, die Gartenarbeit aufgrund des Hundekots aufzugeben. Die Mieter konnten, so der Richter, nicht davon ausgehen, dass der Garten als Hundeklo benutzt werden würde.

Aktenzeichen 1U 191/92, Oberlandesgericht Schleswig-Holstein

Das Herabrieseln von Fäkalien und Toilettenpapier muss die Deutsche Bahn AG verhindern, entschied das Oberlandesgericht in Schleswig-Holstein, nachdem ein in Hochdonn (Kreis Dithmarschen) wohnender Grundstücksbesitzer gegen die Deutsche Bahn geklagt hatte. Der Gestank der Fäkalien, die von einer Hochbrücke herabfielen, beeinträchtige den Kläger, dessen Grundstück direkt an die Fläche unterhalb der Brücke angrenzte, »nicht unwesentlich«, so das Gericht.

Aktenzeichen 21 U 6720/92, Oberlandesgericht München

Der Lokalredakteur eines Anzeigenblatts hatte ein Café als »Möchtegern-In-Treff« und »Pygmäen-Lokal« bezeichnet und sich zudem über das stille Örtchen lustig gemacht, das früher als Telefonhäuschen gedient hatte.

Nur einen Cappuccino zu trinken, der Toilette aber einen ganzen Absatz in einer Restaurantkritik aus zwei Absätzen zu widmen, sei eine verzerrte Darstellung und trage zur Entstehung eines falschen Bildes des Lokals für den Leser bei. Die Inhaber des Cafés bekamen bei ihrer Klage Recht. Pressefreiheit darf nicht zu beleidigender Schmähung werden.

Aktenzeichen 5 U 474/92, Oberlandesgericht Koblenz

Ein Kaufhaus ist nicht verpflichtet, eine Kundentoilette einzurichten. Das Kaufhaus haftet deshalb nicht für Schäden, die sich ein Kunde zuzieht, wenn er seine Notdurft hinter dem

Geschäftsgebäude verrichtet. Das Gericht wies die Schmerzensgeld- und Schadenersatzklage einer Frau ab, die sich, weil der Zugang zur Kundentoilette mit Waren zugestellt war, stattdessen in die Büsche hinter dem Geschäft schlug. Dort fiel sie nach eigener Darstellung so schlimm hin, dass sie sich erheblich am rechten Bein verletzte.

Aktenzeichen 22 U 97/91, Oberlandesgericht Köln
Der Mieter ist verpflichtet, Klobrille und Toilettensitz, falls er diese während der Mietdauer erneuert, bei Auszug entweder zurückzulassen oder die ausgetauschten Gegenstände wieder anzubringen. Andernfalls haftet er für den Schaden.
Der Vermieter kann grundsätzlich die Beseitigung von Schäden verlangen, soweit diese vom Mieter verursacht wurden oder zumindest in seiner Verantwortung liegen.

Aktenzeichen 16 C 383/89, Amtsgericht Berlin-Schöneberg
Die Benutzung von Bad und sanitären Einrichtungen um sechs Uhr früh durch einen Nachbarn ist kein Mangel der Mietsache.

China – ein Land lauter ›Unörtchen‹

Wenn man mich nach dem Land der grauseligsten Örtchen fragen würde, käme mir sofort der bevölkerungsreichste Staat der Welt, den ich mehrfach bereist habe, in den Sinn – ohne dabei auch nur für eine Sekunde an die weitaus ärmeren Länder Afrikas zu denken. Das viertgrößte Land der Welt, mit reicher Kulturgeschichte und technisch hoch entwickelt, hat auch zu Beginn dieses Jahrtausends wenig an benutzerfreundlichen Toiletten – den sogenannten ›Hallen der inneren Harmonie‹ – für die allgemeine Bevölkerung zu bieten.

In Peking schlendere ich allein durch typische alte Gassen mit ebenso alten Häusern, in denen es keine privaten Toiletten für ihre Bewohner gibt. Die begegnen sich regelmäßig, ob sie wollen oder nicht, auf dem öffentlichen Gemeinschaftsklo. Das entdecke ich eher zufällig an einer Gassenecke, wobei es so zufällig dann doch nicht ist, da ich es in der Sommerhitze schon von der Ferne riechen kann. Es ist ein grobkörniger, grauer Bau mit zwei Eingängen. Die Bedeutung der chinesischen Schriftzeichen für Mann und Frau – und welches für was steht – habe ich vergessen. Die erste Chinareise mit einer Reisegruppe aus Deutschland liegt bereits zehn Jahre zurück.

Ich warte ab und beobachte, wo ich reindarf; ich fotografiere nicht. Das Licht ist schlecht, die stickigen Gassen sind zu eng und es gibt zu wenig Platz mit zu vielen Leuten, um das Toilettenhaus gut vor die Linse zu bekommen. Inzwischen weiß ich, wohin ich zum Müssen dürfte, und will nur mal ganz schnell einen neugierigen Blick hineinwerfen. Ich nähere mich und atme ab sofort durch den Mund. Die Tür steht sperrangelweit offen und trotzdem sieht es ganz schon duster da drinnen aus. Kaum Licht dringt durch das verschmutze Fester, das sich direkt unterhalb der Decke befindet. Waschbecken, Kabinen oder wenigstens Trennwände als Sichtschutz gibt es nicht. Ich erkenne nur einen Raum mit einer langen, breiten Rinne voller Dreck. Genauer will ich es nicht wissen und halte in diesem Moment die Luft an. Das reicht. Mir stinkt's. 00 Privatsphäre – von Hygiene oder Komfort ganz zu schweigen. Und bei der Hitze kriege ich das kalte Grausen. So etwas habe ich tatsächlich noch nie gesehen. Hier leben viele alte, gebrechliche Chinesen, die das Tag für Tag mehrmals ertragen müssen.

Sie tun mir so unendlich leid, insbesondere wenn ich daran denke, wie es bei mir zu Hause aussieht, in meinem Tageslicht-Badezimmer mit den Serengeti, einladenden Sanitärobjekten, so weiß wie die Kuppe des Kilimandscharo. Der Spülkasten von Geberit, verborgen hinter der Wand mit weißer Spartaste davor. Sandfarbene Fliesen von Villeroy & Boch mit dem dezenten Motiv einer Schirmakazie, unter der eine kleine Herde Impalas im hohen Buschgras weidet. Sowohl Baum als auch Gras sind unaufdringlich durch weiße Linienführung angedeutet. Die Tiere heben sich durch einen Ton, der nur eine Nuance heller ist als die Fliesen selbst, von diesen ab. Sie wirken durch den Lichteinfluss von draußen fast silberfarben. Gegenüber hängt ein Spiegel in einer Länge von mehr als anderthalb Metern und einer Höhe von knapp einem Meter, in dem das Motiv reflektiert wird.

Ich habe die Fliesen selbst ausgesucht und wollte sie, als ich sie zum ersten Mal gesehen habe, sofort haben. Obwohl sich ja der Geschmack eines jeden bekanntermaßen über die Jahre verändert, diese Fliesen tragen bis heute entschieden zum Wohlfühlfaktor bei mir daheim bei. Auf dem Fußboden darunter leisten sich Zebra, Elefant, Flusspferd, Nashorn, Löwe, Wasserbüffel und Warzenschwein, kunstvoll aus Speckstein gemeißelt und allmählich aus Kenia zugewandert, einträchtig nebeneinander Gesellschaft. Außerdem gibt es da noch Glasschüsseln mit weißem Sand der Galapagosinseln, schwarzem Sand der Kapverden, mit Muscheln und Gestein aus aller Welt, Gefäße mit rotem Sand aus Namibia auf der Fensterbank sowie Pflanzen neben den üblichen Utensilien, die Frau eben so braucht.

All das macht mein Badezimmer zu einem friedlichen Örtchen, wo mich Muse, Muße und das Müssen küssen. Wer würde da nicht gern heimkommen wollen oder sich in solchen Situationen nach diesem Heim sehnen?

Auf so eine Rinne, wie ich sie hier und jetzt vor meinen Augen habe, bin ich zum ersten Mal in Tibet zwei Jahre zuvor getroffen. Sie erinnert mich an andere Erlebnisse, die mich frech grinsen lassen...

Es ist Anfang April und ich bin mit neun fast gleichaltrigen Rucksackreisenden auf Tour von Nepal nach Lhasa. Die Reise haben wir alle unabhängig voneinander in der Hauptstadt Kathmandu gebucht. Reisen auf eigene Faust nach Tibet sind nicht erlaubt. In den Dörfern des Hochlandes sehe ich nirgendwo WCs. Die stillen Örtchen befinden sich von den Wohnhäusern weit entfernt und stehen unter freiem Himmel. Bei Tag wird man nach dem Marsch zu ihnen mit wunderbarer Aussicht auf die schneebedeckten Berge belohnt und nachts sind sie ohne Taschenlampe nur bei Vollmond zu finden. Hat man sie erreicht, geht es meist ein paar Stufen nach oben – solange sie nicht am Hang liegen –, denn der Boden ist zum tiefen Graben zu hart und steinig. Deshalb wird überirdisch mit Lehm und Stein um die Hinterlassenschaften herumgebaut. Da es im April in der Nacht noch gefriert und tagsüber kalt ist, hält sich die Geruchsbelästigung in Grenzen.

In den Orten Lhatse und Shikatse, die wir auf unserem Weg nach Lhasa passieren, übernachten wir in Mehrbettzimmern. An die Rinne auf dem Gemeinschaftsklo für Damen unserer letzten Unterkunft werde ich mich auch noch Jahrzehnte später besonders gut erinnern. Ich betrete außerhalb des Hauptgebäudes einen fensterlosen, von Neonlicht durchfluteten Raum, in dem sich drei Kabinen befinden. Als ich eine weiße Tür öffne, entdecke ich dahinter nur eine nass glänzende Rinne. Sie erstreckt sich, ein Stück von der Wand entfernt, quer durch alle Kabinen und ist genauso wie der Boden komplett grau gefliest, rund dreißig Zentimeter breit und tief – und vor allem sauber! Trotz der Sauberkeit bin ich nicht besonders scharf darauf, in die Rinne hineinzuplumpsen und hinterher womöglich mit dem Po festzustecken, also überlege ich, wie ich mich am besten über ihr positioniere, um tun zu können, was ich tun muss; und das nach Möglichkeit, ohne die Hose dabei auf dem Boden oder in der Rinne schleifen zu sehen. Und auch die gefüllten Hosentaschen sollten sich nicht von selbst entleeren. Darin transportiere ich unter anderem ein paar Blätter Klopapier. Auf Anhieb kommen mir zwei Möglichkeiten in den Sinn und ich probiere sie aus.

Nach einem kurzen Testlauf entscheide mich für die ungefährlichere Variante. Und was passiert dann danach da unten in der Rinne? Und wann? Ich werde misstrauisch, denn ich entdecke keine Spülung. Als ich fertig bin, will ich wissen, was folgt. Ich warte einen Moment ab. Plötzlich kommt automatisch von links ein kräftiger Wasserstrahl aus einer Düse geschossen, die ich allerdings nicht sehen kann. Im Nu ist alles weggeschwemmt und die Rinne so sauber wie zuvor. Woher weiß die Düse nur, dass sie jetzt Wasser spritzen muss? Ich sehe keine Kamera, hinter dessen Übertragungsbild einer am richtigen Hebel sitzen könnte.

Ein Bewegungsmelder ist mir auch nicht aufgefallen. Beide Varianten würden mich ehrlich gesagt auch etwas überraschen. Auch, dass die Düse auf Gewichtsanstieg in der Rinne reagiert, kann ich mir nicht vorstellen. Beim Händewaschen fällt mir auf, dass sogar die Waschbecken sauber sind.

Zurück im Mehrbettzimmer kommt wenig später Simon, der Engländer in unserer Gruppe, frustriert und mit hängendem Kopf vom Klogang zurück. Als wir ihn fragen, was denn los sei, berichtet er zerknirscht, dass ihm die Klopapierrolle in die Rinne gefallen sei. Im Raum ist ein leises Glucksen zu vernehmen. Ich frage ihn: »Was? Die ganze Rolle? Davor oder danach?« Ich bekomme prompt die Antwort: »Ja, alles – und danach! Keine Chance!« Alle Anwesenden lachen laut los und ich will es prustend noch etwas genauer wissen: »Warum nimmst du nicht nur ein paar Blätter mit?« Er erwidert geknickt: »Ich hab keine Ahnung. Offen gestanden ist mir schon mal eine komplette Rolle reingefallen!« Das allgemeine Gelächter ist nun ohrenbetäubend. Mir schießen die Lachtränen in die Augen. Ihm bleibt nichts anderes übrig, als über sich selbst zu lachen. Und ich amüsiere mich darüber heute noch, als wäre es gestern gewesen.

Klopapier oder die längste Serviette der Welt

Früher hatte die Klopapierrolle in der Wahrnehmung des ›Notdürftigen‹ nur eine undankbare Nebenrolle inne – sie fiel höchstens bei Abwesenheit auf oder durch unangenehme Härte. Inzwischen hat sich das Blatt gewendet. Der Wohlfühlfaktor bekommt seit Beginn dieses Jahrtausends auch in Bezug auf das Toilettenpapier, ob in Privathaushalten, Nobelhotels oder Wellnesscentern, immer mehr Bedeutung. Heute liegen neben dem Klopapier sogar auch Designerzeitschriften und hoffentlich dieses Buch in Badezimmern und auf Toiletten.

Selbst bei der Nutzung von Toilettenpapier unterscheidet sich die zivilisierte Menschheit. In Deutschland, Österreich und der Schweiz wird das Toilettenpapier zur Nutzung zum Beispiel säuberlich gefaltet, während es in Frankreich, Großbritannien und in den USA eher geknüllt wird.

Viele Menschen dieser Welt kennen jedoch gar kein Toilettenpapier – neben der linken Hand mit Wasser ist Zeitungspapier weltweit das gebräuchlichste Abwischmaterial, in Südamerika sind es die Außenhüllen von Maiskolben und in Sambia wird normales Papier dem Zeitungspapier zum Abwischen vorgezogen; reibt man dieses 15 Minuten lang zwischen den Händen, wird es weicher. In Mosambik reicht manchen Leuten gar nur ein glatter Kieselstein.

Ein Reisender berichtete im Jahr 851 n. Chr., dass sich die Araber nach dem Stuhlgang mit Papier abwischten. Diese wiederum dürften den Gebrauch des Papiers zum Abwischen des Hinterns von den Chinesen, den Erfindern des Papiers, gekannt haben.

Etwa 44 Rollen Klopapier benutzen Deutsche, Österreicher und Schweizer jährlich – das sind 1.300 laufende Meter Klopapier pro Kopf. Für die Reinigung benötigen 45 Prozent bis zu drei Blätter, 33 Prozent etwa vier bis fünf Blätter Klopapier und 22 Prozent sogar stolze sechs bis zehn.

Recycling-Klopapier ist preiswerter als das Frischfaserprodukt, das mit enormem Aufwand hergestellt wird: Aus Holz wird erst Zellstoff und dann Papier gewonnen, welches daraufhin gebleicht wird. Beim ersten Produktionsschritt werden große Mengen Wasser, Holz und Chemikalien verbraucht, verbunden mit langen Transportwegen. Recycling-Klorollen können Spuren von Füllstoffen und Zusätzen beinhalten, die allerdings nicht zwingend als ungesund betrachtet werden müssen. Und ein Altpapiergemisch mit einem hohen Anteil an unbedrucktem Papier enthält kaum Reste von Farbstoffen.

Man sagt, mit maximal sieben anstelle von dreißig verschiedenen Arten von Toilettenpapier wäre der Handel renditestärker und die Kunden zufriedener. Das kann ich bestätigen – ich benutze zurzeit ein anderes Recycling-Produkt als das, was ich sonst verwende, und bin damit so unzufrieden, dass ich es nie wieder kaufen werde.

Bevor Klopapierfakten und -anekdoten rund um den ›Klobus‹ folgen, zunächst Scherzhaftes zum Einstieg:

Warum gibt es Toilettenpapier immer häufiger dreilagig?
Weil jeder Arsch für jeden Scheiß ein Dokument mit zwei Kopien braucht.

*

Ein Betrunkener betritt den Beichtstuhl. Als der Pfarrer den Vorhang zur Seite schiebt und durch das Gitter schaut, sagt der Betrunkene: »Du brauchst nicht zu fragen, hier ist auch kein Klopapier.«

Australien
14.960 Kilometer Toilettenpapier wurden während der Olympischen Spiele in Sydney verbraucht.

Belgien
Die EU legt für die Vergabe des Umweltsiegels für Toilettenpapier bestimmte Richtlinien fest. Der Rohstoff für das Produkt, von dem in der EU jährlich 3,7 Millionen Tonnen verbraucht werden, muss aus umweltfreundlicher Holzwirtschaft stammen. Für die Umweltbelastung bei der Produktion gibt es Strafpunkte, die einen bestimmten Wert nicht überschreiten dürfen.

China
Für den Gebrauch von Klopapier finden sich die ersten Hinweise erst im neunten Jahrhundert. Genauere Angaben stammen aus dem chinesischen Kaiserpalast von 1393. Für die kaiserliche Familie wurden 720.000 Blatt mit einer Größe von sechzig mal neunzig Zentimetern und 15.000 Blatt mit einer Größe von neunzig mal neunzig Zentimetern – diese sogar parfümiert – gelagert.

*

Auf dem Land heben die meisten Männer leere Zigarettenschachteln samt Zellophan auf, um es beim Besuch der Latrine zu benutzen.

*

In Hongkong wurden 107.300 Rollen gefälschtes Markentoilettenpapier beschlagnahmt.

*

In Schanghai werden jährlich 140.000 Tonnen Toilettenpapier und Papiertaschentücher benutzt – zur Produktion dieser gewaltigen Menge werden dreihunderttausend Tonnen Holz benötigt.

Dänemark
Die Akten deutscher Verkehrssünder enden sinnvoll recycelt auf dänischen Toiletten. Alljährlich werden etwa 150 Tonnen nicht mehr benötigter Unterlagen in Dänemark vorwiegend zu sanftem Klopapier verarbeitet.

Deutschland
Seit 1880 wird in Deutschland Klopapier hergestellt. 1891 erfand in Frankfurt am Main M. Eck den Closet-Papierautomat. Daraus wurde Jahre später der Distributeur für Closetpapier. Der polierte, mit einem Schiebedeckel verschließbare Kasten enthielt ineinandergefalztes Papier. Der Benutzer bekam jeweils lediglich zwei Papiere in die Hand – zur Vorbeugung von Papierverschwendung. 1894 kam der Distributeur in Rollenform auf den Markt.

Klopapier in Rollenform wurde 1896 von der British-Paper-Company Alcock & Co. in Berlin produziert. Bis 1900 galt es als Luxusartikel.

Ab 1928 gab es die von Hans Klenk entworfene Klopapierrolle mit garantierter Blattzahl. Sie trug den Namen ›Hakle‹ und wurde ein Erfolg. 1972 wurde das dreilagige Toilettenpapier zum neuen Meilenstein in der Entwicklungsgeschichte.

*

Am Tag des bestandenen Abiturs wurde das Auto eines Lehrers im thüringischen Suhl mit Toilettenpapier umwickelt und von einem Unbekannten angezündet – fünftausend D-Mark Sachschaden entstanden am flambierten Fahrzeug.

*

Im Rathaus von Pforzheim verschwand unaufhörlich das Klopapier. Diebe nahmen Rolle für Rolle mit. Den Ratsherren wurde es zu bunt – ein Toilettenpapierspender mit teurer Diebstahlsicherung wurde angeschafft.

*

Angestellte der Taunus-Therme in Bad Homburg kontrollierten einen siebzigjährigen Rentner mit einer ungewöhnlich dicken Tasche. Sie fanden neben Schraubenzieher und Taschenmesser sechs Pakete sorgfältig gefaltetes, unbenutztes Toilettenpapier.

*

Mit Toilettenpapier steckten Asylbewerber aus dem Kosovo, Pakistan und Weißrussland ihre Zelle in Brand. Sie wollten lieber sterben, als in ihre Heimat abgeschoben zu werden.

*

In der Hauptschule in Kaufering gab es für eine Weile kein Toilettenpapier mehr, weil ein Schüler das Klopapier auf der Toilette angezündet hatte. Die Schüler mussten ihr Klopapier daraufhin selbst mitbringen.

*

Wegen Vandalismus und Verschwendung in den Schulen von Kiel war eine Zeit lang das Klopapier knapp. Schulen baten Eltern, ihren Kindern Toilettenpapier mitzugeben, da es nur eine Rolle pro Toilette hab.

*

In Bad Oldesloe wurden bei einer Auktion eines Hanseatischen Auktionshauses für eine Rolle Klopapier aus dem Nachlass von Erich Honecker sechzig Mark erzielt.

Unterwegs in D mit Lkw und Bahn...
Ein mit Toilettenpapier beladener Lkw ging auf der Autobahn A 6 zwischen Nürnberg und Heilbronn in Flammen auf.

*

Mit Toilettenpapier setzte ein 24-jähriger Soldat den Intercity 725, der zwischen Hamburg und Berchtesgaden verkehrte, in Flammen und zwang somit den Bahnführer auf freier Strecke anzuhalten. Ein Wagen brannte komplett aus und ein anderer zur Hälfte. Der betrunkene Brandstifter wurde am Tatort festgenommen.

*

Zollbeamte entdeckten in einem ICE in Toilettenpapier eingewickelte antike Kulturgüter aus Syrien in einem zweistelligen Millionenwert.

Frankreich
Der Modedesigner Daniel Tribouillard stellte 1999 in Paris das erste Hochzeitskleid aus Klopapier vor.

Großbritannien
In England wagte es trotz zeitgenössischer Prüderie Walter Alcock 1879 erneut, Rollen aus perforiertem Toilettenpapier unter die Leute zu bringen. Zu der Zeit war das stille Örtchen ein Tabuthema. Zehn Jahre später setzte sich das Produkt langsam durch.

*

18 Jahre dauerte ein Streit um Klopapier eines Diplomaten in England mit dem öffentlichen Dienst an. Er begann 1963 wegen zu harten Toilettenpapiers. Ein jahrelanger Schriftverkehr folgte, an dem sich Gewerkschaften, die für das Regierungsklopapier verantwortliche königliche Papierwarenbehörde und die britische Schule für Hygiene und Tropenmedizin beteiligten. 1980 kam ein Team von Seuchenmedizinern zu dem Schluss: Weiches Toilettenpapier ist hygienischer als rustikaler Krepp. Die Akten können seit Anfang 2005 eingesehen werden.

*

Britische Toiletten wurden durch Luxustoilettenpapier verstopft, das eigentlich in den Mülleimer gehört. Feuchttücher lösen sich erst fünf Tage nach dem Wegspülen auf. Billiges Klopapier zerfällt bereits nach drei Minuten im Wasser. Rohrverstopfungen waren in den ersten sechs Monaten des Jahres, in dem das Produkt auf den Markt kam, um zehn Prozent gestiegen. Das sowieso schon teure Toilettenpapier wurde aufgrund der notwendigen Verstopfungsbereinigungen also noch kostspieliger.

*

In der Tate Galerie in London liest man an den Türen der Örtchen, dass das Toilettenpapier von einem anonymen Sponsor gespendet werde. Die Tate ist tatsächlich auf Sponsoren angewiesen.

*

Madonna und der britische Filmregisseur Guy Ritchie bekamen zu ihrer Hochzeit einen Doppelpack Toilettenpapier in Rosa und Hellblau als symbolische Gabe. Es sei lang und widerstandsfähig – so möge auch die Ehe sein. Das einstige Ehepaar wurde 2008 geschieden.

*

Begegnen sich zwei Schotten auf der Straße, sagt der eine: »Hey McDonald, du bist verschwenderisch – eine ganze Rolle Klopapier!« Erwidert der andere: »Was heißt hier verschwenderisch? Ich habe sie gerade von der Reinigung geholt!«

Indien
Für viele Inder ist Klopapier unhygienisch; aus diesem Grund benutzen sie anstelle des Papiers Wasser aus einem Gefäß, das ›Lota‹ genannt wird. Man hält es in der rechten Hand, weil man sich grundsätzlich mit links wäscht, wobei die Fingernägel der Linken kurz bleiben, damit man sich nicht kratzt.

*

Wer sich in Indien öffentlich auf der Straße erleichtert, macht dies auf der Straßenseite, die aus der Stadt hinausführt.

Japan
In Chiba schluckte eine 64-jährige Frau im Gefängnis so viel Toilettenpapier, bis sie daran erstickte. Die geistig kranke Frau habe ihren Ehemann bereits im Schlaf erstickt und ihm jetzt in den Tod folgen wollen.

Litauen
Alte Banknoten, rund dreißig Tonnen der ungültigen ›Talonas‹, werden in einer Papierfabrik in Wilna zu Klopapier verarbeitet. Das Material ist extrem saugfähig und hervorragend zum Abwischen geeignet.

Russland
Die Mitarbeiter einer russischen Uhrenfabrik bekamen statt eines normalen Gehalts rund 150 Rollen Toilettenpapier als Lohn. Eine Frau unter ihnen versuchte entsprechend, die Miete mit Klopapier zu bezahlen, was die städtische Wohnungsgesellschaft jedoch ablehnte. Zahlreichen russischen Firmen mangelt es tatsächlich an Bargeld.

Spanien
Auf Mallorca wurde ein Deutscher festgenommen, weil er seine belgische Freundin getötet haben soll. Die Polizei griff den 35-jährigen Mann auf, als er fast nackt – nur mit Toilettenpapier umhüllt – durch Manacor lief. Sein Körper war blutverschmiert, und er wirkte geistig verwirrt.

Türkei
Gemäß einem Brauch in Anatolien wurde der Hintern mit einem flachen Stein abgekratzt, den man von einem pyramidenförmigen Haufen nahm, ihn nach Gebrauch umdrehte und zurück-

steckte. Die Steine wurden durch das einstrahlende Sonnenlicht gesäubert und daraufhin von der anderen Seite benutzt.

USA

1857 führte Joseph Gayetty das erste kommerzielle, verpackte Toilettenpapier in den Vereinigten Staaten ein. Der wirtschaftliche Erfolg blieb aus. Alte Zeitungen, Broschüren oder Werbezettel waren billiger, als unbedrucktes Papier bezahlen zu müssen.

*

In einem Apparat zur Toilettenpapierherstellung in einem Lager in New York wurden rund 2.160 Kilogramm Kokain im Wert von 350 Millionen US-Dollar gefunden. Vier Personen wurden beim Drogenkonsum in der Lagerhalle überrascht. Das Gerät einer US-Fabrik sei zur Reparatur aus Venezuela in die US-Metropole zurückgeschickt worden.

*

In Miami drohten einem obdachlosen Besitzer von 22 Rollen Klopapier bis zu vierzig Jahre Haft. Das Geschworenengericht befand ihn für schuldig, Toilettenpapier für umgerechnet 15 Euro gestohlen zu haben. Der 32-jährige Wiederholungstäter habe unzählige Male wegen Kokainbesitzes, Diebstahls und Einbrüchen kürzere Haftstrafen verbüßt. Wiederholungstäter können per Gesetz in Florida schwer bestraft werden.

*

In Florida erschlug ein 56-jähriger Mann seinen 58-jährigen Mitbewohner mit dem Hammer. Die Leiche konnte nur noch mithilfe von Fingerabdrücken identifiziert werden. Für den tödlichen Wutausbruch war fehlendes Klopapier verantwortlich.

*

In McPherson, Kansas, nehmen Häftlinge, die nicht rauchen dürfen, Spinatblätter als Tabakersatz. Die Gefängnisinsassen fischen die Spinatblätter aus ihrem Essen, sammeln und trocknen diese heimlich und wickeln sie dann zum Rauchen in Klopapier ein.

Vietnam
Die kommunistische Regierung des Landes verbietet Werbung für Toilettenpapier, da das Produkt nicht zur traditionellen Sitte passe.

Was muss, das muss – auch auf den Philippinen

Ich bin auf der philippinischen Hauptinsel Luzon unterwegs. Die Fahrt von der UNESCO-Weltkulturerbe- und Kolonialstadt Vigan, die als das am besten erhaltene Beispiel spanischer Kolonialbauten gilt, in das pulsierende Angeles an den Ausläufern des Vulkans Pinatubo – eine Strecke von insgesamt rund zweihundert Kilometern – sollte mit dem Bus höchstens vier Stunden dauern. Jetzt bin ich schon sieben Stunden auf Achse und immer noch nicht am Ziel. Auf der Landstraße sieht man nichts als Stau, über unzählige Kilometer hinweg. Es scheint wirklich kein Ende in Sicht zu sein. Das habe ich hier in Deutschland ja noch nie erlebt – zumindest nicht auf einer Landstraße. Wo kommen denn in diesem armen Land nur all die Autos her? Ich kann es nicht fassen. Na ja, immerhin haben sie hier gerade ein verlängertes Wochenende – es ist Halloween.

Mit Stunden Verspätung halten wir an einem kleinen Busbahnhof, der von Menschen überfüllt ist, die ebenfalls übers Wochenende wegfahren wollen. Endlich kann ich mal aufs Klo gehen, denn im Bus ist keins vorhanden. Ich bin es auf Reisen längst gewohnt, nicht müssen zu können, wenn ich muss. Ich begebe mich auf die Suche nach der Toilette und werde fündig. Im Gegensatz zur gleißenden Sonne unter dem freien Himmel ist der Raum ziemlich düster. Ein kleines Fenster, durch das kaum Licht dringt, ist unterhalb der Decke zu erkennen. Es scheint, als sei es noch nie geputzt worden. Als sich meine Augen an die Lichtverhältnisse gewöhnt haben, kann ich das Gleiche von der Toilettenschüssel behaupten. Es lässt sich nicht einmal erahnen, wie strahlend weiß sie einst gewesen sein muss, als sie aus der Produktion kam. Seitdem hat sie definitiv keine besseren Tage mehr gesehen. Eine Klobrille mit Deckel oder gar Toilettenpapier – davon habe ich dank einer berechtigten Vorahnung ein paar Blätter in der Hosentasche – gibt es nicht. Auf dem dunklen Betonboden huscht ein dunkler Knäuel in eine noch dunklere Ecke hinter dem Abflussrohr. Ich schaue nicht genauer hin und beeile mich. So viel kommt da auch gar nicht raus, so wenig wie ich heute getrunken habe. Gesund ist das ja nicht, auf Reisen so wenig zu trinken, aber was soll ich machen? Kurzerhand bin ich mit gewaschenen Händen wieder draußen – Seife habe ich auch dabei.

An einem Stand werden Kochbananen angeboten und ich bekomme Appetit darauf. Ich kaufe mir eine und verzehre sie in Eile, bevor der Bus ohne mich weiterfährt. Keine halbe Stunde später wieder en route zurück im Bus drückt plötzlich das andere Ende, das sich zuvor auf der Toilette des Busbahnhofs gar nicht bemerkbar gemacht hatte. Gleichzeitig verschafft sich mein Magen laut grummelnd Gehör. Die Düsen der Klimaanlage an der Decke des Busses blasen eher warme, schlechte Luft in den Bus und verschaffen keine Kühlung. So transpiriere ich vor mich hin, bis mir plötzlich der Angstschweiß aus den Poren bricht. Die plötzliche, intensive Darmaktivität will nicht aufhören. Der Druck wird stärker, je mehr ich mir das Gegenteil wünsche. Mir ist das so peinlich! Da haben wir erst vor Kurzem gehalten und jetzt das! Siedend heiß überlege ich, wie ich dem Busfahrer klarmachen könnte, dass ich ein extrem dringendes Bedürfnis habe. Ich habe in diesem Land ein echtes Verständigungsproblem, da die Menschen kaum Englisch sprechen. Irgendwie traue ich mich noch nicht, etwas zu sagen. Weitere dreißig quälende Minuten vergehen, in denen ich unruhig auf dem Sitz hin und her rutschte. Der Zustand ist wirklich kaum auszuhalten. Die Scham ist ebenso groß und unerträglich. Ich schaue zum Fenster raus. Ablenkung tut Not und meine Verzweiflung wird mit jedem Kilometer größer. Am Straßenrand reiht sich ein umzäuntes Einfamilienhaus neben das nächste. Davor stehen viele Bewohner. Würden wir anhalten, gäbe es das nächste Problem. Wohin mit mir und meiner Notdurft? Ich müsste mir Eintritt in ein Häuschen verschaffen, anders ginge es nicht. Die ganze Situation ist so verfahren, dass ich eigentlich nur noch auf ein Wunder hoffen kann. Und zwar ganz schnell!

Keine fünf Minuten später rollt der Bus plötzlich an den Straßenrand, hält an und öffnet seine Türen. Ich habe kein Sterbenswörtchen gesagt; stattdessen fühle ich mich sterbenselend. Ein paar Leute sind schon im Gang auf dem Weg nach draußen. Ich renne sie zwar nicht direkt über den Haufen, drängle mich aber doch einigermaßen unsanft an ihnen vorbei und bin die Erste, die ins Freie hechtet. In diesem Moment ist mir wirklich alles egal. Ich glaube sogar, eine Fata Morgana zu sehen, aber dafür bin ich eigentlich im falschen Land. Dennoch offenbart sich mir tatsächlich vor meinen Augen ein unbebautes Grundstück – bei all den Reihenhäusern, an denen wir vorbeigefahren sind, ist das schon erstaunlich. Bei genauerer Betrachtung entdecke ich am hinteren Ende sogar eine Baumgruppe. Ungläubig denke ich, dass die mir der Himmel geschickt haben muss. Wie von der Tarantel gestochen renne ich los und schaffe es, mich gerade noch rechtzeitig in die Büsche zu schlagen. Ich hätte es nicht besser treffen können – noch ist kein Mensch hinter mir her. Oh, welch göttliche Erlösung meiner rumpelnden Gedärme! Ich sende einen Stoßseufzer gen Universum. Das nenne ich ein Happy End. Mir geht es sofort wieder besser. Kaum habe ich die Hose hochgezogen und Erde über meine Hinterlassenschaft gescharrt, tauchen ein paar Businsassen und neugierige Nachbarn vor mir auf. Ob die wohl ein ähnliches Bedürfnis haben? Oder nur mal nach mir schauen wollen? Na ja, echte und obendrein auch noch kackende Blondinen sind hier gewiss eine Rarität.

Und der Bus? Dazu kann ich nur sagen, dass es mir zum ersten Mal passiert ist, dass ein Bus genau im richtigen Moment kaputtging. Der Motor hatte offensichtlich seinen Geist aufgegeben, weshalb sich der Bus keinen Zentimeter mehr bewegen konnte. Wir Insassen wurden in verschiedene Busse gequetscht, die auf derselben Strecke unterwegs waren. Obwohl ich den angepeilten Zielort an diesem Tag nicht mehr erreichen sollte, bin ich im Leben nie so glücklich über einen Bus gewesen, der keinen Schritt mehr weiterfuhr, wie in diesem Moment.

Umwelt, Hygiene & Co.

Diese Themen betreffen uns alle und sollten für jeden Einzelnen von Bedeutung sein. Die Umwelt lebt nicht vom Menschen – wir aber leben von unserer Umwelt, und wir brauchen eine gewisse Hygiene, um lebensbedrohlichen Krankheiten vorzubeugen. Wer seine Umwelt und die Natur schützt, achtet (auf) sich selbst und andere!

Jeder fünfte Deutsche kippt regelmäßig Arzneimittelreste in die Toilette, anstatt sie kostenlos in der Apotheke abzugeben, weitere 23 Prozent lassen immerhin gelegentlich Arzneimittelreste in der Toilette verschwinden. Dies hat eine Zunahme der Pharmasubstanzen im Grundwasser zur Folge, das wiederum zum Kochen und Trinken verwendet wird. Eine Verseuchung von Mensch und Tier ist vorprogrammiert, solange der für uns alle lebensnotwendige Wasserkreislauf nicht respektiert wird.

Umwelt
Wasser, Lebenselixier Nummer eins
Der Wasservorrat auf unserem Planeten beträgt rund 1.400 Millionen Kubikkilometer, davon sind 2,6 Prozent Süßwasser, wovon wir jedoch nur 0,2 Prozent als Trinkwasser nutzen können. Wir dürfen nie vergessen: Es gibt kein neues Wasser. Die Menge im Wasserkreislauf bleibt die gleiche. Es ist schwierig, verseuchtem Wasser schädliche Stoffe zu entziehen. Deshalb ist es immens wichtig, das Wasser in diesem Kreislauf zu sichern. Für viele

Menschen ist es selbstverständlich, dass Wasser im Hahn- beziehungsweise Handumdrehen fließt und wieder abfließt. Ein einziger WC-Spülgang verbraucht mehr Wasser als im Durchschnitt einem Erdenbürger in Entwicklungsländern am Tag zur Verfügung steht.

Die minimale Klospülung ist in der DIN 1986 mit einer Sollregelung auf drei Liter festgelegt – die Höchstgrenze beträgt neun Liter. Mit 95 Prozent Trinkwasser werden fünf Prozent menschlicher Hinterlassenschaften weggespült – oft wird dabei verschwenderisch mit Wasser umgegangen. Etwa sechs Liter Wasser verbraucht ein WC im Schnitt bei jeder Spülung, ein Urinal benötigt ein bis zwei Liter. Eine Person in Westeuropa spült täglich rund dreißig Liter durch die Toilette und braucht anderthalb bis zwei Liter zum Trinken. Rund vierhundert Millionen Kinder müssen täglich mit weniger als zehn Litern frischem Wasser auskommen, die ihnen zum Trinken, Kochen und zur Körperhygiene reichen müssen.

Deutschland leistet jährlich einen Beitrag von 350 Millionen Euro zum Aufbau einer weltweiten Wasserversorgung und zählt damit zu den größten Geberländern.

Über die World Toilet Organization (Welttoilettenorganisation)

Mit vierzig Jahren hatte Jack Sim, ein erfolgreicher Unternehmer mit Ehefrau und vier Kindern, alles erreicht und genug Geld, um sich zur Ruhe zu setzen. Ein Zeitungsartikel über unzureichende Hygiene auf öffentlichen Toiletten wurde für ihn zum neuen Lebensinhalt.

1998 begann er, sich für saubere Toiletten in seiner Heimat Singapur einzusetzen. Drei Jahre danach gründete er die World Toilet Organization (WTO), die mittlerweile rund fünfzig Mitglieder aus 39 Ländern zählt. Die Organisation, ein Netzwerk aus internationalen Experten und nationalen Institutionen, setzt sich für die Weiterentwicklung und Verbesserung von Toiletten und Abwassersystemen ein.

Drei Milliarden Menschen fehlen sanitäre Anlagen. Wo sie vorhanden sind, werden sie oft zum Umweltproblem aufgrund ihrer Verunreinigung von Boden, Grundwasser und Flüssen. Zudem stecken sich zahlreiche Menschen wegen mangelnder Hygiene auf Toiletten mit Krankheiten an.

In vielen Sprachen gibt es das Wort ›Toilette‹ gar nicht oder es fehlen andere Vokabeln, um sich eingehend mit diesem Tabuthema befassen zu können. Verbesserung entsteht nur, wenn man zunächst über die Missstände spricht und dann etwas tut. Ganze zehn Prozent des Weltenergiebedarfs ließen sich zum Beispiel aus Mist und Abwasser gewinnen.

Die meisten Toiletten im halböffentlichen oder öffentlichen Raum haben eine Wasserspartaste – höchstens zehn Prozent der WC-Besucher denken allerdings auch daran, sie zu nutzen. Jeder sollte einen sorgsamen Umgang mit Wasser lernen, schwer ist das nicht.

Die German Toilet Organization (GTO) wurde im Januar 2006 offiziell als Verein eingetragen, mit dem Ziel, das Gesundheitswesen zu verbessern, die Umwelt zu schützen und ökonomische Abwasserkonzepte zu würdigen Örtchen zu entwickeln.

Hygiene

Das Wort ›Hygiene‹ verdanken wir den Griechen, denn Hygieia ist die Göttin der Gesundheit. Ein gewisser Vero im alten Rom vermutete bereits 37 v. Chr., dass winzige Lebewesen Krankheiten verursachen können. Heute wissen wir: Unter ›günstigen‹ Umweltbedingungen können sich in sieben Stunden aus einem Keim mehr als eine Million Keime entwickeln. Harmlos als einzelnes

Bakterium können solche Keime in der Masse lebensbedrohlich werden. Die Menschen leben immer enger zusammen, Mobilität kommt hinzu. Das hygienische Einzelverhalten trägt also wesentlich zum Erhalt der Gesundheit und Stärkung der Allgemeinheit bei. Hygiene wird in Verhaltensregeln, Riten und Gesetze eingebunden und anerzogen – sie prägt die Kultur.

Im Zeitalter des Fortschritts ist Hygiene ein wichtiges Thema, das die einen übertreiben und andere oft am falschen Örtchen übersehen. Zu viel Desinfektion und Chemie im Privathaushalt kann Allergien bei Kindern und Erwachsenen auslösen. Das Bedürfnis nach Körperhygiene, manchmal sogar krankhaft geworden, und danach, ständig zu desinfizieren oder sich zu parfümieren, zeigt deutlich, wie weit manch einer sich von sich selbst entfernt. Das WC drückt die Beziehung zum eigenen Körper aus, denn der Spültrieb führt zur Distanz und ›Entfremdung‹ von Harn und Hirn. Laut dem Psychoanalytiker Erik H. Erikson hat das Maschinenzeitalter zum Ideal eines mechanisch trainierten, fehlerlos funktionierenden, stets sauberen, geruchlosen Körpers beigesteuert.

Erst wenn über hunderttausend Kolibakterien, fünfzigtausend Salmonellen und fünftausend Campylobacter durch Nase oder Mund ins Körperinnere gelangen, hat das bei Erwachsenen mit normalem Abwehrsystem gesundheitliche Auswirkungen. Ohne Mikroben müsste der Mensch krepieren. Unsere Haut ist mit Bakterien besiedelt, und im Darm gibt es so viel Leben, dass mit einem Gramm Kot hundert Billionen Keime herausgedrückt werden.

Öffentliche Toiletten

Die Abneigung gegen öffentliche, viel frequentierte Toiletten ist verständlich. Oft sind Klobrille und Klobecken verschmutzt. Auf blanker Haut können sich Keime danach durch die Kleidung geschützt schnell vermehren. Eine kaum sichtbare Hautverletzung lässt sie in den Körper eindringen.

Ist die Klobrille verschmutzt, bleibt sie das auch für nachfolgende Benutzer. Was viele nicht wissen: Es reicht nicht, sie mit Toilettenpapier abzudecken, es sei denn, man würde die ganze Rolle verwenden, was aber eine ungemeine Papierverschwendung wäre.

Viele Leute benehmen sich auf fremden Toiletten anders als zu Hause. Anonymität bedeutet ein geringes Risiko, für Schäden wie Schmierereien, angebohrte Kabinenwände und mehr verantwortlich gemacht zu werden. Ob man tatsächlich Vandalismus betreibt, hängt vom Bildungsstand und Sozialstatus des Besuchers oder aber von dem Zustand der Räumlichkeiten ab. Fehlendes Toilettenpapier und nicht funktionierende Armaturen können zum Beispiel Aggressionen auslösen. Und hat erst mal einer mit Kritzeleien an den Kabinenwänden begonnen, dauert es meist nicht lange, bis es mehr werden.

Optisch saubere öffentliche Toiletten können genauso mit Keimen belastet sein wie unsauber wirkende Toiletten – denn Keime werden meist über Putzlappen verbreitet. Geschultes Reinigungspersonal ist wichtig, da nur von den sauberen Bereichen zu den mit Keimen belasteten Bereichen geputzt werden sollte. Berührungslose Armaturen schließen einen Kontaktpunkt für Keime aus.

Halböffentliche Toiletten
Die größte Bedeutung in Bezug auf Hygiene gilt halböffentlichen Toiletten in Firmen, Ausbildungsstätten und Verwaltungsgebäuden, wo Menschen den Arbeitstag und damit den Großteil ihres Alltags verbringen. Neunzig Prozent der befragten Klobenutzer

wünschen sich einer Umfrage zufolge eine angenehme Atmosphäre auf der Firmentoilette. Die Reinlichkeit der sanitären Anlagen ist den Mitarbeitern damit wichtiger als die Kantine (86 Prozent) oder die Qualität der Büroausstattung (84 Prozent). Das Aussehen von Toilettenräumen spiegelt die Wertschätzung für ihre Besucher wider und wie diese wiederum mit ihr umgehen.

In der hektischen Arbeitsatmosphäre von Großraumbüros oder in zu kleinen Büroräumen sehnt man sich nach einem Rückzugsort, um Ideen und Lösungswege zu finden oder nur mal kurz abzuschalten. Die Toilettenräume werden zur stressfreien Zone, man trifft sich zufällig, vielleicht tauscht man sich hin und wieder sogar hierarchieübergreifend aus und es werden manchmal Dinge gesagt, die man im Büro nicht äußern würde.

Manche Arbeitgeber greifen zu drastischen Maßnahmen, wenn sie glauben, der Klogang ginge zu Lasten der Produktivität. Zeitkarten für den Toilettenbesuch werden verteilt – bei Zeitüberschreitung wird eine Geldstrafe fällig. Sogar die Flüssigkeitsaufnahme am Arbeitsplatz wird mancherorts eingeschränkt. An einigen Arbeitsstätten müssen die Arbeitnehmer durch Handheben um die Erlaubnis bitten, aufs Klo gehen zu dürfen. Aus einem Unternehmen ist sogar bekannt, dass der Toilettenschlüssel an einem Autoreifen angebunden ist, den jeder, der zur Toilette will, mitschleppen muss.

Restaurant

Meiden Sie Restaurants mit dreckigen Toiletten und bleiben Sie in diesen Fällen lieber hungrig. Wer die Toiletten nicht sauber hält, wird kaum mit hygienischer Küche dienen. Die Qualität eines Restaurants ist an die Toiletteneinrichtung gekoppelt. Sie ist die Visitenkarte des Hauses, bei der deutlich wird, welchen Respekt der Besitzer seinen Gästen entgegenbringt. Vor dem Essen sollte jeder auf die Toilette gehen und sich die Hände waschen.

Ideal ist es, wenn sich der Kunde als König auf der Toilette wie ein Kaiser fühlen darf.

Waschbecken

Händewaschen, aber bitte mit Seife! So einfach wie wirkungsvoll schützt man sich vor Krankheiten. Deswegen gibt es Waschbecken in den Toilettenräumen. Durchschnittlich 21 Prozent der Frauen und dreißig Prozent der Männer gehen an ihnen vorbei. Nur unter klarem Wasser die Hände zu waschen, reicht nicht aus, um Keime zu entfernen – mindestens fünfzehn Sekunden sollten Sie die Seife in Ihren Händen verreiben und diese danach richtig abtrocknen. Denn feuchte Hände sind ein ideales Umfeld für Keime. Versagt das eigene Abwehrsystem, schließt sich eine Infektionskette.

Auf Toiletten werden Türklinken, der Klodeckel und die Klobrille, die Spültaste oder der Toilettenpapierhalter angefasst. Händewaschen dient dabei dem eigenen Schutz. Seife und Handtuch sind nicht mit anderen zusammen zu benutzen. Als Richtwert für eine hygienische Handreinigung werden dreißig Sekunden angesehen. Viele nehmen sich diese Zeit nicht.

In Kneipen findet sich manchmal Urin an den Erdnussschälchen. Magen-Darm-Erkrankungen sowie andere Krankheiten können sich durch ungewaschene Hände auf andere beim Händeschütteln übertragen. Computertastaturen in Internetcafés sind zum Beispiel ein idealer Tummelplatz für Keime von ungewaschenen Händen.

Seife

ist ein Produkt aus Urin, Fett und Talg. Zur Reinigung sind Seife und Wasser aus der Frühgeschichte bekannt. Vor 4.500 Jahren kannten Ägypter und Sumerer die säubernde Wirkung fettsaurer Salze. Urin ist dabei die älteste bekannte Art von Seife. Oxidierter

Urin produziert Ammoniakbestandteile, das Standardmittel in Stoffen zum Weichmachen der Hände, und gilt als antiseptisches Mittel zur Wundheilung. Auch die Kelten und Germanen kannten die hygienische Reinigung – ihr Reinigungsmittel war ein Gemisch aus gebranntem Kalk, gefaultem Urin oder Ziegentalg mit Holzasche. Edle Seifen aus Olivenöl wurden in der Antike hergestellt.

Je kürzer der zeitliche Abstand der Benutzung von Seifenstücken ist und je geringer die Waschdauer und die Waschintensität beim Händewaschen sind, desto eher können Keime von Seifenstücken übertragen werden. Berührungsfreie Seifenspender sollen diese Keimübertragung verhindern.

WC-Reiniger und Desinfektionsmittel im Privathaushalt
Saure Reiniger sind nicht zu verwechseln mit alkalischen WC-Reinigern, die gegen Fette und Eiweiße gut, aber bei Kalk oder Urinstein nicht helfen. Gleichzeitig angewendet können sich die Inhaltsstoffe zu gefährlichem Chlorgas verbinden. Dreißig Millionen Liter flüssige und pulvrige WC-Reiniger werden jährlich in Klobecken geschüttet. Unnötige Mengen von Chemikalien werden aufwendig produziert. Sie belasten das Abwasser, dem sie in einem kostenintensiven Verfahren wieder entzogen werden müssen. Es macht keinen Sinn, in der Toilettenschüssel und im Abfluss mit Chemie Keime abtöten zu wollen – man hat in diesem Bereich der Toilette sowieso keinen Hautkontakt. WC-Hygieneprodukte, die das Spülwasser andauernd verfärben und dabei Geruchsstoffe abgeben, belasten das Abwasser unnötig. Zu viel Chemie gaukelt eine nicht vorhandene Sauberkeit vor und kann Auslöser für Allergien von Mensch und Tier sein. Vor allem kann genau darunter die Hygiene, an Stellen, wo sie essenziell ist, leiden. So sollten die Flächen der Toilette, die mit der Haut in Berührung kommen, regelmäßig gründlich gereinigt

werden – dafür eignen sich Allzweck- und Seifenreiniger. Antibakterielle Mittel sind im Haushalt nicht nötig, auch nicht im WC. Krankheitserreger werden so gut wie nie im eigenen Zuhause über die Toilette übertragen. Bakterien können sogar resistent gegen Chemikalien werden und sind außerdem in gewissem Maße sinnvoll und normal.

Menschen wussten früher oft nicht, was ihre Krankheit auslöste beziehungsweise was sie heilen konnte, weshalb sie Zuflucht zur Religion nahmen. Man rief Heilige an, um das Übel zu lindern.

Insgesamt hängen rund achtzig Prozent aller Krankheiten mit der Nutzung schmutzigen Wassers zusammen. Etwa zwei Millionen Menschen sterben jährlich an unterschiedlichen Durchfallerkrankungen. Wenn ich auf außereuropäische Reisen gehe, bin ich vorsorglich geimpft, informiere mich vorher über die Symptome von den im Land typischen Krankheiten und achte unterwegs darauf, was ich esse. Ich möchte rechtzeitig wahrnehmen, wenn etwas mit meiner Gesundheit nicht stimmt. Das ist jedoch schwierig, weil sich viele Anfangssymptome verschiedener Krankheiten ähneln.

Abführmittel
sind das meistverkaufte rezeptfreie Medikament im deutschsprachigen Raum. Dreißig bis vierzig Prozent der Bundesbürger klagen über Verdauungsstörungen – statistisch macht dies rund drei Packungen Abführmittel pro Kopf im Jahr aus. Viele Leute meinen, wenigstens einmal am Tag ›groß‹ müssen zu müssen, oft verbunden mit dem Wunsch, durch Abführmittel mehr abzunehmen. Dieser Irrtum kann abhängig machen und sogar Allergien und Krebs auslösen. Nicht ausreichend körperliche Bewegung, ballaststoffarme Ernährung (zum Beispiel viel Fleisch, Wurst und Schokolade) und unterschiedliche Medikamente (starke

Schmerzmittel, Blutfett- und Blutdrucksenker oder Herz-Kreislauf-Tabletten) machen den Darm träge. Manche Abführmittel enthalten darmreizende Wirkstoffe, die Kalium aus dem Körper in den Darm ziehen. Ursache von Darmträgheit ist Kaliummangel – ebenso allerdings auch von Muskelschwäche, niedrigem Blutdruck und Appetitlosigkeit. Der Darm gewöhnt sich an das Abführmittel und den Reiz von außen, wird abhängig und funktioniert in der Folge nicht mehr richtig.

Leinsamen und Weizenkleie sind verträglich und ein natürliches darmanregendes Mittel, aber nur gelegentlich anzuwenden, da sich der Darm sonst auch daran gewöhnt. Eine Stuhlganghäufigkeit zwischen dreimal täglich und dreimal wöchentlich ist normal.

Ausscheidungen
Körperliche Faktoren: Die Dauer der Magen-Darm-Passage und die Form des Stuhls hängen vom Zeitpunkt, der Häufigkeit der Nahrungsaufnahme, der Zusammensetzung der Nahrung und von der körperlichen Betätigung ab.
Psychologische Faktoren: Emotionale Regungen wie Angst, Aufregung oder Depression wirken sich auf die Häufigkeit der Defäkation und Miktion aus. Die meisten Menschen kennen die Gefühle von Prüfungsangst und Lampenfieber mit ihren Auswirkungen auf Blase oder Darm.
Soziokulturelle Faktoren: Bezüglich des Schamverhaltens wird der Mensch besonders durch die Erziehung geprägt, die wiederum ihre Wurzeln in Kultur und Religion hat. Ein wiederholt absichtlich unterdrückter Harn- oder Stuhldrang, zum Beispiel aus mangelnder Möglichkeit einer ungestörten Entleerung, kann zu Infektionen des Harnweges oder zur Darmträgheit mit Verstopfung führen.

Blasenentzündung/Blasenkatarrh/Flitterwochenkrankheit/ Zystitis

Beim Wasserlassen sollte man stets eine entspannende und entspannte Haltung einnehmen, ohne mit der Bauchmuskulatur zu pressen.

Zur Vorbeugung einer Blasenentzündung hilft es, täglich zwei bis zweieinhalb Liter Wasser zu trinken – Kaffee und Alkohol sind dabei zu vermeiden –, denn dies produziert Urinmengen, die die Bakterien leichter ausspülen können und die Konzentration des Urins in der Blase verringern. Harndrang sollte nicht unterdrückt werden und es empfiehlt sich, lieber mehrmals aufs Klo zu gehen. Auch das Tragen lockerer Unterwäsche aus Baumwolle anstelle von engen Slips aus Kunstfaser hilft, das Risiko einer Blasenentzündung zu schmälern; genauso, sich nicht übertrieben häufig im Intimbereich zu waschen.

Bevor es zu einer Blasenentzündung kommt, steigen Bakterien durch die Harnröhre in die Blase, verankern sich mit Haftmolekülen und verursachen schließlich schmerzendes Brennen beim Wasserlassen. Frauen zwischen zwanzig und dreißig Jahren leiden fünfzigmal häufiger unter dieser unangenehmen Erkrankung als Männer, da die weibliche Harnröhre lediglich zweieinhalb bis vier Zentimeter misst – ein schneller Zugang zur Blase. Normalerweise spült der Urin den Harntrakt durch und hält ihn nahezu keimfrei. Bei gesunden Männern finden sich erst im unteren Drittel des Harnweges Bakterien. Wenn die Blase oder Harnröhre verengt sind, verweilt Urin dort länger, weshalb es in diesem Fall schneller zur Infektion kommen kann. Geschlechtsverkehr oder das Baden in Schwimmbädern kann eine Blasenentzündung auslösen – baldiges Harnlassen im Anschluss verhindert das Eindringen von Bakterien.

Bei einer Entzündung der Blase helfen Wärme, Verzicht auf Zucker und eine hohe Wasserzufuhr, um Erreger auszuschwemmen. Birkenblätter- und Brennnesseltee wirken entzündungshemmend, Bärentraubenblättertee desinfiziert. Preiselbeer- und Cranberrysaft soll Rückfällen vorbeugen.

Blasenschwäche/Harninkontinenz
In Deutschland leiden mehr als 3,7 Millionen Menschen (davon 2,8 Millionen Frauen und 880.000 Männer) unter Blasenschwäche; 55 Prozent der Betroffenen haben eine Stress- oder Belastungsinkontinenz. Beim Husten, Niesen oder Treppensteigen kommt es dann zum unfreiwilligen Wasserlassen. Die Ursache ist meist eine schwache Muskulatur des Beckenbodens.

Etwa 31 Prozent leiden unter Dranginkontinenz, eine Überempfindlichkeit der Blasenmuskulatur ausgelöst durch eine Entzündung, was bedeutet, dass bereits bei fünfzig Milliliern Urin in der Blase Harndrang ausgelöst wird; normalerweise liegt dieser Wert bei Männern zwischen 350 und 650 Milliliern, bei Frauen zwischen 250 und fünfhundert Milliliern.

Blasenschwäche ist keine eigenständige Erkrankung. Sie kann psychische, physische und soziale Ursachen haben. Nur ein Drittel der Betroffenen traut sich zum Arzt – wobei fast allen Patienten nach der Untersuchung auf die korrekte Diagnose geholfen werden kann.

Während der Menstruation und den darauffolgenden zwei bis drei Tagen sollte jedoch keine Urindiagnostik erfolgen.

Cholera
Robert Koch entdeckte 1883 den Zusammenhang von Cholera und verjauchtem Grundwasser. Die Krankheit macht sich durch plötzlichen, akuten Durchfall mit Übergeben, Muskelkrämpfen und extremer Schwäche bemerkbar und man fängt sie sich meist über bakteriell verseuchtes Wasser ein. Der körpereigene

Wasserverlust durch das von den Bakterien produzierte Gift ist lebensgefährlich.

Durchfall/Diarrhö
Ursache können Infektionskrankheiten, verdorbene Speisen oder eine nervöse Störung der Psyche sein, die oft mit einer Entzündung des Darms verbunden ist.

Bei Durchfall passiert die Nahrung die Verdauungstrakte so schnell, dass der Organismus lebensnotwendige Flüssigkeiten oder Nährstoffe nicht aufnehmen kann, was den Körper massiv entwässert. Man sollte bei Durchfall umgehend einen Liter Wasser, in dem ein halber Teelöffel Salz und drei Teelöffel Zucker aufgelöst sind, trinken. Nahrungsmittel wie Bananen, Reis und Brot sind magenschonend. Säurehaltiges Obst, rohes Gemüse oder Alkohol sind zu vermeiden.

So trivial Durchfall für uns sein mag, ist er doch weltweit bei Kindern die häufigste Todesursache.

Hämorrhoiden/Sitzkrankheit
Die Hälfte der über fünfzigjährigen US-Amerikaner leidet unter Hämorrhoiden.

Vergrößerte Gefäßknäuel am Enddarm können den Stuhlgang zur Tortur werden lassen. Der Arzt kann verhindern, dass Hämorrhoiden größer werden und sich brennende, juckende Ekzeme bilden. Ursache ist oft eine angeborene Bindegewebsschwäche, die – verbunden mit ballaststoffarmer Ernährung, zu wenig Bewegung und Flüssigkeitsaufnahme oder Missbrauch von Alkohol und Abführmitteln – die Beschwerden fördern kann. Hinter den Gefäßknäueln können sich Polypen, Abszesse, Thrombosen oder sogar Tumore verbergen.

Vollkornprodukte, frisches Obst und Gemüse sowie regelmäßige Bewegung sind wichtig, damit der Darm aktiv bleibt.

Pressversuche wie auch lange Sitzungen auf dem Klo sind zu vermeiden. Ein spezielles Sitzkissen mit einem Loch in der Mitte kann Erleichterung verschaffen, so werden der Druck auf das Rektum und damit auch Juckreiz und Blutungen verhindert.

Harndrang
Kontrolliertes Wasserlassen nach der Uhr und nicht bei Harndrang führt bei Männern zu erhöhtem Risiko für Störungen wie Unterleibsschmerzen, an denen rund 1,9 Millionen Männer in Deutschland leiden. Bei der Füllmenge etwa eines halben Liters schwillt der Harndrang beim gesunden Menschen qualvoll an. Dies bewahrt uns vor Schlimmerem – bei über einem Liter könnte das Urinreservoir mit bleibenden Schäden überdehnt werden.

Miktion/Mictio
Die Nieren sind Hauptausscheidungsorgane für Stoffwechselendprodukte, Elektrolyte und Wasser. Die übliche Urinmenge pro Tag beträgt ein bis anderthalb Liter.

Die Miktionshäufigkeit hängt von der Trinkmenge und Blasenkapazität ab – bei Säuglingen hat diese ein Ausmaß von bis zu 25 Mal, bei Schulkindern von etwa acht bis zehn Mal und bei Erwachsenen von etwa vier bis acht Mal am Tag.

Miktion im Sitzen erlaubt keine vollständige Entleerung der Harnblase, vor allem nicht bei Männern ab 35 Jahren. Sogar die alten Römer wussten dies. In einer Komödie des Lepidus wird erwähnt: »Stans pede melior mingit homo«, was so viel heißt wie: »Im Stehen pinkelt der Mann am besten.«

Nykturie
äußert sich in einer verstärkten Harnproduktion und durch häufiges Wasserlassen in der Nacht.

Oligoanurie
Eine Ausscheidung von nur hundert Millilitern Harn am Tag resultiert in einem Schock und akutem Nierenversagen.

Paruresis/Blasenentleerungsstörung/schüchterne Blase
Diese Krankheit ist kaum erforscht. Etwa drei Prozent der Männer und zwei Prozent Frauen haben Hemmungen, auf öffentlichen Toiletten Wasser zu lassen. Manche erleben den Zustand als Phobie. Die Blockade, die sich mithilfe von rationalen Gedanken nicht beeinflussen lässt, tritt ein, wenn der Betroffene zum Beispiel auf Reisen oder Veranstaltungen ist und Angstzustände bekommt, sobald er mit rege frequentierten Toilettenräumlichkeiten konfrontiert wird.

Es kommt vor, dass diejenigen, die unter dieser Erkrankung leiden, tatsächlich nur zu Hause und allein urinieren können und deswegen sogar den Arbeitsplatz wechseln müssen. ›Paruresis‹ bedeutet in diesem Zusammenhang einen massiven Einschnitt in die Lebensqualität, da Reisen oder Ausflüge vermieden und Konzerte, Kneipen und Discos gemieden werden. Oft nehmen Hausärzte, Psychologen, Urologen und Beratungsstellen die betroffenen Personen jedoch nicht ernst.

Pollakisurie/instabile Blase
Eine instabile Blase äußert sich im Auftreten eines häufigen, plötzlichen Harndrangs mit einer Entleerung von nur kleinen Mengen, wobei sich dabei aber an der Gesamtmenge, die innerhalb eines Tages zusammenkommt, nichts ändert. Oft genügen bei dieser Krankheit wenige Milliliter Flüssigkeit in der Blase, um Harndrang auszulösen.

Stuhlgang/Darmentleerung
Der Stuhl ist ein Ausscheidungsprodukt. Er besteht aus nicht aufgenommenen Resten von Nahrungsmitteln und körpereigenen

Substanzen wie Epithelien, Schleim, Gallenfarbstoffen, Bakterien und Wasser. Der Inhalt des Grimmdarms tritt nach großen Dickdarmbewegungen in den Mastdarm über, dessen Dehnung löst dann den Stuhldrang aus. Der Afterschließmuskel erschlafft, der Beckenboden wird gehoben und durch Kontraktion der Bauchmuskulatur wird der Druck im Inneren des Unterleibes erhöht, der in der Folge nach weiteren Darmbewegungen entleert wird. Die Impulse zur Darmentleerung werden vom Parasympathikus geleitet.

Normalerweise ist der Stuhl durch den Hauptfarbstoff Sterkobilin dunkelbraun gefärbt. Heidelbeeren, schwerer Rotwein und Eisentabletten färben ihn fast schwarz bis schwarz, bei vorwiegender Fleischnahrung nimmt er eine dunkelbraune Tönung an, bei Grüngemüse ist er grünlich-braun bis dunkelgrün und bei Kost, die sich vorwiegend aus Kohlehydraten zusammensetzt, hat er eine gelbbraune Färbung.

Rhypophobie bedeutet Angst vor dem Stuhlgang.

Tetanus/Wundstarrkrampf
Tetanus ist eine tödliche Krankheit, deren Aufkommen durch Impfung unterbunden wird. Krankheitserreger, die Tetanus auslösen können, befinden sich in menschlichen und tierischen Fäkalien, die überall im Boden vorkommen können. Die Sporen bleiben jahrelang lebensfähig und können so in eine Wunde gelangen und diese infizieren. Erste Symptome sind Schluckbeschwerden und eine Lähmung des Kiefers, bei der der Mund nicht mehr geöffnet werden kann.

Verstopfung
Laut Bibel hatten Adam und Eva, die ersten Menschen dieser Welt, im Garten Eden keinen Stuhlgang. Gelehrte sahen den Grund dafür in der makellosen Verdauung der beiden, da sie sich

von schlackenfreier Kost ernährten – vielleicht hatten sie aber auch einfach nur eine enorme Verstopfung…

In den USA steht an erster Stelle der Darmerkrankungen die Verstopfung, die durch Verhärtung der Schlacke im Dickdarm verursacht wird und den Stuhlgang schmerzhaft bis unmöglich macht. Der Mensch kann Stuhlgang bis zu drei Wochen zurückhalten. Der Kot ist dann allerdings so fest, dass er nicht mehr ausgeschieden werden kann. Wenn selbst Finger oder ein Einlauf nicht helfen, muss operiert werden, damit der Dickdarm nicht birst und dadurch tödliche Schlacken in den Körper dringen.

Bei Dauerverstopfung kann festes Pressen oder Drücken zu Problemen bei Herzbeschwerden führen. Viel Bewegung, das Massieren des Bauchs oder das ruckartige Einziehen desselben regen die Darmtätigkeit an. Atem- und Entspannungsübungen sind ebenfalls zu empfehlen. Sauerkraut und Trockenobst wie Pflaumen oder Aprikosen wirken leicht abführend.

Würmer

Mit dem Essen – beispielsweise durch ungewaschenes Gemüse oder nicht lang genug gekochtes Fleisch – wie auch durch barfüßiges Herumlaufen können winzige Wurmeier in den Körper gelangen. Sie wachsen im Darm zu Würmern heran, die darin Eier legen und mit dem Kot ausgeschieden werden. Sie können beim Abwischen in die Hände gelangen, beim Händeschütteln weitergegeben werden und so wiederum beim Essen in den Körper gelangen. Wurmerkrankungen stehen weltweit an der Spitze der am häufigsten auftretenden Erkrankungen. Die Erreger sind zudem sehr resistent; einfache Desinfektionsmittel helfen nicht.

Wer sich also nach dem Toilettengang und vor dem Essen immer die Hände wäscht, vermeidet derartige Krankheiten und erfüllt damit eine der wichtigsten Maßnahmen für den Erhalt der eigenen Gesundheit.

Auf Achse um die Erde auf dem Land so mancher Länder

Besonders in ländlichen Regionen Afrikas, Asiens, Mittel- und Südamerikas sind öffentliche Toiletten rar. Sie befinden sich bestenfalls mindestens zehn Meter entfernt von menschlichen Behausungen, Bächen, Flüssen oder einem Wassertank. Oft suche ich wie eine Stecknadel im Misthaufen ein Stein- oder Holzhäuschen, das am letzten Endes gar keins ist. Sie sind nicht ausgeschildert und meist nur schwer zu finden. Bei dieser Art von Toiletten wird oft kein Unterschied zwischen Mann und Frau gemacht. Es gibt eine für alle. Und in tropischen Gebieten werden diese Klos nicht nur von Menschen, die mal müssen, gern genutzt.

Eine solche Örtlichkeit ist kaum mit einem weißen Porzellanbecken und schon gar nicht mit einer Wasserspülung ausgestattet. Es handelt sich oft um einen typischen Abtritt, den ich meistens, lange bevor ich ihn überhaupt sehe, riechen kann. Weiter der Nase nach entdecke ich ihn schließlich und möchte meinen Augen lieber nicht trauen. Was ich vorfinde, ist in der Regel ein notdürftig zusammengebauter Bretterverschlag mit Dach – gern aber auch ohne. Er sieht aus, als würde er jeden Moment in sich zusammenfallen. Erst recht, wenn ich an der eingeklemmten Tür rüttele, die ich dabei versehentlich fast aus den quietschenden Angeln hebe. Die Tür droht jeden Moment abzufallen.

Je dunkler der Abtritt ist, desto mehr Gesellschaft habe ich. Der Verschlag dient umherschwirrenden Fliegen, frisch geschlüpften Maden, hungrigen Kakerlaken, blutrünstigen Moskitos, gefräßigen Spinnen und allen möglichen anderen ›possierlichen‹ Tierchen als Behausung. Leider sind sie nicht alle vor freudiger Erwartung und Erregung ganz aus dem Häuschen – wie ich mir das wünschen würde –, wenn ihnen eine menschliche Gestalt einen dringenden Besuch abstattet.

Im festgetrampelten Erdboden, manchmal ist der Boden aus Holz, selten aus Beton, befindet sich ein Loch. Die undichte Grube ohne spezielles Entlüftungsrohr liegt unmittelbar darunter. Sie müffelt stark bei der Hitze vor sich hin. Ich muss ehrlich zugeben: Hier riecht es wesentlich schlimmer als in der Frankfurter Kanalisation – die ist in ihrer Duftnote wirklich harmlos dagegen.

Ich mache die schräge, verlotterte Tür hinter mir zu. Vorsichtig drehe ich mich um und bewege mich langsam zur Bodenöffnung. Bloß keine übereiligen, hektischen Bewegungen, die ein Hineinschlittern mit dem Fuß zur Folge haben könnten! Treffsicherheit bedeutet hier offensichtlich etwas anderes. Sobald sich meine Augen an das dustere Licht gewöhnt haben, erkenne ich: getroffen haben hier keineswegs alle, die schon mal da gewesen sind! Bevor mir schlecht wird, schließe ich die Augen und atme nur noch flach durch den Mund. Genauso krampfhaft wie vergebens versuche ich, sämtliche Gedanken auszuschalten. Ich hätte vorher öfter Yoga machen sollen. Das wäre jetzt für einen freien Kopf und diese instabile Position sicherlich sinnvoll gewesen. Vor allem muss ich bei meinem Vorhaben höllisch aufpassen, dass sich nicht versehentlich die Schnalle meiner grauen Gürteltasche, die Pass, Rückflugticket, Kreditkarte und Bargeld enthält, öffnet. Ich möchte nicht daran denken, was los wäre, wenn die kleine Tasche mit diesen für jede Reise so notwendigen Papieren und Gegenständen – »Und tschüss!« – in der Versenkung verschwinden würde.

Während ich also in dieser ungemütlichen Position verharre, die jedoch ideal für das Ausscheiden von Verdauungsendprodukten ist, nirgendwo sonst Halt finde und richtig Schiss habe, die Balance zu verlieren, kommen mir die merkwürdigsten Dinge in den Sinn. Warum kann ich nicht mal von netten Männern so umschwärmt werden, wie hier von diesen unzähligen Fliegen, die hartnäckig vor keiner Ritze zurückschrecken?

Hurra, ich habe die braune Mitte im Holzboden getroffen und bin – ein weiteres Mal – nicht umgefallen. Das ist mir zum Glück bisher auch noch nie passiert. Mit solch einer Geschichte kann ich also nicht dienen – zumindest noch nicht. Ich klopfe dreimal gegen die Holzwand und habe wieder Angst, das ganze Ding könnte über mir zusammenbrechen.

Wasser zum Händewaschen erwarte ich bei diesen stillen Örtchen nie. Das wäre offen gestanden die reinste Utopie! Ich habe grundsätzlich für solche Situationen ein desinfizierendes Handgel dabei, das die Bakterien abtötet. Die Hände fühlen sich damit trotzdem nicht so richtig sauber an, wie mit frischem Wasser und Seife gewaschen. Armut geht leider Hand in Hand mit mangelnder Hygiene.

Kniffliges ›Klokus‹-Quiz

Viel Spaß beim heiteren Frage- und Abortspiel, das sich hervorragend für einen geselligen Spieleabend mit Freunden oder denen, die es werden sollen, eignet. Es ist ideal zur Auflockerung von langweilig gewordenen Partys, auf denen Alkohol oder Gesprächsstoff ausgegangen sind, denn hier finden Sie viele Antworten auf Fragen, die Sie sich noch nie gestellt haben.

Folgende Spielregeln können beachtet werden, müssen aber nicht:
Der/die Moderator(in)/Gastgeber(in) verpflichtet sich, die Fragen langsam, laut und deutlich vorzulesen. Unbeschriebene Papierblätter, gespitzte Bleistifte oder funktionstüchtige Kugelschreiber sollten während des Spiels keine Mangelware sein.
Die Teilnehmer(innen) bilden Teams von zwei bis vier Personen, die sich gemeinsam auf eine Antwort einigen. Für jede richtig beantwortete Frage gibt es einen Punkt. Auch wenn mehrere Antworten korrekt sind, genügt eine, da es tatsächlich nur einen Punkt gibt. Die Antwort wird leserlich mit der entsprechenden Nummer der Frage zu Papier gebracht. Nach Beantwortung sämtlicher Fragen werden die Blätter, mit Namen der Teamteilnehmer(innen) versehen, eingesammelt.
Von jedem Team werden die Antworten, begonnen mit der Frage Nummer 00, jeweils einzeln laut vorgelesen. Dies kann zu lautem Gelächter und heißen Diskussionen führen. Erst danach wird die

richtige Antwort aus dem Buch preisgegeben. Nachdem die Antwort der letzten Frage (Nummer 29) bekannt ist, wird die Punkteverteilung anhand der Punkteskala vorgenommen. Die Wertung gemäß der Punkteskala wird dann ebenfalls laut vorgelesen.

Einzige Risiken sowie einzigartige Nebenwirkungen dieses Spiels sind: Bei Gelegenheit schwirren einige Fragen und Antworten noch einige Zeit danach im Kopf herum.

Ich wünsche viel Vergnügen!

Die Fragen

Frage 00: Weshalb stand früher oft ›00‹ auf einer Tür zur Toilette?

Frage 1: Was versteht man unter der Nummer eins?

Frage 2: In welchem Land ist die Nummer zwei von großer Bedeutung?

Frage 3: Aus welchen zwei Wörtern entstand die Abkürzung ›Abort‹?

Frage 4: Welchen Ursprung hat das Wort ›Toilette‹?

Frage 5: In welcher US-amerikanischen Fernsehserie gibt es eine Unisex-Toilette?

Frage 6: Was ist eine Unisex-Toilette?

Frage 7: Was bedeutet ›wc‹ kleingeschrieben in der englischen Sprache außer ›water closet‹ noch?

Frage 8: Warum nehmen manche Regierungschefs auf ihre Auslandsreisen eine Campingtoilette mit?

Frage 9: Um wie viele Jahre hat sich die durchschnittliche Lebenserwartung der Menschen erhöht, seitdem es die Toilette mit Wasserspülung gibt?

Frage 10: Welcher Ort wurde im Mittelalter bevorzugt zur körperlichen Erleichterung aufgesucht?

Frage 11: In welchem Land hat die World Toilet Organization (WTO) ihren Sitz?

Frage 12: In welchem Jahr wurde die German Toilet Organization als Verein in Deutschland eingetragen?
Frage 13: Welchen Ursprung hat das Wort ›Klobrille‹?
Frage 14: Auf welchem Berg liegt das höchste stille Örtchen in Nordamerika?
Frage 15: Welcher Sänger ließ sich mit heruntergelassener Hose auf dem Klo fotografieren und hing so in den 1970er-Jahren als Poster über den WCs zahlreicher WGs?
Frage 16: Woher stammt der Ausdruck ›Das war eine Heidenarbeit‹?
Frage 17: Wo hat die Zahl ›17‹ eine wichtige, alltägliche Bedeutung?
Frage 18: Warum pinkeln Pandabären im Handstand?
Frage 19: Welches Datum haben die Vereinten Nationen weltweit zum Tag der Toilette auserkoren?
Frage 20: In welchem Film verrichtet die Schauspielerin Penélope Cruz vor versammeltem Kinopublikum ihr kleines Geschäft?
Frage 21: Wie wurde im Jahr 1333 im Elsass die Übergabe der Burg Schwanau erzwungen?
Frage 22: Was versteht man unter ›Poudrette‹ oder ›Poudrettierung‹?
Frage 23: Warum gibt es in Japan neben den üblichen ein oder zwei Drückern einen zusätzlichen Drücker für die Klospülung?
Frage 24: Wann durften sich die Bewohner von Klöstern des Mittelalters auf die Toilette begeben?
Frage 25: Was machen Kranführer, die auf sehr hohen Kränen arbeiten, wenn sie zur Toilette müssen?
Frage 26: Was versteht man unter Miktion?
Frage 27: Was ist ein Koprolith?
Frage 28: In welchem amerikanischen Film wird John Travolta mit heruntergelassener Hose auf der Toilette sitzend von Bruce Willis erschossen?

Frage 29: Welche berühmte Persönlichkeit starb im Jahre 1977 auf der Toilette?

Die Antworten

Antwort zu Frage 00: Da in Hinblick auf die Frage, warum die Nummer ›00‹ auf Toilettentüren steht, nichts schriftlich belegt ist, gibt es zumindest einige einleuchtende Theorien:

1. Es handelt sich um die letzten beiden Buchstaben aus dem englischen Wort ›loo‹, was Toilette bedeutet.
2. Da im 19. Jahrhundert die Hotels keine Toiletten auf den Zimmern hatten, sondern üblicherweise Etagenklos besaßen, die sich am Anfang oder Ende des Ganges befanden, und die Zimmer nummeriert waren, wurde die Toilette mit der Nummer 00 versehen, da die anderen Zimmernummern schon vergeben waren.
3. Die Nummer 00 wies in öffentlichen Gebäuden, wo die Zimmer ebenfalls mit Nummern versehen waren, schamhaft auf ein besonders merkwürdiges Zimmer hin.
4. Das 00-Symbol steht erstens für den aufgeklappten Deckel und zweitens für die offene Kloschüssel.
5. Vielleicht hat die 00 auch seinen Ursprung in den beiden Anfangsbuchstaben aus dem lateinischen Latrinenvers ›Omittite Omitendum‹ – ›Lasst fallen, was fallen zu lassen ist‹.
6. Es könnte sich auch um die bildliche Darstellung von zwei Arschbacken handeln.
7. Die 00 ist möglicherweise auch einfach nur das abgekürzte Zeichen für die Lizenz zum Scheißen.

Antwort zu Frage 1: Von der Nummer eins, oder auch ›number one‹, ›No. 1‹ oder ›numba van‹, sprechen Mann oder Frau, die ein kleines Geschäft machen möchten, also nur pinkeln müssen. Der Ausdruck, der einen Unterschied zwischen Nummer eins und

Nummer zwei macht, stammt angeblich von englischsprachigen Kindern im späten 19. Jahrhundert.

Antwort zu Frage 2: In Indien und Pakistan steht die Nummer zwei, oder auch ›number two‹ und ›No. 2‹, für ein großes Geschäft auf dem Klo, da oft unterschiedliche Aborte für das eine oder andere Geschäft zur Verfügung gestellt werden.

Antwort zu Frage 3: Der Abort ist von einer bürgerlich prüden Gesellschaftsepoche geprägt. Sein Standort steckt schon im Namen. Weggelegen vom Wohnhaus wurden frei stehende Häuschen errichtet. Kennzeichnend ist die Lage neben oder im Misthaufen oder über der Jauchegrube. Es war einst der abgelegene Ort, der zum Abort wurde.

Antwort zu Frage 4: ›Toilette‹ ist dem französischen Wort ›toile‹ entlehnt, bei dem es sich um ein kleines Tuch handelt, auf dem die Kosmetika ausgebreitet wurden. Im 17. und 18. Jahrhundert wurde der Begriff auf die Tätigkeit des Ankleidens übertragen und im 20. Jahrhundert als verhüllende Bezeichnung für den Abort gebraucht.

Antwort zu Frage 5: In der Serie *Ally McBeal*.

Antwort zu Frage 6: Die Unisex-Toilette hat definitiv nichts mit Sex auf der Unitoilette zu tun. Man spricht von einer Unisex-Toilette, sofern diese sich im öffentlichen beziehungsweise halböffentlichen Raum befindet und von Frauen wie Männern gleichzeitig frequentiert wird, demzufolge also nicht nach Geschlechtern getrennt ist.

Antwort zu Frage 7: Das Wort ›WC‹ – sprich: ›We-Tse‹ – ist für Nicht-Engländer – auch wenn es chinesisch klingt – eindeutig. In England gibt es laut ›Cassel's Abbreviations‹ ganze 14 Abkürzungen mit ›wc‹, die für bürgerliche Vereinigungen, Unternehmen und Einzelpersonen erfasst sind. Es folgen ein paar Beispiele:

Kleingeschrieben kann es für ›without charge‹ stehen und bedeutet dann kostenlos.

Die ›Whitley Councils‹, die Schlichtungsausschlüsse zwischen Vertretern von Arbeitnehmern, kürzen sich WC ab.

Auch Winston Churchill gehört mit seinen Initialen W. C. zu dem Abkürzungsregister.

Ebenso West Central, ein Londoner Postbezirk, der mit WC abgekürzt wird. Dort lag übrigens die Arbeitsstätte von S. Stevens Helleyer, der sich wie kein anderer Gedanken über das WC gemacht und zu dessen Fortschritt im höchsten Maße beigetragen hat.

Antwort zu Frage 8: Der Bundesnachrichtendienst präparierte bei einem Staatsbesuch von Leonid Breschnew in Bonn dessen Hoteltoilette. Harn und Stuhlproben wurden abgefangen und auf mögliche Krankheiten untersucht. Oftmals wurden von wichtigen Regierungsmitgliedern Campingtoiletten mitgeführt.

Antwort zu Frage 9: Die Lebenserwartung hat sich dank der Einführung von Toilettenspülungen um etwa vierzig Jahre erhöht, da so zum Beispiel der Übertragung von Keimen offen herumliegender Fäkalien entgegengewirkt werden konnte und die Entstehung giftiger Faulgase verhindert wurde.

Antwort zu Frage 10: Die beliebtesten Orte zur Erleichterung waren im Mittelalter Feld, Wald und Misthaufen.

Antwort zu Frage 11: Die WTO hat ihren Sitz in Singapur.

Antwort zu Frage 12: Die Welttoilettenorganisation wurde im Januar 2006 als Verein in Deutschland eingetragen.

Antwort zu Frage 13: Das Wort ›Brille‹ ist abgeleitet vom spätmittelhochdeutschen Wort ›berille‹, das wiederum von geschliffenen Halbedelsteinen, den Beryllen, stammt. Der Begriff ›Brille‹ deutet wahrscheinlich auf eine Schutzfunktion hin, die zwischen sauberer und unreiner Seite der Toilette unterscheidet.

Antwort zu Frage 14: Das höchste Erleichterungsörtchen liegt auf der Spitze des Mount Whitney und damit 4.421 Meter über dem Meeresspiegel.

Antwort zu Frage 15: Frank Zappa ließ sich bereitwillig während des Stuhlgangs ablichten.

Antwort zu Frage 16: Ein gewisser Herr Heiden schrieb 1881 ein Buch über die Exkremente, daher kommt der sprichwörtliche Ausdruck ›eine Heidenarbeit‹. Er errechnete, wie viel Liter Harn und wie viel Kilo Fäkalien der Mensch damals im Jahr produzierte. Heute sind es im Durchschnitt fünfhundert Liter Urin und fünfzig Kilogramm Fäkalien.

Antwort zu Frage 17: In Kaufhäusern sagen die Angestellten, wenn sie sich zur Toilette abmelden: »Ich bin auf 17!«

Antwort zu Frage 18: Pandabären pinkeln im Handstand, weil sie dadurch eine nicht vorhandene Körpergröße vortäuschen können. Das hat den Hintergrund, dass die Höhe der Duftmarke an Busch oder Baum über den sozialen Rang des Tieres entscheidet. Der Höchstpinkler – und nicht etwa der, der am weitesten pinkelt – ist der Ranghöchste.

Bitte nicht ausprobieren! Es könnte zu Unfällen kommen! Wenn Sie es dennoch nicht lassen können, vergessen Sie danach – und auch generell – das Händewaschen nicht!

Antwort zu Frage 19: Der 19. November ist seit dem Jahr 2001 weltweit der Tag der Toilette.

Antwort zu Frage 20: Penélope Cruz lässt gut sichtbar für alle Fans und übrigen Zuschauer ihr Wässerchen im Film *Volver*.

Antwort zu Frage 21: Die Übergabe der Burg Schwanau wurde erzwungen, indem die Berner und Straßburger unzählige mit Jauche gefüllte Fässer in die Festung katapultierten. Die Kloake verbreitete bei der Hitze einen derartig üblen Gestank, dass die Besatzung kapitulierte.

Antwort zu Frage 22: In Frankreich wurden in den ersten Jahrzehnten des 19. Jahrhunderts menschliche Exkremente in Form von Briketts oder Würfel gepresst, getrocknet und an landwirtschaftliche oder gärtnerische Abnehmer verkauft. Das waren die ›Poudrettes‹.

Antwort zu Frage 23: Zur Wasserersparnis gibt es an Toilettenspülungen in Japan einen zusätzlichen Drücker, da den Japanerinnen die eigenen Geräusche auf der Toilette so peinlich sind, dass sie ständig die Klospülung betätigten, um diese zu übertönen. Dadurch wurde so viel Wasser verschwendet, dass Toiletten einen weiteren Drücker bekamen, der das Spülgeräusch einer Toilettenspülung (›Oto Hime‹ – ›Geräuschprinzessin‹) über einen Lautsprecher auslöst und es so klingt, als würde Wasser fließen.

Antwort zu Frage 24: Morgens nach dem Aufstehen, vor und nach handwerklicher Arbeit oder vor dem Essen war es den Klosterbewohnern im Mittelalter erlaubt, zur Toilette zu gehen. Knaben und Jünglinge durften sich nachts nur dann zum Klo begeben, sofern sie von ihrem Magister und einem Gleichaltrigen begleitet wurden.

Antwort zu Frage 25: Großkräne, jene über 85 Meter und höher, haben im Allgemeinen in der Führerkabine eine chemische Toilette. Gibt es keine, können die Kranführer zur Pause runtersteigen. Häufig wird das Problem jedoch von oben gelöst, egal ob eine Toilette vorhanden ist oder nicht.

Antwort zu Frage 26: Miktion ist der medizinische Fachausdruck für das Wasser- beziehungsweise Harnlassen.

Antwort zu Frage 27: Ein Koprolith ist ein Kotstein und bezeichnet versteinerte Exkremente von urzeitlichen Fischen und Sauriern. Koprolithen sind bei Sammlern von Kuriositäten begehrt. Alles von abgelegten Kügelchen wirbelloser Tiere bis hin zu den riesigen Haufen der Dinosaurier, denen allerdings meist die Farbe fehlt, an der man sie treffsicher von Steinen und dergleichen unterscheiden könnte, ist bei den Sammlern hoch im

Kurs. Gute Exemplare sind selten, riechen nicht und bedürfen keiner besonderen Pflege.

Antwort zu Frage 28: Im Film *Pulp Fiction* stirbt John Travolta dank einer Kugel von Bruce Willis auf dem WC sitzend.

Antwort zu Frage 29: Elvis Presley starb im Alter von 42 Jahren auf der Toilette leider keinen Film-, sondern den realen Tod.

Punkte-Skala und Wertung der Antworten

25–29 Fragen richtig beantwortet:
Die goldene Klobürste ist Ihre symbolische Auszeichnung! Hervorragend! Sie sind bereits ein/e Fachfrau/Fachmann. Ihnen kann auf diesem Gebiet wirklich keiner etwas vormachen. Die Toilette ist für Sie in Ihrem Leben längst ein absolutes Muss und Kult.

20–24 Fragen richtig beantwortet:
Die silberne Klobürste ist Ihre symbolische Auszeichnung! Ausgezeichnet! Sie befinden sich auf dem besten Weg, ein/e Fachfrau/Fachmann auf diesem Gebiet zu werden, das für Sie bereits einen hohen kultigen Stellenwert hat.

15–19 Fragen richtig beantwortet:
Die bronzene Klobürste ist Ihre symbolische Auszeichnung! Prima! Sie sind Ihren toilettenerfahrenen Mitstreitern mit Ihrem Wissen dicht auf den Fersen und entwickeln sich langsam aber sicher zur/zum Fachfrau/Fachmann auf diesem Gebiet, das für Sie viel Tendenz zum Kultwert zeigt.

10–14 Fragen richtig beantwortet:
Die weiße Klobürste ist Ihre symbolische Auszeichnung!

Sehr gut! Sie haben immerhin (fast) die Hälfte der Fragen richtig beantwortet. In der Tat lässt sich bei Ihnen deutlich eine Tendenz zum Kultwert auf diesem Gebiet erkennen.

6–9 Fragen richtig beantwortet:
Die gelbe Klobürste ist Ihre symbolische Auszeichnung!
Können Sie sich noch nicht so ganz entscheiden, ob das Thema für Sie nun eher Kult oder doch lieber Tabu ist? Es sei Ihnen ein Pluspunkt gegönnt, da Sie sich nicht gescheut haben, dieses Buch zu kaufen, es sich schenken zu lassen oder an diesem Quiz teilzunehmen.

3–5 Fragen richtig beantwortet:
Die braune Klobürste ist Ihre symbolische Auszeichnung!
Für Sie war das Thema bisher offensichtlich ein Tabu, aber immerhin haben Sie jetzt einen großen Schritt in die Gegenrichtung unternommen, indem Sie entweder das vorliegende Buch gekauft, geschenkt bekommen oder an diesem Quiz teilgenommen haben.

0–2 Fragen richtig beantwortet:
Für Sie reicht es leider zu keiner Klobürste.
Die größten Berührungspunkte mit Toiletten haben Sie offensichtlich tatsächlich nur dann, wenn Sie auf einer sitzen oder diese putzen.

Wer noch mehr Lust auf ›abortige‹ Spielchen bekommen hat, kann sich das Memory ›Damen und Herren‹ der Firma Inkognito besorgen. Es wird nach den internationalen Memoryregeln und folgender Spülanleitung gespielt: Alle Mitspieler suchen nach den passenden Kartenpaaren. Es geht hier jedoch nicht darum, zwei gleiche Karten zu entdecken, sondern darum, die zusammenpassenden Schilder für Damen und Herren zu finden, denn es passt immer jeweils ein Männertoilettenschild zu einem entsprechenden Damentoilettenschild.

Im Falle eines Durchfalles in Indien

Ich bin in Varanasi, auch bekannt als Benares, dem für Hindus heiligsten Ort auf der Welt. Täglich zieht es Tausende Pilger in die leuchtende Stadt, den ehemaligen Wohnsitz von Shiva, um die Tempel am Flussufer zu beehren und in das heilige Wasser des Ganges einzutauchen. Denen, die in Varanasi sterben, wird Moksha – Erlösung aus dem Zyklus von Tod und Wiedergeburt – das letzte Ziel des Lebens, garantiert. Das wissen alle hier.

In der Altstadt stehen die Häuser dicht nebeneinander. Dazwischen winden sich enge Gassen, die fast überquellen von all den Waren, Verkäufern, Pilgern, Touristen, Globetrottern, Schaulustigen und Tieren, die sich hier tummeln. Man kann sich im bunten Gewirr treiben lassen, sich so aber auch ganz schön schnell verlaufen. Noch schneller rutscht man, wenn man nicht auf seine Quadratlatschen aufpasst, im heiligen Kuhdung aus.

Es ist heiß und stickig in meinem Hotelzimmer in der Altstadt. Kein frisches Lüftchen dringt durch das leicht geöffnete Fenster. Mitten in der Nacht wache ich plötzlich auf. Mein Kopf glüht wie eine Sechzig-Watt-Birne. Mein Körper fühlt sich an wie eine Herdplatte, auf der man eine Menge Spiegeleier braten könnte. Krämpfe schieben sich wie Wogen durch meinen Magen und machen auch vor dem Gedärm nicht halt. Wohin soll das noch führen? Zum Abführen habe ich nichts dabei.

Ich habe heute nur zwei, drei Samosas gegessen. Getrunken habe ich zwar kein heiliges, aber immerhin reines Quellwasser –

so hoffe ich zumindest – aus der Plastikflasche und eine Cola. Nichts, wovon mir hätte dermaßen übel werden dürfen, denke ich, und fühle mich hundeelend. Dies ist mal wieder einer der wenigen Momente auf meinen Reisen, in denen ich mich in meine saubere Wohnung ins kuschelige Bettchen – wie ein kleines Kind vorzugsweise unter der liebevollen Obhut meiner Mama – nach Hause wünsche.

In der billigen Unterkunft sind natürlich keine sanitären Einrichtungen. In meinem miserablen Zustand muss ich mich einen Stock die Treppe runter ins Erdgeschoss zur Toilette schleppen. Ich schaffe es gerade noch so, mir etwas anzuziehen und die Rolle Klopapier mitzunehmen. Wie in Zeitlupe wanke ich durch die Zimmertür. Sie abzuschließen ist mir gerade völlig egal, wo der Schlüssel ist, auch. Ich klammere mich am Treppengeländer fest und hangele mich daran Schritt für Schritt die Treppe hinunter. Eine Welle der Übelkeit durchschüttelt mich. Für einen kurzen Moment wird mir schwarz vor Augen. Ich drohe umzukippen und die Besinnung zu verlieren. Also atme ich tief ein und warme Luft strömt in meine Lungen. Vor mir erkenne ich schemenhaft die blau gestrichene Toilettentür. Sie riecht intensiv nach Farbe. Wenn mir nicht eh schon so schlecht wäre...

Der Raum selbst ist keine zwei Quadratmeter groß. Die Wände und der Boden sind aus Lehm, Fliesen gibt es hier nicht. Immerhin funktioniert das Licht. Ich erkenne eine einfache Glühbirne. Sie hängt in ihrer Fassung – die ich längst verloren habe – an einem schwarzen Elektrokabel, das von der Decke baumelt. Rechts neben der Wand verläuft eine Wasserleitung, die etwa einen halben Meter über dem Boden in einem Wasserhahn endet. Darunter steht eine giftgrüne, mit Wasser gefüllte Karaffe aus Plastik zum Nachspülen, falls etwas hängen bleiben sollte, und zum Händewaschen. Seife gibt es nicht. Die habe ich normalerweise aber auch selbst dabei. Manchmal nutze ich eine kleine

Tube zum Desinfizieren, auch wenn die Hände sich danach nicht viel frischer anfühlen.

Das wichtigste Objekt befindet sich im Zentrum des stillen Örtchens. Das Stehklo ist aus hellblauem Porzellan und fest im Lehmboden verankert. Besonders sauber ist es nicht und die Epoche, in der es bessere Zeiten gesehen hat, scheint längst vergangen zu sein. Wann es wohl das letzte Mal geputzt worden ist? Was kümmert mich das eigentlich in meinem Zustand? Ich kann kaum aus den Augen gucken und erst recht nicht gerade stehen. Mein Kopf dreht sich noch mehr bei dem Gedanken an das Bevorstehende, nämlich wie ich (das) jetzt machen soll. Das schwarze Loch in der Mitte erinnert mich an Minigolf. Auch wenn es viel tiefer ist, will ich dem nicht auf den Grund gehen. Keine Chance, mich hier bequem niederzulassen. Reinsetzen? Wie ekelig! Dann würde ich bestimmt stecken bleiben und käme allein nicht wieder raus. Die Prozedur wird gedanklich zur reinsten Tortur.

Sogar im Normalzustand habe ich Probleme mit diesen ebenerdigen Porzellandingern. Meine Füße, die in Turnschuhen der Größe 39 stecken, sind viel zu klein für meine 176 Zentimeter, bei denen die Beine zu lang und der Oberkörper zu kurz geraten sind. Sich auf die Vorrichtung für die Füße zu stellen, sich auf den Fußballen und Zehen balancierend nach hinten zu beugen, das Ganze am besten ohne zu schwanken, gezielt und erfolgreich einzulochen – das reinste Kunststück und hier an diesem Ort in meinem Zustand dazu ziemlich abenteuerlich.

Wer sich auf diesen Plumpsklos lieber nicht ganz so weit nach hinten runter bücken möchte, wird schnell feststellen müssen, dass dies die Treffsicherheit drastisch reduziert und die Möglichkeit des Verspritzens deutlich erhöht. Dabei geht vielleicht nichts in die Hose – aber sicherlich auf die Hose. Schneller, als man erwartet, rutscht schon mal das Hosenbein über die schlanken

Waden und die Schuhe weiter nach unten in die falsche Richtung – also immer gut festhalten!

Und wo halte ich mich hier fest? Alle vier Wände sind unfassbar weit weg. Der Wasserhahn ist nicht in greifbarer Nähe. Er sieht sowieso so aus, als würde er jeden Moment – auch ohne mein Zutun – abfallen. So klammere ich mich verzweifelt an die strahlend weiße Rolle Klopapier, die ich ganz fest an meine Brust drücke wie ein Kuscheltier. Endlich bin ich mehr oder weniger in der richtigen Position, um den Dingen ihren freien Lauf zu lassen. Erschöpft denke ich an die Erlösung meiner Qualen. Natürlich nicht Moksha – so weit wird es jetzt bitte nicht kommen, auch wenn ich mich gerade sterbenselend fühle. Ich will hier wieder raus!

Ort der letzten Erlösung

Toiletten als letzte Erlösung zum Sterben schön? Wohl kaum! Das Leben endet dort allerdings eher, als dass es auf dem Klo beginnt. Manchmal geschieht es ganz natürlich. Leider gibt es auch Selbstmord und oft sogar Mord auf dem stillen Ort.

Sanitäre Bedürfnisse und der Tod machen alle Menschen gleich. Sowohl die Toilette als auch das Grab garantieren Privatsphäre. Beides wird in der westlichen Gesellschaft vorwiegend eher tabuisiert als kultiviert. Der Tod gehört jedoch zum irdischen Dasein dazu, wie Essen, Trinken und der damit verbundene Gang auf den ungöttlichen Lokus der Erleichterung oder gar der letzten Erlösung.

Das Leben und viele Dinge, die wir tun, beschreiben einen Kreislauf, so auch zum Beispiel dieses Buch, das Sie in den Händen halten. Es beginnt mit dem Kapitel der Kult-Urgeschichte beziehungsweise Kulturgeschichte, die die Geburt dieser nützlichen menschlichen Erfindung, die sich Toilette nennt, in verschiedenen Kulturkreisen – damals ungeahnt der heutigen ›Klobalisierung‹ – immer wieder neu definiert. Diesem folgt das erste Kapitel, in dem der Mensch auf seiner postkulinarischen Erfindung seine Geburt erlebt und manchmal am Ende eben auch stirbt.

Altes Testament
Buch der Richter, drittes Kapitel, Verse 20 bis 25 von Eglon, dem König der Moabiter:

»Aber er saß oben in der Sommerlaube, die für ihn allein war.« Als sein Mörder eindrang, »stand er auf vom Stuhl«. Und nach seinem Tod schämten sich die Knechte eine Zeit lang, die Türen aufzuschließen und nach ihrem Herrn zu suchen, denn: »Er ist vielleicht zu Stuhl gegangen in der Kammer an der Sommerlaube.«

Deutschland
1836 ertrank in Berlin ein zwölfjähriger Junge, der bei Tag in eine Sickergrube gefallen war.

*

Auf der Herrentoilette am Breitscheidplatz in Berlin wurde ein vierzigjähriger Mann in einem hilflosen Zustand gefunden. Er verstarb, noch bevor der Notarzt eintraf. Todesursache war ein Epilepsieanfall verbunden mit Alkoholeinfluss.

*

In der Berliner Charité wurde die teilweise verweste Leiche eines 29-jährigen Mannes aus Dresden auf der Behindertentoilette für Besucher gefunden. Er war fünf Tage zuvor in die Notaufnahme gebracht worden, in der er die weitere Behandlung allerdings verweigert hatte. Obwohl die Toilettenräumlichkeiten dort täglich geputzt werden, war der Tote vorher nicht aufgefallen, da eine Reinigungskraft sich nicht um die verschlossene Kabinentür gekümmert hatte und den Verwesungsgeruch erst später bemerkte.

*

Ein 25-jähriger Mann aus Berlin gestand, in einer öffentlichen Toilette die Kleider eines schlafenden Mannes angezündet und zugeschaut zu haben, wie der Obdachlose verbrannte.

*

Eine sechzigjährige Spielhallenkassiererin wurde in Bonn überfallen und in einer Toilette ertränkt. Der 28-jährige Täter, der die

Tat wegen hoher Spielschulden beging, wurde zu lebenslänglicher Haft verurteilt.

*

In der öffentlichen Toilette am Markt im sächsischen Borna starb ein Mann eines natürlichen Todes – weitere Untersuchungen der Polizei gab es nicht.

*

Ein 21-jähriger Mann wurde am Morgen auf der Toilette eines Hotels in Bremen tot aufgefunden – neben ihm lag das Spritzbesteck.

*

In Delitzsch wurde der Rettungsdienst gerufen, weil ein über 71-jähriger Mann in einer öffentlichen Toilette zusammengebrochen war. Er verstarb noch vor Ort.

*

Bei einer Brandkatastrophe in Düsseldorf erstickten mehrere Personen auf einer öffentlichen Toilette, da sich der Rauch durch die Schächte der Klimaanlage rasch über Hunderte von Metern ausbreiten konnte.

*

Am Reichstag 1183 des Kaisers Friedrich Babarossa im Schloss Erfurt brachen im Saal die morschen Fußbodenbalken unter der Last der Männer zusammen. Die fielen in die Sickergrube darunter. Der Kaiser rettete sich mit einem Hechtsprung in eine Fensternische und musste mit ansehen, wie Fürsten, Grafen, Barone und über hundert Ritter in der stinkenden Brühe den Tod fanden. Die Holzbalken hatten begonnen zu faulen, weil die Sickergrube wohl lange nicht gereinigt worden war.

*

Zwei Menschen starben bei einem Brand im Bahnhofsviertel in Frankfurt. In einem Stundenhotel erlag eine 26-jährige Prostituierte ihren Brandverletzungen, ein 65-jähriger Freier erstickte auf dem Klo.

*

Ein 57-jähriger Mann erdrosselte zu Hause seine 55-jährige Frau und wurde Stunden später in einer Toilette auf dem Frankfurter Flughafen tot aufgefunden.

*

In Halle erhängte sich ein 16-Jähriger nach acht Wochen Abschiebehaft in einer Jugendhaftanstalt auf der Toilette seiner Zelle mit einem Laken an einem Rohr.

*

Beim spektakulärsten Kriminalfall von 1701 wurde in Hamburg im Morgengrauen des 29. Januar eine kopflose, nackte Frauenleiche in der Toilette am Schweinemarkt gefunden. Am 23. Januar 1702 wurden drei Täter deshalb hingerichtet.

*

Im niedersächsischen Meppen erschien ein 44-jähriger Mann auf der Polizeiwache, um Anzeige zu erstatten, weil ihm angeblich jemand ins Auto gefahren sei. Da er eine Alkoholfahne hatte, ordneten die Beamten eine Blutprobe an. Bevor es jedoch dazu kam, erschoss sich der Mann in der Toilette.

*

Nach dem Bundesligaspiel zwischen Mönchengladbach und Schalke wurde von Kindern auf der öffentlichen Toilette hinter der Haupttribüne im Stadion ein toter Mann gefunden. Wie die Kriminalpolizei mitteilte, war der 62-jährige Mann eines natürlichen Todes gestorben.

*

In München wurde das Skelett eines Mannes in einem Schlafsack in einem seit 1985 verschlossenen Werksgebäude gefunden. Wie er in die Toilette des Gebäudes gelangt war, blieb der Kripo ein Rätsel, denn er war offenbar nicht eingebrochen.

Nach den Verfalldaten auf Joghurtbechern von 1991 und 1992 ist zu schließen, dass der Mann Jahre dort gelegen haben muss.

*

In Schwabing lagen zwei Leichen wochenlang tot in einer Wohnung. Sie wurden von Feuerwehrleuten wegen Verwesungsgeruchs im Haus gefunden. Eine 74-jährige Frau lag unter dem Wohnzimmertisch, ein 58-jähriger Mann saß auf der Toilette. Die Todesursache sollte die Obduktion klären.

*

1469 endete eine Latrinenreinigung in Nürnberg für einige Kloakenreiniger tödlich. Sie erstickten an den gefährlichen Ausdünstungen der Fäkalien.

*

In der Praxis eines Nürnberger Heilpraktikers brach eine 56-jährige Frau tot auf der Toilette zusammen. Der Heilpraktiker hatte ihr sein eigenes Blut vermischt mit Luft gespritzt, was zu einer Herzembolie führte. Der 62-jährige Mann wurde zu fünf Jahren Haft verurteilt.

*

In Nürnberg erstach ein 83-jähriger Mann seine zwei Jahre jüngere Frau auf dem häuslichen Klo. Er glaubte, sie habe mit dem Schwiegersohn ein Verhältnis und dass die beiden einen Mordkomplott gegen ihn aushecken würden. Nach der Tat misslang es ihm, sich auf dem Klo die Pulsadern aufzuschneiden.

*

In Stuttgart schnitt ein betrunkener 28-jähriger Mann seinem 39-jährigen Saufkumpanen in einer Toilettenanlage am Feuersee die Kehle durch und ließ ihn verbluten.

*

Ein vierzigjähriger Mann setzte sich mit einem Heroingemisch auf der Walldorfer Friedhofstoilette einen tödlichen Schuss und wurde an Örtchen und Stelle vom Friedhofsgärtner entdeckt.

Frankreich
Gregor von Tours berichtete von einem Priester, der im Jahre 473 in einem Abort während der Notdurft seinen Geist aufgegeben hatte.

England
In Tewkesbury fiel 1260 ein Jude an einem Samstag in die Abortgrube und verweigerte seine sofortige Rettung mit dem Hinweis auf die Ehrfurcht vor dem Sabbat. Am folgenden Tag duldete der Graf von Gloucester mit dem Hinweis auf den christlichen Ruhetag keinerlei Rettungsaktion. Der Jude verstarb jämmerlich.

Israel
Im zweiten Stock eines Gebäudes in Tel Aviv wurde die Toilette versiegelt, weil sie angeblich für Krebserkrankungen und Herzinfarkte der Angestellten verantwortlich gewesen sein soll. Im Stockwerk darunter befand sich eine Synagoge – unmittelbar über dem Schrein, in dem die Thorarollen aufbewahrt wurden, lag das verschwiegene Örtchen. Über eine Verlegung wurde beratschlagt.

Italien
Im Römischen Reich ging gemäß Seneca ein lebensmüder Gladiator in Rom in die Latrine, stopfte sich einen an einem Holzstab befestigten Schwamm, der für das Reinigen des Hinterteils gedacht war, in den Rachen und erstickte daran. Ob der Schwamm benutzt war, wurde nicht überliefert.

*

In Mailand wurde der 66-jährige ehemalige Chefmanager des staatlichen Energie- und Petroleumkonzerns tot und mit einer Plastiktüte über dem Kopf in der von innen verschlossenen Toilette seiner Gefängniszelle gefunden.

*

In der Bahn: In der Toilette eines Nahverkehrszuges von Genua nach Ventimiglia wurde eine 33-jährige Frau erschossen aufgefunden – ebenso eine 37-jährige Frau im Zug von La Spezia nach Venezia. Der Mörder zwang die Frauen im Toilettenraum niederzuknien und erschoss sie. Dabei legte er ein Kleidungsstück als Dämpfer um die Waffe. Beide Male benutzte er einen Generalschlüssel für die Zugtoilette. Seine Taschen wurden später im Abteil der Schaffner gefunden.

Japan
In Tokio erdrosselte eine 36-jährige Japanerin auf einer Toilette aus Neid die zweijährige Tochter ihrer Nachbarin und versuchte danach, sie in einer Plastiktüte auf der Straße zu entsorgen.

Kenia
Auf einer Toilette in Mombasa fiel einer Studentin ihr Mobiltelefon in die Latrinengrube. Tausend Kenianische Schilling (etwa zwölf Euro) setzte sie als Belohnung zur Wiederbeschaffung aus.

Viele solcher Latrinen sind mehrere Meter tiefe, teilweise ummauerte Gruben mit Holzbalken und einem Loch in der Mitte darüber.

Zuerst entfernte ein dreißigjähriger Radiotechniker die Balken, stieg mit einer Leiter hinab – und es blieb still. Ein Freund des Mannes folgte ihm, rutschte von der Leiter und fiel hinein. Ein dritter Mann kollabierte auf halbem Weg. Ein vierter Passant wollte trotz der drei Todesopfer das Mobiltelefon retten. Er musste mit Gewalt von der Polizei abgehalten werden.

In Abwasserkanälen und in Latrinengruben sind extrem giftige Faulgase bekannt. Früher gingen Kanalarbeiter mit einem Kanarienvogel im Käfig als ›Warngerät‹ in die Unterwelt – heute werden Gas-Sensometer eingesetzt. In Mombasa wird die Gefahr jedoch immer noch unterschätzt.

Niederlande
Eine Geiselnahme in Amsterdam endete mit dem Selbstmord des Täters, der sich auf der Toilette in den Kopf schoss.

Österreich
Beim Bau des Landeskrankenhauses in Graz im Jahr 1908 vergaß der Architekt die Toiletten. Dies beschämte ihn so sehr, dass er sich wegen der vergessenen Toiletten, wenngleich auch nicht auf der Toilette, umbrachte.

Schottland
König Bruce von Schottland (1274–1329) sollte von drei Attentätern auf dem Abort getötet werden, doch er war schneller und brachte die drei an Örtchen und Stelle mit seinem Schwert um.

*

1437 wurde dem Schottenkönig James I. der Abtritt zur tödlichen Falle. Verfolgt von seinen Feinden versteckte er sich in der Grube unter dem Dominikanerkloster zu Perth, in der er nach zwei Tagen entdeckt und getötet wurde.

Schweiz
In Zürich stürzte 1565 die Magd des Münzmeisters durch ein Abtrittsloch in den Tod. Ein morsches Brett war aller Wahrscheinlichkeit nach der Grund des Unfalls gewesen, bei dem die Frau in die Sickergrube fiel und darin erstickte.

Türkei
In Ordu sprengte sich eine mutmaßliche Bombenattentäterin in der Toilette einer Moschee versehentlich selbst in die Luft. Drei weitere Menschen wurden verletzt. Wahrscheinlich war die Bombe vorzeitig detoniert.

Ungarn
Bei einem Banküberfall in Budapest rettete sich eine Angestellte in die Toilette, in der sie von einem der Täter erschossen wurde.

... mehr vom ›locus exitus anonymus‹ über den Wolken
Das resolute Schließen der Toilettentür an Bord eines russischen Flugzeuges war schuld an einer Katastrophe, bei der fünfzig Menschen umkamen. Die Erschütterung löste vermutlich eine Kettenreaktion in dem durch undichte Toilettenabflüsse verrosteten Flugzeugheck aus. Die Antonow 24 brach daraufhin in sechstausend Metern Höhe über dem Nordkaukasus auseinander.

*

Auf dem Flug von Frankfurt nach Tokio der All Nippon Airways erhängte sich ein japanischer Geschäftsmann, der zu einer medizinischen Behandlung nach Japan unterwegs war.

*

Zwei tschetschenische Selbstmordattentäterinnen zündeten Sprengsätze in den Toiletten von zwei russischen Passagierflugzeugen und verursachten damit deren Absturz.

Der stille Raum am Ende der Reise in Schottland

Eine dreiwöchige Rundreise führt mich im September auf eigene Faust durch Schottland. Über den Verkehrsknotenpunkt Inverness gelange ich mit dem Bus in einen bekannten Touristenort. Für die zwei Nächte, die ich dort in einer Jugendherberge verbringen möchte, habe ich in der letzten, in der ich zuvor war, ein Bett reserviert. Das geht in Schottland völlig unkompliziert; an jeder Rezeption einer Jugendherberge haben die Herbergsleute in ihren Computern ein Programm installiert, das die Herbergen miteinander verbindet. Es ist besonders praktisch, wenn man – wie ich – ohne technische Geräte reist, meinen Fotoapparat mal ausgenommen. Die Angestellten fragen, ob man in einer weiteren Jugendherberge übernachten möchte, schauen nach, ob dort ein Bett frei ist, und buchen es für die gewünschte Dauer. Das funktioniert so schon lange ziemlich gut in vielen Ländern. Längst hätte ich es mir zum vereinfachten ›Jugendherbergen-Hopping‹ in Deutschland gewünscht – ein simples Reservierungssystem an jeder Rezeption.

Am Nachmittag komme ich also in der nächsten Herberge an. Das Youth Hostel suche und finde ich problemlos. An der Rezeption zeige ich meinen Ausweis, bezahle und checke ins Mehrbettzimmer ein. Noch bin ich hier drin allein. Sofort macht sich dieses nur allzu gut bekannte Bedürfnis bemerkbar, aber ich muss nicht lange suchen. Die Toilette befindet sich schräg gegenüber von meinem Zimmer draußen auf dem Flur, doch die Tür ist verschlossen. Nach ein paar Minuten versuche ich es erneut. Auch später, beim dritten Mal, habe ich kein Glück und kann die Tür nicht öffnen. Sie ist und bleibt zu. Da ich nicht so lange warten möchte, bis es wehtut, begebe ich mich auf die Suche nach einer anderen Toilette.

Erleichtert komme ich schließlich zurück, schnappe den Tagesrucksack und will jetzt nach dem nächsten Supermarkt Ausschau halten, weil ich riesigen Appetit auf etwas Süßes habe. Beim Verlassen des Zimmers macht sich jenseits des Ganges gerade ein Mann mit einem Schraubenzieher an der mir berüchtigten Toilettentür zu schaffen. Ich frage ihn, ob sie immer noch verschlossen sei, und erzähle, dass ich es zuvor auch schon mehrfach versucht hätte. Er bejaht, woraufhin ich wissen will, ob da denn noch jemand drin sei. »Das versuche ich, gerade herauszufinden«, gibt er zurück. Ich beschließe, ihn in Ruhe an der Tür weiterhantieren zu lassen, und gehe mit den scherzhaft gemeinten Worten: »Manchmal können sie eben einfach nichts mehr sagen!«

Ich bin überzeugt davon, dass sich ein jugendlicher Gast einen Spaß erlaubt und die Tür von innen verschlossen hat und daraufhin durchs Fenster abgehauen ist. Ich muss sogar ein bisschen schmunzeln bei dem Gedanken daran. Dann schiebe ich den Gedanken beiseite und widme mich mental der Schokolade, die ich mir gleich gönnen werde. Als ich einen guten Teil der Tafel verdrückt habe, schlendere ich weiter durch den beschaulichen 2.500-Seelen-Ort, bis ich zurück zur Jugendherberge gehe. Hinter der Herberge gibt es ein paar Wege in die Natur, und ich beschließe, sie am späten Nachmittag noch ein wenig zu erkunden.

Als ich mich also dem grauen Gebäude nähere – die Konversation von vorhin habe ich bereits längst vergessen –, trifft mich fast der Schlag. Ein Gefühl von Übelkeit macht sich in meiner Magengrube breit. Ich bin mir sicher, dass es nicht von der leckeren Schokolade herrührt, denn von Schokolade ist mir in meinem ganzen Leben noch nicht schlecht geworden. Unmöglich! Der Grund für mein plötzlich auftretendes Übelkeitsgefühl ist das, was ich sehe und lieber nicht glauben möchte. Ich erkenne den Wagen aus der Entfernung, obwohl ich mich in einem fremden Land aufhalte. Im hinteren Bereich parkt vor dem Haus ein Auto mit der Aufschrift ›Police‹. Daneben steht er, ein eher unscheinbarer, unbeschriebener Kombi, Farbe dunkelgraumetallic. Ich vermisse den obligatorischen Krankenwagen.

In diesem Moment möchte ich lieber aufhören zu denken. Das geht nur leider nicht. Die schrecklichsten Gedanken mit den schlimmsten Befürchtungen flattern wie aufgescheuchte Spatzen in meinem Kopf umher. Es ist warm draußen, trotzdem fröstele ich. Zu den Wanderwegen muss ich an den beiden Autos vorbei. Erst jetzt nehme ich die geöffnete Seitentür im Haus wahr. Sie wirkt wie ein schwarzes Loch, ein schreiender Mund, der unaufhaltsam meinen Blick auf sich zieht. Im Schutz standfester Bäume, die einen gewissen Halt vermitteln, gehe ich langsam und in sicherer Entfernung den Weg entlang und auf das Haus zu.

Genau in diesem Augenblick kommen sie aus der Tür. Was ich vorher im Spaß gesagt hatte, hätte den Ernst des Lebens nicht besser treffen können. Ich wünsche mich in einen bösen Traum, in einen falschen Film – fern der Realität. Eine Reise hat hier viel zu früh ihr trauriges Ende genommen. Zwei Männer in schwarzen Anzügen tragen langsam eine Bahre heraus. Darauf liegt ein verschlossener schwarzer Leichensack. Sie sind dabei so vorsichtig und konzentriert, dass sie mich nicht wahrnehmen. Mehr will ich nicht sehen. Das reicht. Ich wäre lieber nicht hier, deshalb schleiche ich vorbei und werde, sobald ich außer

Sichtweite bin, schneller, laufe, renne, renne, so schnell ich kann, in den Wald hinein, bis ich ganz außer Atem nach Luft schnappen muss. Ziellos gehe ich langsam weiter, sauge die frische Luft tief in meine Lungen. Ich registriere die grüne Umgebung kaum und kann mich diesmal nicht an ihr erfreuen. Alles in meinem Kopf dreht sich, das reinste Kopfkino – so viele Fragen, die Antworten verlangen.

Nach einer Stunde kehre ich zurück in die Unterkunft. An der Rezeption teilt man mir mit, dass ich nicht im Zimmer bleiben könne und umziehen müsse. Ich gebe mich zunächst ahnungslos und frage nach dem Grund. Prompt kommt die Antwort mit gesenktem Blick: »Wir hatten einen Wasserrohrbruch.« Ich betrachte den aufgelösten Angestellten genauer, derselbe, der vorhin an der Tür herumschraubte, und bereite meiner gespielten Ahnungslosigkeit ein Ende; voller Mitgefühl sage ich: »Es tut mir so leid, was ich vorhin im Spaß gesagt habe. Ich dachte, es hätte sich jemand einen Scherz erlaubt, hätte die Tür abgeschlossen und sei zum Toilettenfenster hinaus. Ich bin vor einer Stunde draußen vorbeigelaufen und habe alles mitbekommen.« Er atmet tief durch, wirkt irgendwie erleichtert, als seine Schultern sinken und er mir mit Tränen in den Augen erklärt: »Die Toilette hat gar kein Fenster. Wir haben die Tür nicht aufgekriegt. Also bin ich übers Dach rein und habe ihn gefunden. Er lag zwischen Klo und Tür, die sich deshalb auch nicht öffnen ließ.« Mir läuft es eiskalt den Rücken hinunter. Ich stütze mich auf der Theke ab und frage fast flüsternd, so behutsam wie möglich: »Wie alt war er denn? Und wie kamen Sie darauf, nach ihm zu suchen?« Ohne zu zögern, antwortet er: »Er war erst 26, hat hier im Ort an einem Seminar teilgenommen. Da er nachmittags noch nicht daheim angekommen war, haben seine Eltern angerufen.« Wie schrecklich. Der arme Kerl, die arme Familie. Ich wiederhole mich: »Das tut mir alles so leid! Machen Sie sich keine

Gedanken, ich werde nichts weiter darüber sagen. Sind meine Sachen denn noch im Zimmer?« Das sind sie. Der Herbergsangestellte möchte natürlich vermeiden, dass sich das Ganze wie ein Lauffeuer herumspricht, während viele Kinder und Jugendliche zu Gast sind. Ich verspreche ihm noch einmal, kein Wort über die Geschehnisse zu verlieren, deswegen möchte ich an dieser Stelle auch nicht den Namen des kleinen Ortes nennen.

Mit einem seltsamen Gefühl gehe ich zurück ins Zimmer, um meine Sachen zu holen, und bin froh, im anderen Trakt des Gebäudes zu schlafen. Die Toilettentür, die ich vor wenigen Stunden zu öffnen versucht habe, ist nicht mehr da. Ein paar Bretter sind übereinander in die Türöffnung genagelt.

Woran der junge Mann letztendlich gestorben ist, habe ich nie erfahren. Ich kann nur sagen, dass dieser Tod eines mir völlig Unbekannten mir so deutlich wie ein Spiegel die eigene Sterblichkeit vor Augen gehalten hat. Man weiß nie, wann die eigene Lebensreise – aus der ich zu jeder Zeit versuche, das Beste zu machen – ein Ende hat.

Die allergrößte Bitte einer Toilette an ihre Benutzer

Bitte gib mir nur das Nötigste zu fressen und zu trinken. Du weißt, was ich meine. Füttere mich bitte nicht mit Küchenabfällen. Dafür ist die braune Biotonne ideal geeignet. Sollten dennoch Essensreste in meiner Schüssel landen, sei dir darüber im Klaren – du könntest mich verstopfen oder sogar Ratten anlocken! Die Nager sind unglaublich schlau, sportlich und verfressen. Sie können besonders durch alte Rohre einfach und unbemerkt zu mir klettern. Ich flehe dich an, ich habe Angst um dich und auch vor Ratten. Sie könnten gerade dann auftauchen und dich beißen, wenn du dich erleichtert zum Erleichtern auf mir niedergelassen hast.

Bitte füttere mich nicht unnötig mit Medikamenten, die du nicht mehr für dich brauchst. Ich mag sie auch nicht. Sie sind nicht gut für meine Adern und machen mein Herz krank. Bring sie einfach zurück in die Apotheke. Dort wird man sich darüber freuen. Es kostet dich nichts und du weißt: Jeder Gang macht schlank! Und wenn du es schon bist, Bewegung ist immer gesund!

Bitte bewirf mich nicht, wenn die Stunde Sex geschlagen hat, mit gefüllten oder ungefüllten Kondomen. Mir wird ganz schlecht, wenn ich nur daran denke. Diese Plastikdinger haben in mir wirklich nichts zu suchen. Sie gehören eindeutig in den Abfalleimer an meiner Seite.

Bitte missbrauch mich nicht als Abfallbehälter! Lass weder Zigarettenkippen, Rasierklingen, Unterwäsche, Strümpfe, Windeln, Katzenstreu, Ohrstäbchen noch Tampons, Binden, Hygieneartikel, sonstige Verpackungen, Speisereste, Fette, Öle, Säuren, Lösungsmittel, Farbe oder irgendwelche anderen Gegenstände in mich fallen. Sie gehören um der wichtigen Umwelt und der nötigen Unterwelt willen in den Abfall oder sogar zum Sondermüll – auf keinen Fall aber in mich.

Ich bin für viele Dinge des alltäglichen Lebens ein äußerst schlechter Entsorgungsweg. Lösungsmittel in meinen Rohren bedeutet Explosionsgefahr. Durch Ablagerungen können sich Kanäle schließen, dann gibt es Überschwemmungen. Du weißt genau, wozu ich rund um die Uhr, tagein, tagaus, Woche für Woche, jederzeit, all die Jahre für dich da bin.

Bitte vergiss nie: Alles, was aus deinen Augen und deinem Sinn durch meine saubere Trinkwasserspülung – sei bitte sparsam mit ihr – vorerst in den Rohren und der Unterwelt entschwunden ist, wird nicht automatisch aus den Abwässern oder von unserer Erde verschwinden...

Bitte sei dankbar für die Kläranlage deiner Stadt. Denke immer daran, nicht nur die Dinge, die ich genannt habe, müssen durch deine oder durch die Rücksichtslosigkeit anderer dort mit einem riesigen, teuren Spezialrechen nicht kilo-, sondern tonnenweise wieder herausgefischt und dann gesondert in die Verbrennungsanlage abtransportiert werden. Du kannst mir glauben und dir das auch gern mal anschauen. Es kostet dich keinen Cent, aber der Spezialrechen und der ganze Extraaufwand kosten dich und alle anderen Steuerzahler Hunderttausende von Euro.

Bitte sei nicht mehr so ekelig zu mir. Respektier mich und nimm mich so, wie ich immer für dich da bin. Du kannst Tag und Nacht, wann immer du willst, vor mir dein Höschen runterlassen. Ich werde alles aus deinem tiefsten Inneren mit Freude in mir aufnehmen. Du wirst danach dankbar sein, dass es mich gibt, und dich besser fühlen.

Bitte lass es dir auf mir gut gehen. Das ist wichtig. Wenn du mich eines Tages nicht mehr brauchst, weil ich nicht mehr weiß, sondern alt, grau, braun oder gelb geworden bin, lass mich nicht hungern.

Bitte setz mich nicht einfach in Wald und Flur oder irgendwohin aus. Sei gütig. Gib mich an jemanden, der mich noch braucht, entsorge mich sinnvoll oder verwende mich für einen Polterabend.

Nachwörtchen zu den meistbesuchten Örtchen dieser Welt

Nicht vieles bewegt und fasziniert die Gemüter von Damen, Frauen, kleinen Mädels und Herren, Männern und kleinen Jungs so, wie eine Toilette es tut! Kaum ein anderes Örtchen befindet sich dermaßen schamhaft im spannungsgeladenen Bereich von Privatheit und Öffentlichkeit. Das verpönte Thema steckt in jeder Hinsicht voller persönlicher Erfahrungen und Assoziationen. Es bestimmt einen emotionsgeladenen Umgang, bei dem leicht sittliche Grenzen und Schamgefühle überschritten werden.

Reaktionen auf das Verfassen dieser Klolektüre für zwischendurch reichen von Ungläubigkeit, Erstaunen mit deutlicher Körpersprache wie Naserümpfen, dem Verziehen von Gesichtsmuskeln – ganz ohne Biss in eine Zitrone – und Kopfschütteln bis hin zu amüsierten Blicken und lautem Gelächter, aber zuletzt doch immer wieder neugierigem Interesse ...

Am fröhlichen Ende – diesem Happy End, das wir uns doch irgendwie alle wünschen – entscheiden alle für sich selbst, ob die Toiletten dieser Welt Tabu oder Kult sind. Die neugierigen Leserinnen und Leser dieses postkulinarischen Geschenkbuchs werden hoffentlich einiges gelernt, herzlich gelacht oder das ein oder andere ›OOha‹ und ›OhOO‹ zum ›OO-Erlebnis‹ verlauten lassen haben, aber sicherlich in jedem Fall der Toilette mit neuen Erkenntnissen gegenüberstehen oder eben darauf sitzen.

Wir alle, die mal müssen, können uns ein Leben ohne WC, dessen Entwicklung Jahrtausende gedauert hat, nicht mehr vorstellen. Seine Weiterentwicklung hat Zukunft. Dem Erfindungsreichtum der Menschen, die dank eben solcher Erfindungen in den Genuss verbesserter Hygiene kamen, sind keine Grenzen gesetzt. Da ich deshalb, wie Sie auch, eine längere Lebensdauer als unsere Vorfahren und somit mehr Zeit habe – insbesondere jetzt, da ich gleich diese Klolektüre zu Ende bringen und das letzte Wörtchen zum Örtchen schreiben werde –, sollte ich mich nun vielleicht daran versuchen, einen Rekord im Klositzen für das Guinnessbuch der Rekorde aufzustellen...

Mein Sch(l)usswörtchen zum Dank, das hinten losgeht

Ein riesiges Dankeschön gebührt der Deutschen Nationalbibliothek in Frankfurt am Main mit ihren hilfsbereiten Angestellten, wo ich mehrere Monate in zahlreichen Büchern, unzähligen Zeitungsartikeln rund um das besch...ene Thema recherchiert habe und zu den entsprechenden Kapiteln – abgesehen von persönlichen Erlebnissen – inspiriert wurde.

Besten Dank an die Österreichische Nationalbibliothek in Wien, die Schweizerische Nationalbibliothek in Bern, die Zentralbibliothek in Zürich und die Rheinische Landesbibliothek in Koblenz mit ihren freundlichen Mitarbeitern und insbesondere an Michael Berger vom Klooseum in Wiesbaden, wo ich ebenfalls zum Thema recherchieren durfte.

Respektvollster Dank gilt den Menschen, die sich alltäglich aktiv im Beruf und überhaupt mit der Materie befassen und weiterhin erfolgreich ihren Beitrag für unsere Toilettenzivilisation leisten.

Tausendundeinen Dank sämtlichen Ahnen und Zeitgenossen, die hier meist anonym bleiben und dennoch Teil dieses lebensnahen Buches sind, in dem sie schwarz auf weiß ihre Spuren hinterlassen haben.

Hut ab – oder besser gesagt, Klodeckel hoch – vor allen Freunden und Bekannten, die mir mit Rat und Tat zur Seite standen, immer offene Augen und Ohren für mich hatten, mir

Mut gemacht und eine rettende Hand ausgestreckt haben, wenn ich mich, aus lauter Verzweiflung über die Materie, sozusagen in der weit verzweigten Kanalisation zu verirren drohte, bis es – nach langer Zeit – endlich zu diesem ›Happy End‹ kam.

Zum glücklichen Ende mein allerherz(häus)lichster Dank meiner Literaturagentin Almut Susanne Wilmes, meiner Lektorin Magdalena Theisen und meinen Damen von Eden Books – Jennifer Kroll, Tanja Bertele, Rosanna Motz, Maria Nowotnick, Julia Scharwatz und Nina Schumacher –, die sich geni(t)al ungeniert mit der Ländersammlerin auf ›Happy End‹ einließen – es hat k(l)olossalen Spaß gemacht und ist nun happy endlich vollbracht.

Und zuletzt gebührt mein größter Dank allen müssenden Mitmenschen für die die natürlichste Sache, das meistgesuchte und -besuchte Örtchen der Welt, kein Tabu mehr ist...

Literaturhinweise und Büchertipps zum Lokus im Fokus in D, A und CH

Obwohl das genaue Zitieren im Text akademischer Brauch ist, würde es in einem für die breite Leserschaft bestimmten Buch nur ablenken und den Lesefluss unterbrechen. Natürlich hat jedes vom Autor genutzte Buch einen Anspruch darauf, genannt zu werden. Erwähnt sind hier auch Bücher, in denen ich nur recherchiert habe, um einen allgemeinen Überblick darüber zu bekommen, was es sonst noch so gibt. Für alle, die das Thema interessant finden, macht die folgende chronologische, nach Sachgebieten sortierte Aufstellung vielleicht Lust auf mehr…

Klologische Kulturgeschichte
Feldhaus, Franz Maria: Ka-Pi-Fu und andere verschämte Dinge, Berlin 1921
Ohne Autor: Kleine Cloologie – herausgegeben von einigen verantwortungs- und respektlosen jungen Männern, Düsseldorf 1966
Palmer, Roy: Auch das WC hat seine Geschichte, München 1977
Coturnix: Erbauliche Enzy-Clo-pädie, Wien/München 1979
Vetten, Horst: … über das Klo: Ein Thema, auf das jeder täglich kommt, Frankfurt am Main/Berlin 1983
Corbin, Alain: Pesthauch und Blütenduft, Berlin 1984
Hösel, Gottfried: Unser Abfall aller Zeiten, München 1987
Pieper, Werner: Das Scheiss-Buch, Löhrbach 1987

Illi, Martin: Von der Schissgruob zur modernen Stadtentwässerung, Zürich 1987
Laporte, Dominique: Eine gelehrte Geschichte der Scheiße, Frankfurt am Main 1991
Bourke, John Gregory: Das Buch des Unrats, Frankfurt am Main 1992
Faber, René: Von Donnerbalken, Nachtvasen und Kunstfurzern, München 1992
Neudecker, Richard: Die Pracht der Latrine, München 1994
Kamber, Pia: Die Latrinen auf dem Areal des Augustinerklosters, Basel 1995
Kamber, Pia: Fundgruben – Historisches Museum Basel, Basel 1996
Bourke, John Gregory: Der Unrat in Sitte, Brauch, Glauben und Gewohnheitsrecht der Völker, Frankfurt am Main 1996
Rouschal, Gerald: »Jede selbständige Wohnung soll einen Abort erhalten«, Diplomarbeit, Österreichische Nationalbibliothek, Wien 1998
Redlberger, Gudrun: »Der Abtritt«, Diplomarbeit, Österreichische Nationalbibliothek, Wien 1998
Payer, Peter: Unentbehrliche Requisiten der Großstadt, Wien 2000
Giesen, Rolf/Weiß, Klaus-Dieter: Das Klo: Schmutz wird durch Poesie erst schön, Berlin 2000
Blume, Jacob: Von Donnerbalken und innerer Einkehr: Eine Klo-Kulturgeschichte, Göttingen 2002
Schrader, Mila: Plumpsklo, Abort, stilles Örtchen, Suderburg-Hösseringen 2003
Furrer, Daniel: Wasserthron und Donnerbalken. Eine kleine Kulturgeschichte des stillen Örtchens, Darmstadt 2004
Sturm, Simone: »Die Entwicklung des Wasserklosetts«, Diplomarbeit, Österreichische Nationalbibliothek, Wien 2005

Fußl, Peter: Innviertler Plumpsklos, Wien 2005
Weth, Georg A.: Kloerien – Badfantasien, Endingen 2007
Sommer, Rike: Lokuspokus: Alles, was man über das stille Örtchen wissen muss, Bergisch Gladbach 2008
Kuschtewskaja, Tatjana: Tolstoi auf'm Klo: Russlands Kultur durch die Toilettenbrille betrachtet, Berlin 2010
Huber-Yüzgec, Christiana/Kohls, Stephan: Das stille Örtchen – Tabu und Reinlichkeit bey Hofe, Berlin 2011
Wagener, Olaf: Aborte im Mittelalter und der frühen Neuzeit, Petersberg 2014

Toilettenfotodokumentationen und mehr
Kiechle-Klemt, Erika/Sünwoldt, Sabine: Anrüchig. Bedürfnisanstalten in der Großstadt, München 1990
Fedderke, Dagmar: Pissing in Paris, Tübingen 1994
Krämer-Klink, Ruth/Ziegelmeier, Otto: Geschäfte machen in Frankfurt, Wiesbaden 1994
Himmel, O. W.: Urinale, Dortmund 1997
Bechtler, Katrin/Schweikert, Ruth: Return to sender, Zürich 2001
Schlicksbier, Anton/Helm, Winfried: Stille Örtchen der Oberpfalz, Amberg 2003
Schabenberger, Stefan/Lindigkeit, Lars: Spülen nicht vergessen! Das Toilettenbuch, Berlin 2003
Dosch, Holger: Stätten der Welt, München 2004
Gregory, Morna/James, Sian: Stille Örtchen. Ein Besuch auf den Toiletten der Welt, München 2006

Toilettenführer
Ohne Autor: Die Brille, Berlin 1971
Küpper, Anke/Duggen Kathrin: Stadtführer für Notfälle: Hamburg und seine öffentlichen Toiletten, Hamburg 2000

Duschner, Matthias/Gilbert Leander: Der Kloführer Ruhrgebiet. Dufte Kneipenklos von besetzt bis beschissen, Essen 2002
Nissen, Rachel: Stadtführer für alle Fälle: Berlin und seine öffentlichen Toiletten, Hamburg 2002
Brammann, Britta: Der ultimative Kloführer. Der etwas andere Reiseführer zu Hamburgs beliebtesten Ausflugszielen, Norderstedt 2006

Toiletten-Hygiene, Architektur, Design etc.
Ziegler, Adolf: Cloaken-Reglement für die Stadt Bern, Bern 1869–1870
Scholz, L.: 1000 Wörtchen über das Örtchen, Berlin 1949
Weis, Franz J.: Klosett- und Urinalanlagen, Stuttgart 1961
Bauermeister, Rolf: »Der hygienische Zustand der Toiletten in Einrichtungen mit erhöhter Publikumsfrequenz unter besonderer Berücksichtigung in Kinderkrippen, Kindergärten und Schulen«, Dissertationsschrift, Leipzig 1967
Kira, Alexander: Das Badezimmer, Düsseldorf 1987
AQUA Butzke-Werke: Die vergessenen Tempel – Zur Geschichte der Sanitärtechnik, Marburg 1988
Lorenz-Ladener, Claudia: Kompost-Toiletten. Wege zur sinnvollen Fäkalienentsorgung, Staufen 1992
Fluk, Wolfgang/Engler, Hans-Georg: Untersuchungen zur Bewertung unterschiedlicher Toilettensysteme aus hygienischer Sicht, Berlin 1992
Ohne Autor: Wohin damit? Entsorgung für Mobile in Deutschland, Stuttgart 1994
Berg, Kirsten/Lämmle, Hayo: Die öffentliche Toilette als Zivilisationsprodukt, über das Müssen und Können in deutschen Städten, Kassel 1997
Lamitschka, Hans: Moderne Sanitäranlagen, Landsberg am Lech 1998

Fährmann, Sigrid: Öffentliche Bedürfnisanstalten. Zur Durchsetzung bürgerlicher Reinlichkeitsvorstellungen, Göttingen 2000
Spies, Britta: Wo geht's denn hier aufs Klo? Sauberkeit und Hygiene auf dem Land im 19. und 20. Jahrhundert, Osnabrück 2002
Möllring, Bettina: »Toiletten und Urinale für Frauen und Männer, die Gestaltung von Sanitärobjekten und ihre Verwendung in öffentlichen und privaten Bereichen«, Dissertationsschrift, Berlin 2003
Kuhtz, Christian: Das Kompost-Klo, Kiel 2004
Wenz-Gahler, Ingrid: Flush! Modern toilet design, Basel/Boston/Berlin 2005
Wilfert, Sascha Axel: »Konzeption einer wasserlosen Toiletteneinrichtung für den Luftverkehr«, Dissertationsschrift, Aachen 2005
Serrats, Marta: Restroom design, Köln 2008
Hudson, Jennifer: Zeitgenössisches Toilettendesign, Stuttgart 2008
Peters, Ulrike Katrin/Raab, Karsten-Thilo: OUTDOOR. How to sh.. in the woods. (Wie man im Wald sch...), Welver 2014
Bauer, Wolfgang: Kompost-Toilette für Garten und Freizeit. Sanitärtechnik ohne Wasser und Chemie, Staufen 2014

Sonstiges und Humor

Riess, Curt: Theaterdämmerung oder das Klo auf der Bühne, Hamburg 1970
Harlekin, Klo-Gäste-Buch, Wiesbaden 1978
Dundes, Alan: Sie mich auch! Das Hinter-Gründige in der deutschen Psyche, Weinheim 1985
Thomsen, Bernd: Haste was, pisste was, Klosprüche, München 1985
Thomsen, Bernd: Pissen ist Macht, neue Klosprüche, München 1986

Rubinowitz, Tex: Aus der Toilette kamen Wischgeräusche, Wien 1992

Wendling, Peter: Slang-Register. Hochdeutsch – Umgangsdeutsch. Würzwörter vom Feinsten, München 1994

Lette, Theo: Wörtchen fürs Örtchen, Niedernhausen im Taunus 1995

Toscani, Oliviero: Cacas – Die Enzyklopädie der Kacke, Köln 1998

Viebach, Karin: Vom Badetag und stillen Örtchen, Hannover 1999

Tietke, Mathias: Yoga für Bad und WC, Frankfurt am Main 2000

Himmlisch, Wetti: Leben, Meinungen und Wirken der (Klofrau) Witwe Wetti Himmlisch, Wien 2002

Heisse, Sigmund Christian: Kraft zum Scheißen, Norderstedt 2002

Kackle-Feucht, Chlodwig: Klogästebuch, Frankfurt am Main 2003

't Hooft, Niels/Baryga, Heike: Toiletten, Leipzig 2004

Maybach, Peter/Härtel, Hermann: 3½ Minuten. Hier bin ich Mensch – hier darf ich's sein, Hortischon 2006

Kackle-Feucht, Chlodwig: Klo-Freundschaftsbuch, Frankfurt am Main 2008

Ohne Autor: Das erste Klobuch zum Anhängen. Das stille Örtchen, Bernau 2008

Ohne Autor: Das lustig-freche Plumpsklo-Buch: Hier wird gelacht, hier wird gewitzt, solang' man auf dem Örtchen sitzt, Bernau 2008

Gmeiner, Alois: Der stillste Ort. Eine Tour de Toilette durch Österreich, Wien 2009

Rheinholz, Ingolf: Wo selbst der Kaiser zu Fuß hingeht. Das Klo-Kaleidoskop, München 2009

Busch, Petra: Mördchen für Örtchen, Hillesheim 2011

Ohne Autor: Das freche Gästebuch fürs Klo. Witze, Sprüche, Knobeleien. Gäste-Eintrag-Seiten, Bernau 2011

Werner, Florian: Dunkle Materie: Die Geschichte der Scheiße, München 2011

Ohne Autor: Klobuch. Für Signierstunden am stillen Örtchen. Fränkisch-Crumbach 2012

Hanisch, Horst: Klo- und Pinkel-Knigge 2100: Vom privaten und öffentlichen Bedürfnis – Umgangsformen im Tabubereich, Norderstedt 2012

Bower, Crai S./Millard, Travis: Fürze. Der ultimative Blähführer – Buch mit Soundkonsole, Stuttgart 2013

Bobbermann, Felix: Das KLO-Orakel: Erkenntnis aus der eigenen Scheiße ziehen. Ein Wahrsagespiel, Norderstedt 2012

Breunig, Andrea/Mayer, Dirk: Das WC-Gästebuch. Klosprüche, Witze, Unnützes Wissen, Psychoanalyse des Pinkelns, Rätsel, Geschlechterkampf, Platz für Gästeeinträge, und vieles mehr, Norderstedt 2012

Haubner, Antje: Kritzelblock fürs Klo. Viel Spaß bei laaaaangen Sitzungen, Hamburg 2011

Jovis, Julia: Das Klobrillen-Syndrom. Loslassen mal anders, Versmold 2013

Young, Daniel Cole: Kacka Sutra. 52 inspirierende Techniken, das große Geschäft zu verrichten, München 2013

Neumann, Mike: Galerie am stillen Ort: ... alte und neue Meister einmal ganz anders interpretiert, Landsberg 2013

Ohne Autor: 5-Minuten-Lektüre fürs stille Örtchen, München 2014

Ohne Autor: 5-Minuten-Rätsel fürs stille Örtchen, München 2014

Ohne Autor: 5-Minuten-Wissen fürs stille Örtchen, München 2014

Ohne Autor: 5-Minuten- Witze fürs stille Örtchen, München 2014
Ruthe, Ralph: Das Klobuch, Hamburg 2015
Schock, Ralph: Der liebste Ort auf Erden: Klogeschichten, Zürich 2015

Höhlengraffiti der Neuzeit
MacKillroy, John: Von deutschen Bedürfnissen, Inschriften und Graffiti deutscher Bedürfnisanstalten, Gräfelfing vor München 1969
Horndash, Ulrich/Stock, Wolfgang Jean: Abortzeichnungen – erotische Graffiti aus öffentlichen Toiletten, Kunstverein München 1981
Siegl, Norbert: »Geschlechtsspezifische Unterschiede hinsichtlich Häufigkeit und thematischer Inhalte bei Toilettengraffiti«, Diplomarbeit, Österreichische Nationalbibliothek, Wien 1992
Siegl, Norbert: Kommunikation am Klo, Wien 1993
Schöller, Thomas: »Toiletteninschriften und -zeichnungen als Abbild der Gruppenstrukturen Jugendlicher«, Diplomarbeit, Österreichische Nationalbibliothek, Wien 1995
Traston, Simon: Wendeklo, Frankfurt am Main 1998
Bauer, Monika: »Toilettengraffiti im Lauf der Zeit«, Diplomarbeit, Österreichische Nationalbibliothek, Wien 2000
Fischer, Katrin: Laute Wände an stillen Orten: Klograffiti als Kommunikationsphänomen, Baden-Baden 2009
Stumpf, Christiane: Toilettengraffiti. Unterschiedliche Kommunikationsverhalten von Männern und Frauen, Frankfurt am Main 2013

Einen regelrechten Kloom – Klo-Boom – erfahren die Bücher für den kleinen Pfiffikus:
Kinder- und Jugendbuch
Bauer, Jutta/Boie, Kirsten: Juli und das Monster, Weinheim 1995
Slupetzky, Stefan/Wayne von Königslöw, Andrea: Geschichten vom Klöchen, München 1997
Rudolph, Annet: Auch kleine Tiger müssen mal, München 1997
Goldman, Jane: Für Hochzeiten, einen Todesfall, und wenn das Klo nicht funktioniert, Freiburg im Breisgau 1997
Möhring, Anna-Maria/Schubert, Silvia: Ach du schöne Sch...! Eine Werkstatt zum Klo – hier und anderswo, Mühlheim an der Ruhr 2000
de Smet, Marjan/Meijer, Marja: Abgeschlossen, Oldenburg 2001
Moost, Nele/Schober, Michael: Welcher Po passt auf dieses Klo?, Esslingen 2002
Rettich, Margret/Daviddi, Evelyn: Die Geschichte von Elsie, München 2003
Bourguignon, Laurence/Pierret, Nancy: Keine Angst vorm Toilettenmonster, Würzburg 2003
Feldman, Irmi/Koppers, Theresia: Auch kleine Ritter müssen mal..., Zürich 2004
Janisch, Heinz: Cleo in der Klemme, Zürich 2005
Olten, Manuela: Muss mal Pipi, Hamburg 2005
Stalfelt, Pernilla: So ein Kack, Frankfurt am Main 2005
Davies, Nicola/Layton, Neal: Das Buch vom Müssen und Machen, Düsseldorf 2005
Suetens, Clara/Grimm, Sandra: Der kleine Klo-König, Ravensburg 2006
Benoit, Charlat/Blume, Uli: Fertig!!! Lustige Klo-Geschichten, Köln 2008

Hämmerle, Susa/Gollnick, Martina: Jetzt kann ich aufs Klo, Wien 2008

Paule, Irmgard/Fiedler-Tresp, Sonja: Paul geht schon aufs Klo, München 2009

Schwarz, Regina/Kohl, Martina: Pipileicht! Mein Töpfchenbuch: Ab 24 Monaten, Ravensburg 2010

Fröhlich, Anja/Kiss, Gergely: Müssen wir? Eine kleine Klogeschichte, 2010

Bartl, Ulla/Wittenburg, Christiane: Wir gehen schon aufs Klo, Hamburg 2010

Drews, Judith: Anton muss mal, Weinheim 2011

Bieber, Hartmut: Bodo Bär geht aufs Klo, Münster 2011

Bach, Maja: Ferdinand & Paula – Elisabetta Klosetta: Ich gehe schon aufs Klo, Zürich 2011

Büchner, Sabine/Holthausen, Luise: Oskar muss aufs Töpfchen, Mannheim 2011

K., Ulf: Musst du mal, Lasse? Hildesheim 2011

Bergmann, Barbara/Rosenberg, Natascha: Aufs Klo? Das geht so!, Würzburg 2012

Dulleck, Nina: Der schönste Klo-Thron, Münster 2012

Meisterburg, C. W./Raths, Samita: Dein Po freut sich auf das Klo!, Mainz 2013

Zehrer, Klaus Cäsar/Tägert, Philip: Der Kackofant, Leipzig 2013

Batts, Brenda: Aufs Klo, fertig, los! Toilettentraining bei Kindern mit Autismus und anderen Entwicklungsstörungen, Tübingen 2013

Eder, Sigrun/Klein, Daniela/Lankes, Michael: Machen wie die Großen – Was Kinder und Eltern über Pipi und Kacke wissen sollten, Salzburg 2013

Eder, Sigrun/Oblasser, Caroline: Ausgewickelt! So klingt der Abschied von der Windel, Salzburg 2013

Eder, Sigrun/Oblasser, Caroline/Gasser, Evi: Der Wuschelfloh, der fliegt aufs Klo! Die Geschichte vom kleinen Spatz, der lieber ohne Windel sein wollte!, Salzburg 2014
Volmert, Julia/Wiehekamp, Jann: Schau her – ich brauche keine Windel mehr!, Garching 2014
Penners, Bernd/Janßen, Rike: Flo geht aufs Klo, Ravensburg 2014
Stalfelt, Pernilla: So ein Kack. Das Kinderbuch von eben dem, Frankfurt am Main 2014

Zusätzlich habe ich für vorliegendes Buch rund um das alltägliche Thema recherchiert und Meldungen sinngemäß übernommen aus:
Deutschen Zeitschriften: Der Spiegel, Design-Report, Focus, Natur & Kosmos, Ökotest, Stern, Wirtschaftswoche
Deutschen Fachzeitschriften: Apotheken Illustrierte, Apotheken Umschau, barrierefrei, H.O.M.E., Hotel & Technik, IKZ-Haustechnik, Moderne Gebäude-Technik, Si Informationen, wohnbaden
Deutschsprachigen Zeitungen: Berliner Kurier, Berliner Morgenpost, Bild, Die Welt, Die Zeit, FAZ, Frankfurter Rundschau, General Anzeiger, Hamburger Abendblatt, Kronen Zeitung, Leipziger Volkszeitung, Süddeutsche Zeitung, Stuttgarter Zeitung, Tages-Anzeiger, TAZ

Als weitere Quellen dienten Kataloge und Broschüren der Firmen CWS, Duravit, Franke, Geberit, Villeroy & Boch, Keramag, Wall und Wenko.

Impressum

Nina Sedano
Happy End
Die stillen Örtchen dieser Welt. Neues von der Ländersammlerin.
ISBN: 978-3944296-94-4

Eden Books
Ein Verlag der Edel Germany GmbH
Copyright © 2015 Edel Germany GmbH, Neumühlen 17, 22763 Hamburg
www.edenbooks.de | www.facebook.com/EdenBooksBerlin | www.edel.com
1. Auflage 2015

Einige der Personen im Text sind aus Gründen des Persönlichkeitsschutzes anonymisiert.

Projektkoordination: Nina Schumacher
Lektorat: Magdalena Theisen
Umschlagfoto: © Masson/ Shutterstock
Umschlaggestaltung: Rosanna Motz
Layout und Satz: Datagrafix Inc.| www.datagrafix.com
Druck und Bindung: optimal media GmbH, Glienholzweg 7, 17207 Röbel/Müritz

Das FSC®-zertifizierte Papier Holmen Book Cream für dieses Buch lieferte Holmen Paper, Hallstavik, Schweden.

Alle Fakten wurden nach bestem Wissen und Gewissen und mit der größtmöglichen Sorgfalt von Autorin und Verlag recherchiert. Dennoch können wir nicht für absolute Richtigkeit und Vollständigkeit der Angaben Gewähr leisten. Der Verlag ist für alle Hinweise und Verbesserungsvorschläge jederzeit dankbar.

Alle Rechte vorbehalten. All rights reserved. Das Werk darf – auch teilweise – nur mit Genehmigung des Verlages wiedergegeben werden.

Printed in Germany

Dieses Buch ist auch als E-Book erhältlich.